KB154720

남과 북의 어휘론 연구

# 남과 북의 어휘론 연구

**발행일**   1판 1쇄 2023년 8월 31일
**지은이**   강은국

**펴낸이**   박영호
**기획팀**   송인성, 김선명, 김선호
**편집팀**   박우진, 김영주, 김정아, 최미라, 전혜련
**관리팀**   임선희, 정철호, 김성언, 권주련

**펴낸곳**   (주)도서출판 하우
**주소**     서울시 중랑구 망우로68길 48
**전화**     (02)922-7090
**팩스**     (02)922-7092
**홈페이지** http://www.hawoo.co.kr
**e-mail**   hawoo@hawoo.co.kr
**등록번호** 제2016-000017호

ISBN  979-11-6748-108-5  93710

**값** 18,000원

# 남과 북의
# 어휘론 연구

강은국 지음

도서
출판

## 머리말

강은국 은사님께서 작고하신 지 어언 1년이 되어 온다. 장례식 끝나고 유가족한테서 선생님께서 생전에 쓰시던 노트북과 외장 디스크를 넘겨받아 유고를 정리하기로 했다. 선생님께서 2014년 정년 퇴임 후에도 펜을 멈추지 않고 계속 글을 써 오신 걸로 알고 있기 때문이다.

선생님 자료를 정리하다가 '남과 북의 어휘론 연구'라는 제목의 유고 문서를 발견했다. 이미 300쪽 가량이 집필되고 내용과 구조로 보아도 탈고를 앞두고 있는 거의 완성된 작품이라고 할 수 있었다. 깊은 병환에 시달리면서도 선생님께서는 생전에 꼭 마무리할 수 있다고 믿었을 것이다. 그래서 생전에 이 원고를 어떻게 수정하거나 출판하라는 유언 한 마디도 남기지 않고 우리 곁을 떠나셨다. 하지만 우리는 다음 두 가지 이유로 선생님의 유고작을 잘 정리하여 출간하기로 마음먹었다. 우선 선생님께서 2008년에 박이정 출판사를 통해 『남북한의 문법 연구』를 출간하고 이듬해 2009년에 한국우수학술도서로 선정된 바가 있었다. 남과 북의 문법 연구의 자매편이라 할 수 있는 남과 북의 어휘론 연구는 학술적 가치가 아주 높다고 판단하였다. 다음은 원고의 완성도가 높아 저자의 뜻을 억측하거나 왜곡할 부담감 없이 편집 작업에 집중하면 되기 때문이었다.

선생님께서는 원고를 좀 더 깁고 다듬어 펴내려고 했을 것이다. 하지만 우리는 원고의 원래 모습을 최대한 보존하자는 취지로 주로 격식을 맞추고 교정을 본 후 목차와 참고문헌만을 첨부하였다. 남과 북의 선행연구를 직접 인용할 경우에는 맞춤법과 술어를 원문 그대로 표기해 두었다.

유고 원고는 원래 마지막 제5장이 '어휘의 규범화'로 되어 있었는데, 주로 북쪽의 언어 규범화 원칙을 소개하고 중국의 언어 규범화 정책과 중국조선어의 규범화 문제를 덧붙여 소개하는 데 그쳐서 남과 북의 어휘 비교 연구로는 균형적이지 않았다. 그래서 그런지 이 부분은 빨간색으로 되어 있었는데, 선생님께서 더 많이 손을 보려고 했던 것으로 짐작된다. 하지만 우리는 유고작의 전반 체계를 고려하여 아쉽지만 고민 끝에 선생님 허락 없이 제5장을 제외시키기로 하였다. 하늘나라에 계시는 선생님께서 꼭 혜량해 주실 것이라고 믿는다.

강은국 선생님의 유고작이 빛을 보도록 출판 비용을 지원해 준 복단대학 외문학원과 한국어학과에게 고마움을 전한다. 더불어 책을 잘 꾸며준 하우출판사 박민우 사장님과 편집 담당자께 감사의 말씀을 드리고 싶다.

원고 정리 과정에서 많은 조언을 해주신 강보유 선생님, 윤여탁 선생님, 그리고 김철준 선생님과 장영미 선생님께 감사드린다. 더욱이 저를 믿고 원고 정리를 맡겨주신 이화옥 사모님을 비롯한 유가족에게도 감사와 위로의 말씀을 드리고 싶다.

　은사님의 유고를 정리하면서 "매일 1000자를 꾸준히 쓰면 반드시 좋은 성과가 나올 것이다."라고 우리 제자들을 독려하는 선생님의 말씀이 떠오른다. 항상 열정적으로 강의하고 글 쓰시는 선생님의 모습이 눈앞에 선하다.

제자 곽일성

2023년 4월 1일

# 차례

**1장**

# 남과 북의
## 어휘론 연구
# 개관

# 1장 남과 북의 어휘론 연구 개관

## 1.1. 남에서의 어휘론 연구

김광해(1993: 37)에서는 "우리나라에서 국어학이라는 커다란 연구 분야 속에 '어휘론'이라는 영역이 본격적으로 자리 잡을 수 있도록 하는 한편 어휘에 관한 연구의 필요성을 부각시킨 것은 沈在箕(1982) '국어 어휘론'의 출간으로부터 비롯된다. 이로 말미암아 국어학의 다른 하위 영역들과 나란히 어휘론이라는 이름의 학문 분야가 성립할 수 있다는 가능성과 지평이 제시되었다."라고 하면서 남의 경우에는 지난 세기 80년대 초에 이르러서야 어휘론이 언어학의 한 독자적인 분야로 자리 잡기 시작했다고 지적하고 있다.

그런데 심재기(1982)에서는 "1955년, 李熙昇의 「國語學槪說」이 상재되자 비로소 語彙論이라는 연구 분야가 확립되었고, 거기에서 어떤 내용을 어떻게 가르치며, 또 연구할 것인가 하는 윤곽을 제시하기에 이르렀다."라고 하면서 그 시기를 50년대까지 더 거슬러 올라갈 수 있다고 보고 있다.

어휘론이 언어학의 독자적인 한 영역으로 자리 잡은 시기를 지난 세기 80년대 초로 보든 50년대로 보든 어휘론 연구는 문법론 연구에 비해 훨씬 뒤늦게 시작되었을 뿐만 아니라[1] 그 성과 역시 문법론에 비할 바가 못 된다. 어휘론의 연구 성과에 대해 심재기 외(2011)에서는 "'국어어휘론'이란 이름의 학문 분야가 국어학의 한 갈래로 자리 잡은 지 어느새 반세기의 세월을 넘겼다. 그러나 그 동안 '국어 어휘론'이란 제목을 붙인 연구 서적이 간행된 것은 겨우 열손가락을 꼽을 정도로 한산하였다. 음운, 형태, 통사, 문법 등 국어학의 다른 분야가 엄청난 분량의 연구 업적을 내놓는 동안 어휘를 연구하는 사람들은 무엇을 하였던 것일까?"라고 한탄하고 있다.

그럼 아래 李熙昇(1955)의 「國語學槪說」 이후에 어떤 '어휘론' 전문 서적들이 간행되었는가를 살펴보기로 하자.

李熙昇(1955) 이후 어휘론을 언어학의 독자적인 분과로 다룬 저

---

1   여기서 우선 명확히 해 둘 것은 우리가 말하는 '어휘론 연구', '문법론 연구' 등이 지칭하는 바는 개별적인 어휘, 또는 개별적인 문법 형태나 문법 항목에 대한 연구를 가리키는 것이 아니라 언어학의 한 독자적인 분야로서의 '어휘론'이나 '문법론'에 대한 체계적인 연구를 가리킨다는 것이다. 따라서 개별적인 어휘를 대상으로 행해지는 연구는 '어휘를 대상으로 하는 연구' 또는 '어휘 연구'라는 용어로 구별하기로 한다. '어휘를 대상으로 하는 연구'는 김광해(1993: 36)에서 지적한 것처럼 "국어학 연구에 있어서 어휘를 대상으로 하는 연구는 역사적으로 그 전통을 살펴보고자 한다면 조선 시대에까지 거슬러 올라가야만 할 정도로 짧지 않은 역사를 가지고 있으며", "실로 방대하고 다양한 영역에 걸쳐서 연구물들이 쏟아져 나오고 있는 분야이다."라고 할 수 있다.

서가 지난 세기 50년대에는 더는 발견되지 않으며, 60, 70년대에 이르러서도 전혀 발견되지 않는다. 그 이유는 아마 심재기(1982: 11)에서 지적한 것처럼 "1960년대와 1970년대에 걸쳐 미국으로부터 유입되어온 變形生成文法은 은연중 국어학의 연구 경향을 統辭論에 치중하게 하여 語彙論은 상대적으로 위축되는 형편"에 있었기 때문이 아닌가 생각한다.

그 후 80년대에 이르러서야 심재기(1982)의 『國語語彙論』이 간행되면서 '어휘론'이 김광해(1993)에서 지적한 것처럼 진정한 의미에서 언어학의 한 분야로 등장하게 되는데 그러나 이 분야에 대한 관심을 보인 학자도 얼마 되지 않고 '어휘론'을 체계적으로 다룬 전문 저서도 이 책 외는 더 발견되지 않는다.

'어휘론'이 언어학의 한 분야로 본격적인 논의가 진행되기 시작한 것은 김광해(1993: 37)에 따르면 "'어휘론'이라는 학문 분야에 대한 언어학의 체계에 입각한 본격적인 논의가 1990년 겨울에 국어학회 제17회 공동연구회에서 '국어 어휘 연구의 현황과 문제점'이라는 주제 하에 이루어짐으로써 어휘론의 재인식과 정립을 위하여 커다란 전기를 마련"하게 되며 이를 계기로 김종택(1992)의 『국어 어휘론』과 김광해(1993)의 『국어 어휘론 개설』이란 두 권의 '어휘론' 연구와 관련된 전문 저서가 출간되기에 이른다.

2000년대에 이르러서는 심재기(2000)의 『國語 語彙論 新講』, 심재기 외(2011)의 『국어 어휘론 개설』 등이 더 출간되었다.

이상에서 볼 수 있는 바와 같이 남에서의 어휘론 연구는 문법론 연구에 비해 훨씬 뒤늦게 시작되었을 뿐만 아니라 연구 업적도 얼

마 되지 않는다.[2]

　그럼 이제부터는 이상 저서들의 내용의 장절을 요약하면서 남의 경우에는 어휘론 연구에서 어떤 내용들을 구체적으로 다루고 있는 가를 살펴보기로 한다.

○ 李熙昇(1955)의 『國語學槪說』

　　第一章 單語
　　　第一節 單語의 定義
　　　第二節 語義要素와 形態要素
　　　第三節 單語의 分類(系統上 分類, 構成上 分類, 槪念上 分類, 時代的 分類, 地域的 分類, 社會的 分類, 語法上 分類, 部門的 分類)
　　　第四節 單語의 生成·變遷
　　　第五節 音韻의 變化(音의 脫落, 音의 添加, 音의 變換)
　　第二章 語義의 硏究(語義論)
　　　第一節 語義(意味)의 本質
　　　第二節 語義의 變化(語意의 擴大, 語意의 縮小, 語意의 轉變)
　　　第三節 語義 變化의 理法

---

2　물론 이외에 이을환·이용주(1964), 김민수(1981), 김종택·남성우(1983), 양태식(1984), 임지룡(1992), 윤평현(2008) 등의 『국어의미론』과 홍사만 (1985)의 『國語語彙意味硏究』 등이 출간되기는 했지만 우선 의미론의 연구 영역은 어휘의 분야를 훨씬 초월해서 통사 내지는 텍스트 분야에까지 미치는 언어학의 한 분야이며 또 '의미론' 그 자체가 지향하는 목표가 '의미'의 부분이기에 어휘론과 관련을 지을 경우에도 어휘의 의미에 대한 연구에만 한정되어 있기에 어휘론을 체계적으로 다룬 연구로 볼 수 없다는 입장에서 제외하였다.

第四節 語原探求(語原論)

第五節 語原에 關한 文獻

第三章 單語의 構成(語形論)

第一節 單音節語와 多音節語

第二節 單一語와 合成語

第四章 音相과 語意·語感

第一節 母音의 音相

第二節 子音의 音相

第五章 語意의 階級性(敬語와 卑語)

第一節 平語와 敬語

第二節 平語와 卑語


○ 沈在箕(1982)의 『國語語彙論』

第Ⅰ編 總說

緖言

第1章 語彙資料論 分野

第2章 語彙意味論 分野

第3章 語彙形成論 分野


第Ⅱ編 語彙資料論

槪要

第1章 漢字語의 傳來와 系譜

第1節 漢字語가 지닌 問題

第2節 漢字 및 漢字語의 傳來

第3節 漢字語의 起源的 系譜

第2節 名詞의 副詞化(第一群 副詞化素)

第3節 動詞의 副詞化(第二群 副詞化素)

第6章 國語語彙의 統辭的 循環構造

第1節 統辭의 範疇와 語彙形成機制와의 關係

第2節 要點 整理

## ○ 김종택(1992)의 『국어 어휘론』

1. 어휘론의 성격

    1.1 어휘론 연구의 필요성

    1.2 어휘론의 연구대상

    1.3 어휘론의 연구방법

    1.4 어휘론의 연구영역

2. 어휘 자료론

    2.1 고대국어 자료

    2.2 중세국어의 자료

    2.3 근세국어의 자료

    2.4 현대국어 자료론

3. 어휘 조사론

    3.1 국어의 어휘 분포

    3.2 어휘의 조사와 선정

    3.3 기초 어휘의 선정

    3.4 사전 편찬론

    3.5 연상어휘 조사

4. 어휘 체계론

    4.1 어휘의미와 의미장

## ○ 김광해(1993)의 『국어 어휘론 개설』

제9장 사전

9.1. 사전의 어제와 오늘

9.2. 정규 사전

9.3. 특수 사전

## ○ 심재기(2000)의 『국어 어휘론 신강』

I. 국어 어휘의 특성과 연구 범주

국어 어휘의 특성에 대하여

국어 어휘의미론

II. 국어 어휘의 형성과 변천

語源

'-하다'類 낱말의 생성 기반에 대하여

숨어 있던 複合語에 대하여

廣開土大王 碑文 속의 고구려 어휘

근대국어의 어휘 체계에 대하여

『松南雜識』의 方言類에 대하여

III. 한자어의 형성과 수용

한자어의 구조와 그 조어력

한자어 수용에 관한 통시적 연구

우리말 사전의 한자(어) 처리에 대하여

IV. 속담과 관용표현

속담사전 編纂史草

俗談의 종합적 검토를 위하여

국어 관용표현의 화용론적 연구

게일 文法書의 몇 가지 특징

북한의 俗談

V. 사전과 어휘

국어사전에서의 뜻풀이

좋은 우리말 사전을 만들기 위한 예비적 고찰

국어 문장의 바른길 찾기를 위한 어휘론적 연구

문화어의 이상과 현실

남북한 어휘의 이질성 문제

## ○ 심재기 외(2011)의 『국어 어휘론 개설』

1장 국어 어휘의 특성

  1. 국어 어휘의 음절

  2. 음운론적 유연성

  3. 형태론적 유연성

  4. 한자어의 어휘적 특성

  5. 외래어의 어휘적 특성

2장 국어 어휘의 어종

  1. 한자어와 외래어

  2. 이종 어휘의 공존

  3. 단어형성법

3장 어휘의 계량과 기본어휘

  1. 계량의 필요성

  2. 어휘의 계량

  3. 어휘 빈도 조사 방법

  4. 기본어휘

4장 어휘와 의미

1. 어휘의 의미 관계

2. 의미 변화

5장 어휘와 사회

1. 어휘적 대우

2. 남성어와 여성어

3. 은어

4. 비속어

5. 금기어와 완곡어

6. 신어와 유행어

7. 통신 어휘

8. 순화어

6장 관용표현

1. 관용표현의 개념과 범주

2. 관용 구절의 유형 분류

3. 관용 구절의 생성과 소멸

4. 관용 구절의 특성

5. 속담

이상의 고찰에서 볼 수 있는 바와 같이 각이한 저서들의 서술체계는 현격한 차이를 보이고 있다. 그러나 다루고 있는 내용들을 살펴보면 적지 않은 공통되는 점도 발견할 수 있다. 각이한 저서들에서 비록 부동한 명칭의 장절에서 서술하고 있기는 하지만 어휘론의 성격, 어휘론의 연구 대상과 과업, 어휘의 체계(분류), 어휘의 변화와 발전, 사전, 어원, 어휘의 계량, 어휘의 의미 등과 관련된 내용은 거의 모든 저서들에서 다루고 있고 이외에 일부 저서들에서는 어휘의 자료, 조어론, 어휘 교육 등에 대해서도 언급하고 있다. 그런데 이 중에서 가장 문제시되는 것이 어휘의 체계(분류)에 대한 서술인데 많은 저서들에서 비록 어종(또는 기원)에 따른 고유어, 한자어, 외래어; 의미에 따른 유의어, 반의어; 사회(또는 지역)에 따른 표준어와 방언, 은어, 전문어; 시대에 따른 신어, 유행어; 구조에 따른 관용어와 속담; 화용(또는 계급)에 따른 평어, 경어, 비어 등을 다루고 있지만 이것들을 '어휘의 체계(또는 분류)'라는 하나의 장절로 묶어 다룬 것이 아니라 부동한 제목으로 된 각이한 장절에 나누어 서술하고 있다는 점인데 그만큼 '어휘론'이 음운론이나 문법론 등 언어학의 기타 분야와는 달리 비교적 개방적인 집합으로서 그 체계를 파악하기가 어려운 분야라는 것을 설명해 주는 것이 아닐까 생각된다.

## 1.2. 북에서의 어휘론 연구

김영황·권승모(1996: 163)에서는 "이 시기 어휘의미론과 관련하여 종합적으로 서술한 것은 단행본으로 발행된 《현대조선어(1)》(김수경 외: 1961)[3]이다. 《현대조선어(1)》은 이 시기에 이룩된 성과들에 기초하여 어휘의미론의 기초개념들을 정립하고 종합체계화한 최초의 저술이다."라고 하였다.

여기서 알 수 있는 바와 같이 북의 경우에는 어휘론이 언어학의 독자적인 분야로 자리 잡은 것이 60년대 초부터이다. 남에서의 연

---

3    김수경 외(1961): 《현대조선어(1)》은 서론과 어휘론 및 어음론 세 부분으로 구성되었는데 '어휘론' 부분은 김수경과 김금석의 공동 집필로 되어 있다.

구보다는 약 5년 정도 뒤늦게 시작되었다고 할 수 있다.

그럼 아래 북에서는 어떤 어휘론 저서들이 출간되었는가를 살펴 보기로 하자.

『현대조선어(1)』이 출간된 이후로 간행된 어휘론 관련 저서들로 는 60년대에는 김금석·김수경·김영황(1964)의 『조선어 어휘론 및 어음론』, 70년대에는 전경옥(1975)의 『문화어 어휘론』, 80년대에 최 완호 외(1980)의 『조선어어휘론연구』, 김일성종합대학 조선어학강좌 (1981)의 『문화어 어휘론』, 김길성(1992)의 『조선어어휘론(류학생용)』, 최완호(2005)의 『조선어어휘론』 등이 출간되었는데 이 중에서 『문화 어 어휘론』은 물론 김금석·김수경·김영황(1964)의 『조선어 어휘론 및 어음론』도 『현대조선어(1)』을 책 이름만 바꾸어 재판한 것이니 다섯 책 정도의 어휘론 전문 저서가 출간된 것으로 볼 수 있다.

그럼 이제부터는 이상 저서들의 내용의 장절을 요약하면서 북의 경우에는 어휘론 연구에서 어떤 내용들을 구체적으로 다루고 있는 가를 살펴보기로 한다.

○ 김수경 외(1961)의 『현대조선어(1)』

　1. 서론
　　1) 어휘론 연구의 대상
　　2) 어휘론과 언어학의 다른 분과들과의 관계
　2. 단어와 그 의미
　　1) 언어의 문법적 및 어휘적 단위로서의 단어, 단어의 어휘
　　　적 의미
　　2) 단어의 다의성

3) 단어의 의미론적 구조, 어휘적 의미의 기본적 류형

4) 단어의 의미의 변화와 발달의 주요 수법들

3. 동음 이의어, 동의어 및 반의어

    1) 동음 이의어

    2) 동의어

    3) 반의어

4. 기원의 측면에서 본 현대 조선어의 어휘 구성

    1) 고유 조선 어휘

    2) 한자 어휘

    3) 외래 어휘

5. 사용 범위의 측면에서 본 현대 조선어의 어휘 구성

    1) 전체 어휘 체계에 있어서의 전 인민적 어휘와 방언적 어휘

    2) 직업적 어휘와 학술 용어

    3) 통용어

6. 표현−문체론적 측면에서 본 현대 조선어의 어휘 구성

    1) 일반적 어휘

    2) 서사어의 어휘

    3) 회화어의 어휘

    4) 표현적 어휘

7. 적극적 및 소극적 어휘의 측면에서 본 현대 조선어의 어휘 구성

    1) 적극적 어휘와 소극적 어휘

    2) 낡은 어휘

    3) 새로운 어휘(신어)

8. 조선어의 어휘를 풍부히 하는 방법으로서의 단어 조성

 1) 단어 조성의 개념

2) 접사적 단어 파생

3) 품사 전성

4) 단어 합성

5) 어음 전환

6) 략어

9. 공고한 단어 결합과 성구

1) 공고한 단어 결합

2) 종합적 성구

3) 분석적 성구

10. 8.15 해방 후 조선어 어휘 발달의 기본 특징

1) 8.15 해방 후 조선어 어휘 구성의 변화와 발달

2) 공화국 남반부에서의 조선어 어휘 구성의 혼란 상태

3) 아름답고 알기 쉬운 인민적 언어를 사용하기 위한 우리
의 태도

11. 조선어의 사전

1) 사전의 기본적 종류

2) 조선에서의 사전 편찬의 간단한 역사

3) 조선어의 주석 사전

4) 기타의 조선어 사전

5) 주석 사전 편찬에서 제기되는 주요 문제들


○ 최완호 외(1980)의 『조선어어휘론연구』

1장. 조선어어휘 구성의 특성과 갈래

1절. 조선어어휘 구성의 특성

1. 조선어어휘 구성의 고유성

2. 조선어어휘 구성의 혁명적세련성

3. 조선어어휘 구성의 풍부성과 다양성

2절. 조선어어휘 구성의 갈래

1. 어휘의 구조와 변화 발전의 측면에서 본 갈래

2. 어휘의 쓰임의 측면에서 본 갈래

3. 어휘의 표현의 측면에서 본 갈래

2장. 어휘정리

1절. 어휘정리의 개념

1. 어휘정리의 개념

2. 어휘정리가 민족어발전에서 차지하는 위치

2절. 어휘정리의 내용

1. 정리

2. 보급

3. 통제

3절. 어휘정리의 방도

4절. 우리나라에서 진행되고있는 어휘정리의 특성

3장. 단어만들기와 이름짓기

1절. 단어만들기

1. 단어만들기에 대한 기초지식

2. 단어만들기의 원칙

3. 단어만들기에 관계하는 요소들

4. 단어만들기에서의 민족적특성

2절. 이름짓기

1. 사람이름짓기

2. 고장이름짓기

4절. 학술용어의 발전풍부화

　　1. 학술용어발전의 필요성

　　2. 조선어학술용어발전의 주요한 특징

　　3. 학술용어발전에서 나서는 몇 가지 과업

○ 김일성종합대학 조선어학강좌(1981)의
『문화어 어휘론』

문화어 어휘론의 대상과 과업

제1장. 문화어의 단어체계

　　제1절. 단어와 그 뜻

　　제2절. 단어들의 의미적 갈래

　　제3절. 단어들의 어휘적 갈래

　　제4절. 성구

　　제5절. 단어체계

　　제6절. 문화어단어체계의 특성과 그 우수성

제2장. 단어체계의 발전

　　제1절. 단어체계의 발전법칙

　　제2절. 어휘정리

　　제3절. 새말만들기

　　제4절. 고유어찾아쓰기

　　제5절. 뜻의 정밀화

재3장. 단어사용

　　제1절. 어휘규범화와 사전

　　제2절. 단어의 정확한 사용

　　제3절. 단어의 형상적사용

○ 김길성(1992)의 『조선어어휘론(류학생용)』

어휘론의 대상과 과업

제1장 단어와 그 뜻

    제1절 단어는 언어의 기본단위

    제2절 단어의 뜻과 그 류형

    제3절 다의성과 뜻폭, 단어의 밑뜻

    제4절 단어의 의미변화와 발전의 수법

제2장 소리같은말, 뜻같은말 및 뜻반대말

    제1절 소라같은말

    제2절 뜻같은말

    제3절 뜻반대말

제3장 어휘 구성의 갈래

    제1절 기원의 측면에서 본 어휘갈래

    제2절 사용분야의 측면에서 본 어휘갈래

    제3절 사용범위의 측면에서 본 어휘갈래

    제4절 변화 발전의 측면에서 본 어휘갈래

    제5절 문체론적측면에서 본 어휘 구성

제4장 성구

    제1절 성구와 그 특성

    제2절 성구의 갈래

제5장 단어조성

    제1절 단어조성과 그 수법

    제2절 이름짓기

제6장 광복 후 우리 민족어의 어휘 구성에서 일어난 새로운 변화

    제1절 공화국북반부에서 어휘 구성의 변화 발전

○ **최완호(2005)의 『조선어어휘론』**

제3절 우리말 문화어 어휘 구성의 가꾸기

    1. 일제식민지통치시기의 낡은 어휘흔적가시기

    2. 서울지방의 중류사회에서 쓰는 말을 기준으로 삼은 이른바《표준말모음》에 대한 재검토

    3. 한자말로 된 나라이름과 지역이름의 고쳐쓰기

    4. 비문화적인 동식물이름 고치기

    5. 은어문제

제5장 쓰임의 측면에서 본 조선어어휘 구성의 움직임

제1절 일반어와 학술용어의 적극적인 호상침투

    1. 일반어

    2. 학술용어

    3. 일반어와 학술용어 사이의 적극적인 호상침투

제2절 입말어휘와 글말어휘의 빠른 접근

    1. 입말어휘와 글말어휘에 대한 개념과 그것들이 생기게 된 경위

    2. 입말어휘의 특성

    3. 글말어휘의 특성

    4. 입말어휘와 글말어휘의 차이 극복방도

제3절 고유어휘를 적극 살려쓰는 데로의 획기적인 전환

    1. 고유어휘의 높은 사용빈도

    2. 고유어휘의 많은 증가

    3. 고유어휘의 사용령역의 확대

제6장 고유어어휘 구성의 관용어부류들

제1절 속담

    1. 속담에 대한 리해

이상의 고찰에서 볼 수 있는 바와 같이 북의 경우에도 어휘론의 서술 체계가 책마다 서로 다른 양상을 보이고 있기는 하지만 어휘론의 연구 대상과 과업, 단어의 의미, 어휘 체계(또는 분류), 단어조성, 어휘 구성의 변화와 발전, 사전 등과 관련된 내용들에 대해서는 거의 모든 저서들에서 언급하고 있다.

그리고 남의 경우에서와는 달리 어휘 정리와 어휘 규범에 대해 적지 않은 저서들에서 많은 편폭을 할애하면서 언급하고 있다. 그러나 어휘의 계량과 관련된 문제는 단 한 권의 책에서만 간단히 언급되어 있을 뿐이다.

북의 경우에도 그 서술 체계에서 가장 문제시되는 것이 어휘의 체계(또는 분류)와 관련된 내용들이 일관된 표준이 없이 부동한 내용의 장절에서 다루어지고 있다는 점이다.

## 요약

지금까지 우리는 남과 북에서 간행된 어휘론 연구 저서들의 주요 내용의 장절들에 대해 간략하게 살펴보았는데 내용적 측면에서나 서술 체계에서 비교적 큰 차이를 보여주고 있다.

우선 내용적 측면에서 볼 때, 북에서 출간된 어휘론 관련 저서들에서는 남에서 출간된 어휘론에서 다루고 있는 어휘의 자료, 어휘의 의미(의미론), 어원의 탐구, 어휘의 역사, 어휘력과 어휘 교육 등과 관련된 많은 내용들에 대해서는 전혀 언급하지도 않고 있으며, 어휘의 계량과 관련해서는 개별 저서에서 이미 출간된 빈도사전을 활용하는 데 머무르고 있다.

대신 남에서는 언급하지 않은 어휘 정리, 이름 짓기 등과 관련되는 문제들에 대해 70년대 이후에 출간된 저서들에서는 많은 편폭을 할애하면서 언급하고 있으며, 어휘의 규범화에 대해서도 적지 않은 지면을 할애하면서 언급하고 있다.[4]

내용적 측면에서 보이는 이와 같은 차이는 어휘론의 연구 대상과 연구 영역을 어떻게 확정하느냐와 관계되는 문제로서 어휘론을 언어학의 한 독자적인 분과라는 것을 전제로 할 경우 어휘론도 언어학의 기타 분야와 마찬가지로 확정된 자체의 연구 대상과 연구

---

4  70년대 이전에 출간된 어휘론 저서들에서는 '어휘정리' 등과 관련된 많은 내용들이 거의 언급되지 않다시피 되고 있다는 사정을 고려할 때, 이는 70년대 이후 북의 언어정책의 새로운 변화와 관련되는 문제라 생각된다.

영역을 갖고 있다는 데 대해서는 더 의심할 나위조차 없는데 문제는 우리가 이 '어휘론'이란 이 학문 분야의 성격에 대해 어떻게 옳게 인식하느냐에 달려있다. 따라서 어휘론의 성격 규명은 어휘론 연구에서 무엇보다 먼저 해결해야 할 주요 과업으로 나서게 된다.

다음 서술 체계의 측면에서 볼 때, 이미 앞에서 지적한 바와 같이 남과 북의 모든 저서들을 망라해서 비슷한 체계로 서술된 책은 거의 찾아볼 수 없을 정도로 각이하다. 예를 들면 견해가 상대적으로 비슷한 고유어, 한자어, 외래어와 관련되는 문제도 남의 경우에는 이희승(1955)나 김광해(1993)에서는 어휘의 체계-어종(계통)에 의한 분류에서 다루고 있으나 심재기(1981)과 김종택(1992)에서는 어휘자료론에서 다루고 있으며 기타의 일부 저서들에서는 단독 장절을 설정하여 서술하고 있다.

북의 경우에도 대부분의 저서들에서는 어휘의 체계에서 서술하고 있지만 최완호(2005)에서는 단독 장절을 설정하여 다루고 있다.

유의어, 반의어 등과 관련된 문제에 대해서도 남의 저서들과 북의 대다수의 저서들에서는 의미적 부류에서 다루고 있지만 김수경 외(1961)과 김길성(1992)에서는 단독 장절을 설정하여 다루고 있다.

관용어와 속담 등과 관련해서는 그 처리가 보다 더 각이한데 김광해(1993)에서는 어휘소의 화용적 변이에서 다루고 심재기(1982)와 김종택(1992)에서는 어휘의미론에서 다루고 있으며 심재기(2000)과 심재기 외(2011)에서는 단독 장절을 설정해 다루고 있다. 북의 경우에도 모두 단독 장절을 설정해 다루고 있다.

표준어와 방언 등과 관련된 내용은 이희승(1955)에서는 어휘의 체계-지역적 분류에서 다루고 있지만 김광해(1993)에서는 어휘의 위상적 변이에서 다루고 있다. 북의 경우에는 모두 어휘의 체계에서 다루고는 있지만 최완호 외(1980)에서는 지역에 따른 분류에서 다루고 있고, 김수경 외(1961)과 김길성(1992)에서는 사용 범위에 따른 분류에서 다루고 있다.

신어나 유행어와 관련된 문제는 이희승(1955)에서와 같이 시대적 분류에서 다루기도 하고, 심재기 외(2011)에서와 같이 사회적 부류에서 다루기도 하며, 김광해(1993)에서와 같이 어휘의 팽창에서 다루기도 하고, 최완호 외(1980)에서와 같이 어휘의 변화 발전의 측면에서 다루기도 한다.

이외 은어, 공대어와 하대어, 금기어와 완곡어 등과 관련된 처리도 위의 상황과 유사하다.

이상의 고찰에서 볼 수 있는 바와 같이 지금까지의 연구에서는 어휘 구성의 제 요소들을 일정한 기준에 의해 질서 정연한 체계로 묶어주지 못하고 있는 것이 또 하나의 중요한 문제로 제기되고 있다.

물론 어휘라는 이 언어적 단위가 상대적으로 폐쇄된 음운이나 문법 등 언어 단위에 비해 너무나도 개방적인 언어적 단위로서 수십만을 헤아리는 방대한 단어들의 집합으로 이루어진 언어적 단위여서 그 체계를 정확히 파악하기 어려운 것만은 사실이다. 그러나 어휘를 집합 개념으로서 단어들의 무리를 가리킨다는 사실을 인정할 때, 또 이 집합은 산재해 있는 개개의 단어들의 무질서한 개방 집합으로서만 존재하는 것이 아니라 일정한 질서, 또는 기준에 따라 몇 개의 부류로 나뉠 수도 있는 폐쇄적인 집합으로도 존재한다는 사실을 인정할 때, 수십만을 헤아리는 방대한 단어들을 몇 개의 부류로 묶어주는 그 질서, 또는 기준만 잘 파악한다면 어휘 체계도 음운 체계나 문법 체계처럼 질서 정연한 모습을 드러내게 될 것이다. 이리하여 어휘 분류의 기준을 어떻게 세우느냐 하는 문제가 어휘론 연구의 다른 한 주요한 과업으로 나서게 된다.

## 2장

# 어휘론의
## 연구 대상과
# 영역

# 2장 어휘론의 연구 대상과 영역

## 2.1. '어휘'의 성격

앞에서 이미 지적한 바와 같이 어휘론 연구에서 무엇보다 먼저 해결해야 할 과제가 그 연구 대상과 과업을 옳게 정하는 것인데 이는 '어휘'의 성격 규명을 전제로 한다. 이리하여 여기서는 먼저 '어휘'의 성격 규명에 대한 학자들의 견해를 살펴보기로 한다.

'어휘'의 기본 개념과 관련하여 이희승(1955: 195)에서는 "單語의 集合體를 語彙라 일컫는다."라고 정의하고 있고 김광해(1993: 39)에서는 "어휘론에서의 '어휘'라는 술어는 집합 개념으로서 단어들의 무리를 가리킨다는 사실을 확실히 해야 한다. 따라서 어휘를 이루는 하나하나의 요소들은 어휘소(또는 어휘 항목, 경우에 따라서는 단어)이다. 이러한 관점에 설 때, 어휘란 '일정한 범위 안에서 사용되

는 단어의 집합'이다."라고 그 개념을 정립하고 있다.[1]

북의 학자들도 이와 유사한 개념으로 '어휘'의 성격을 규명하고

---

1   김광해(1993)에서는 '어휘소'란 개념을 새롭게 도입하면서 다음과 같이 설명하고 있다.

"어휘론에 그 연구의 대상이 되는 것은 어휘이다. 이때 어휘를 형성하고 있는 하나하나의 요소들을 '어휘소(lexeme)'라고 부른다. 언어라는 체계가 복합 부호 체계(multiple coding system)로서 층(levels), 혹은 성층(strata)으로 조직되어 있다고 바라보는 시각을 우리가 인정한다고 할 때, 이 같은 성층 문법의 관점에서 본다면 어휘소(lexeme)는 다음과 같은 체계 속에 배치되어 있는 요소로서의 개념으로 사용된다.

| | | | |
|---|---|---|---|
| sememic stratum | sememe | semon | semotactics |
| lekeme stratum | lexeme | lexon | lexotactics |
| morpheme stratum | morphe | memorphon | morphotactics |
| phonemic stratum | phoneme | phonon | phonotatics |

이처럼 언어를 성층의 관점에서 본다면 '최소의 유의미적 단위'는 형태소가 아니라 어휘소이다."

"한편, 이 '어휘소'라는 술어는 '어휘 항목(lexical item)'이라는 용어로 사용될 수도 있다. 이 술어는 단어(word)라는 통속 언어학적인 용어(folk-linguistic term)보다는 모호성이 덜하다. 그러나 이 어휘소 또는 어휘항목이라는 개념도 전적으로 명백한 것은 아니다. 이 어휘소 또는 어휘 항목이라는 술어는 대부분의 언어 카테고리들과 마찬가지로 이론적으로 명백히 규정할 수 있고 그에 따라 분석될 수 있는 것이기는 하나 이를 실례에 적용함에 있어서는 불확정성(indeterminancies)의 문제가 제기될 수 있다. 그러나 이러한 불확정성이 있음에도 불구하고 이는 이론을 전개하고 그에 따라 자료를 이해하는 데 필수적이다."(p. 43-45) 이른바 이 '어휘소'의 설정이 이론적인 타당성은 어느 정도 인정되지만 이들이 인하고 있는 것처럼 실례에 적용함에 있어서는 불확정성의 문제가 제기될 수 있는 것은 물론 더 중요하게는 어휘론 연구에서 과연 실용적 가치가 있느냐 하는 것이다. '어휘소'를 설정하고 있는 김광해(1993)에서도 어휘론 연구의 각 영역의 서술에서 실지로 분석 사용한 언어 단위는 구체적인 단어로 되어 있다. 즉 '어휘소'가 '단어'와 등가적인 개념으로 사용되고 있다는 것이다.

있다.[2] 김수경 외(1961: 42)에서는 "한 언어에 있는 모든 단어와 이에 해당하는 모든 것의 총체"를 어휘라 정의하였고, 최완호(2005: 11-12)에서는 "'어휘'란 글자(한자) 그대로 풀이하면 '말의 모임'(말을 모은 것), 곧 '말의 집합체'라는 의미를 나타낸다. 조선어에서 '말'이라는 단어는 흔히 일반적인 뜻으로 쓰이지만 그 뜻은 '단어나 성구, 속담' 등을 이룬다. 따라서 '어휘'란 개개의 단어가 아니라 단어의 집합체, 그 총체를 이룬 것이라고 할 수 있다. '어휘'라는 단어에서 한자 '휘'(彙)자는 '부류'(類) 또는 '모은 것'(集)이라는 뜻을 가지고 있다. 그러므로 더 구체적으로 말하면 어휘란 '같은 부류에 속하는 단어들을 어떤 질서에 따라 모아 놓은 것'을 이룬다고 할 수 있다."라고 그 개념을 정립하고 있다.

이상의 고찰에서 볼 수 있는 바와 같이 남과 북이 거의 비슷한 개념으로 '어휘'의 성격을 규명하고 있다. 물론 이희승(1955)나 김광해(1993)에서는 그 개념을 정립함에 있어서 김수경 외(1961)이나 최완호(2005)의 경우에서와 같이 '단어'에 '성구'나 '속담' 등이 포함된다는 지적은 없지만 이들이 어휘의 체계(부류)에서 다루고 있는 대

---

2  북의 경우 리갑재(1989: 31)의 "어휘 구성의 공인된 개념은 한 언어에 있는 단어(그리고 기능상 단어와 등가적인 굳은 단어결합)들의 총체이다."에서처럼 '어휘'라는 용어 대신 '어휘 구성'이라는 용어를 사용하고 있는데 이에 대해 최완호(2005: 16)에서는 "어휘가 단순히 단어의 집합체를 이룬 것이라면 어휘 구성은 일정한 구성체를 이루고 있는 어휘를 내세워서 이른 측면, 례컨대 조선어의 어휘 구성은 고유어휘와 한자어휘, 외래어의 3가지로 이루어져 있다고 하는 것 같은 경우 또는 조선어의 어휘 구성 등 일정한 구성체를 이룬 어휘를 념두에 두면서 표현한 것 같은 데서 그 사용의 차이를 찾아볼 수 있을 것이라고 본다."고 설명하고 있다. 즉 '어휘 구성'이라는 용어를 사용할 경우에는 이 '단어 집합'이 체계로서의 단어 집합이라는 점을 강조하고 있다는 것이다.

상에는 관용어, 즉 성구나 속담이 포함되어 있는바 이는 '단어의 집합(체)'에서 '단어'가 지칭하는 대상이 같다는 것을 설명해 준다.

뿐만 아니라 '어휘'의 개념 정립에서 기본 개념으로 사용된 '집합(체)'에 대한 이해 또한 거의 비슷하다.

김광해(1993; 39)에서는 "이러한 어휘의 집합은 그 집합의 성격에 따라 다시 두 가지로 나뉘는데, '개인의 어휘, 한 언어의 어휘, 현대 국어의 어휘, 대구 방언의 어휘' 등과 같이 본질적으로 그 한계가 명확히 정해져 있지 않은 개방 집합(openset)으로서의 어휘가 존재하는 반면, '김동인의 어휘, 중세 국어의 어휘'처럼 폐쇄 집합의 성격으로 존재하는 경우도 많다."라고 지적하고 있다.

최완호(2005: 12)에서는 "여기서 어휘를 단어의 집합체라고 할 때 어떤 양상, 어떤 방식으로 모인 것을 가리키는가 하는 문제를 더 해부하여 말할 필요가 있다. 단어의 집합체, 모임이라고 하는 것은 한 언어의 모든 단어가 한덩어리로 모인 것만을 념두에 둔 것이 아니라 예를 들면 어떤 기준에 따라 고유어휘는 고유어휘대로 모여지고 한자어휘는 한자어휘대로 그리고 고려시기에 쓰이던 어휘는 고려어휘대로, 함경북도의 륙진지방방언은 또 그것대로 모여진 집합체, 나아가서는 조선어의 모든 단어의 집합체인 '조선어어휘'와 같은 것을 말한다."라고 지적하고 있다.

위의 고찰에서 볼 수 있는 바와 같이 최완호(2005)에서는 비록 '개방 집합'과 '폐쇄 집합'이라는 용어는 사용하지는 않았지만 어휘가 '개방 집합', 즉 '개별적인 단어들의 집합'이라는 성격과 '폐쇄 집합', 즉 '단어들의 체계적인 집합'이라는 양면적인 성격을 가지고 있는 언어의 한 단위로 인식하는 점에서는 서로 일치하다는 것을 알 수 있다.

'어휘'가 가지고 있는 이런 양면적인 성격과 관련하여 김광해 (1993: 40-41)에서는 "이 '어휘'라는 집합체는 다시 다음과 같은 두 방향의 시각에서 관찰될 수 있다.

㉮ 개별적인 단어들의 집합

이는 어휘소들의 분포를 중시하는 시각이다. 즉, 어휘를 이산적 인 개개의 어휘소들의 집합체로 보는 것을 전제로 한다. 바꿔 말하 면 어휘 V와 개별 어휘소 N들의 관계는 집합론적으로 다음과 같 이 표현되는 것으로,

$$V=\{N/N: \text{어휘소}\}$$

이때 개개의 어휘소들은 서로 독립되어 있으며 計量될 수 있는 단위로서 등질적인 가치를 가지고 있어서, 어휘소에 결부될 수 있 는 다른 요소들은 捨象되는 것인데, 이러한 점을 명확히 인식하는 것은 이 분야의 연구에서 중요한 선결 조건이 된다. 어휘에 관한 계량적 연구가 어휘를 이러한 시각으로 바라보는 대표적인 분야가 된다.

㉯ 단어들의 체계적인 집합

이는 어휘소들 간의 관계를 중시하는 시각에서 바라본 어휘의 개념이다. 어휘소들이 聯想, 類意, 反意 등의 기준들에 의해서 어

떤 연쇄적인 관계의 성립이 가능하다고 본다든가, 아니면 '語彙場' 같은 것을 구성할 수 있다고 보는 경우의 시각들은 어휘를 체계적, 조직적인 통일체로 보는 것을 전제로 하여 성립된다. 즉, 개개의 단어가 체계적이고도 유기적인 조직을 가지고 있어서 이들이 어휘라는 집합을 구성하고 있다는 가정 하에 성립하는 것이다. 이는 곧 어휘소들의 공시적인 여러 가지 관계나 또는 통시적 관계에 관한 연구들의 시작이 된다.

이처럼 어휘를 '단어의 체계적인 장'으로 보는 시각과 '단어의 개별적인 집합'으로 보는 시각은 어휘 연구의 각 분야별 특징, 즉 그 연구가 목표로 하는 바가 무엇이냐 하는 차이에 따라 달리 채택될 수 있는데, 이는 결국 어휘라는 것이 이러한 양면적인 성격을 아울러 가지고 있음에서 나온 결과이다."라고 구체적으로 설명하고 있다.

최완호(2005: 14-15)에서도 어휘가 갖고 있는 이런 양면적인 성격에 대해 "어휘에 대한 이해와 관련하여 현대어휘론의 일부 학자들은 어휘가 단어의 집합체로 규정되어 있을 뿐만 아니라 단어의 체계적인 통일체로 규정되어 있다는 이론을 제창한다.

어휘의 이 둘째 측면에 대한 이론을 주장하는 학자들은 어휘가 개개의 단어가 체계적인 조직체를 가지고 구성되어 있다고 규정하는데로부터 출발하고있다.

어휘체계론에서는 어휘를 단어의 단순한 집합체로 보는 것이 아니라 어떤 단어를 중심으로 하여 묶여진 체계적이고 조직적인 통일체로 보는 견해로부터 출발하고있다.

례컨대 '오늘'이라는 단어를 중심으로 하여 오른쪽으로는 '래일,

모레, 글피, 그글피'라는 단어들이 차례로 이어지고 왼쪽으로는
'어제, 그제(그저께), 그그제(그그저께)'와 같은 단어들이 차례로 이
어지면서 단어와 단어들 사이의 관계가 전해지는 것은 완전히 조
직화되고 체계화되어 있는 통일체를 엿볼 수 있게 한다고 말할 수
있다.

친족부름말 같은 것도 '나'를 중심으로 하여 친척, 외척, 인척 관
계가 혈통에 따라 부르는 정연한 부름말체계로 조직화되어 있는것
을 쉽게 찾아보게 된다.

어휘체계에서는 서로 련관된 단어들이 조직화되면서 크지 않은
체계를 이루고 그것이 점차 확대되면서 큰 체계로 발전해 가게 되는
것으로 보고 있다."라고 일부 학자들의 견해를 소개하면서 "실제상
한 언어의 총체적인 체계는 너무나 방대하고 복잡하기 때문에 그
연구방법에서 이와 같이 작은 체계로부터 점차 전일적인 체계의 양
상을 파악할 수 있게 될 것으로 보는 것은 방법론적으로 타당성을
가진다고 볼 수 있다."(p. 15)라고 자신의 입장도 밝히고 있다.

## 2.2. 어휘론 연구의 대상

어휘론의 연구 대상과 관련하여 심재기(1982: 10)에서는 어휘론
의 연구 대상은 '어휘'라고 지적하고 있다.

김종택(1992: 11)에서는 "어휘론은 한 언어가 포용하고 있는 어휘
는 물론, 어휘적 기능으로 쓰이고 있는 속담, 관용구 등 언어를 이
루고 있는 모든 문법적인 통합 단위를 연구대상으로 한다."라고 지
적하고 있다.

김광해(1993: 21)에서는 "어휘론의 연구 대상은 어휘이며, 어휘는

어휘소들의 집합이다. 따라서 그 연구 대상은 당연히 두 개 이상에서 시작하여 수천, 또는 수십만에 이르는 어휘소들로 이루어진 복수의 어휘소들이 된다."라고 지적하고 있다.

이상의 고찰에서 볼 수 있는 바와 같이 어휘론의 연구 대상과 관련하여서는 '어휘', '어휘소', '어휘와 어휘의 기능으로 쓰이고 있는 문법적인 통합 단위' 등 부동한 용어로 규정하고 있지만 실질은 어휘의 성격 규명에서 지적한 단어들의 집합체를 어휘론 연구의 대상으로 삼고 있다는 점에서는 다를 바가 없다.

어휘론의 연구 대상과 관련하여 북의 경우에도 학자마다 거의 비슷한 견해를 보이고 있다.

김수경 외(1961)에서는 "어휘론은 언어의 어휘 구성을, 다시 말하면, 단어와 이에 해당하는 모든 것의 총체를 언어 내부에서의 그들 호상간의 련계와 발전의 관점에서 연구한다. 이때 어휘론에서 고찰의 대상이 되는 것은 비단 《개별적 단어》뿐만이 아니라 그 의미상 하나의 단어에 해당하는 단어들의 결합도 이에 포함되게 된다."라고 어휘론의 연구 대상에 대해 밝히고 있다.

김일성종합대학 조선어학강좌(1981: 5)에서는 "어휘론에서는 단어를 기본으로 하여 거기에 작용하는 법칙과 규칙들을 연구한다. 그러나 이와 함께 어휘론에서는 비록 하나의 단어는 아니나 의미상 하나의 단어에 해당하는 굳은 단어결합들도 연구한다."라고 연구 대상을 확정하고 있다.

최완호(2005: 9)에서는 어휘론의 연구 대상과 관련하여서는 "어휘론의 연구 대상은 어휘이다."라고 간단명료하게 서술하고 있다.

이상의 고찰에서 볼 수 있는 바와 같이 어휘론의 연구 대상과 관련하여서는 '어휘' 혹은 '단어'라는 부동한 용어를 사용하고 있지만 그 대상은 '단어와 의미상 하나의 단어에 해당하는 단어 결합'으로 규정함에서는 별 차이가 없다.

## 2.3. 어휘론의 연구 영역

어휘론의 연구 영역과 관련된 남의 학자들의 견해를 살펴보면 다음과 같다.

심재기(1982)에서는 어휘론 연구의 영역을 어휘자료론, 어휘의미론, 어휘형성론 세 분야로 나누고 '어휘자료론' 분야에서는 한자어의 전래와 계보, 차용어, 중세국어의 時令語源, 東韓譯語의 어휘 등을 다루고(p. 34), '어휘의미론' 분야에서는 어의의 변화, 동의중복현상, 반의어, 속담, 금기어 등을 다루었으며(p. 102), '어휘형성론' 분야에서는 "어휘 형성에 관한 연구는 총설에서도 밝힌 바와 같이 合成語가 어떻게 만들어지는가를 밝히는 작업이 연구의 근간을 이룬다. 그것은 다시 派生語에 대한 관심과 複合語에 대한 관심으로 갈라진다. 그러나 다른 한편 어휘를 문장과 관계없이 검토하는 방법과 統爵的 動機에 관련하여 검토하는 방법이 있을 수 있다."라고 하면서 후자의 방법을 택하여 名詞化, 冠形化, 動詞化, 副詞化를 다루고 있다.(p. 300)

김종택(1992: 17-18)에서는 그 연구 영역에 대해서는 "어휘론은 어휘에 관한 전반적인 사실을 공시적 혹은 통시적 측면에서 연구하여 그 본질을 밝힘으로써 언어학의 발전은 물론, 교육과 실용에 이바지하고자 하는 것이다. 필요에 따라서 특히 강조하는 분야가 있을 수 있겠지만 그것이 포괄하고 있는 영역은 크게 어휘자료론,

어휘조사론, 어휘체계론, 어휘형태론, 어휘 구성론, 어휘어원론, 어휘의미론, 어휘변천론과 변천사 등으로 나누어 생각할 수 있는데, 그 내용을 소개하면 다음과 같다."라고 하면서 어휘론의 연구 영역을 (1) 어휘 자료론, (2) 어휘 체계론, (3) 어휘 형태론, (4) 어휘 형성론, (5) 어휘 어원론, (6) 어휘 의미론, (7) 어휘 변천사 등 7개로 구분하고 있다.

김광해(1993: 21)에서는 "어휘론이 이처럼 복수의 어휘소들을 대상으로 행해지는 연구이므로, 어휘의 연구는 그 집합을 구성하는 원소, 즉 어휘소들을 대상으로 하여 어떠한 시각에서 무엇을 얻어내고자 하느냐 하는 목표에 따라 분포를 대상으로 행해지는 분포 연구와 관계를 대상으로 행해지는 관계 연구 그리고 어휘와 관련된 정책을 대상으로 삼는 정책 연구의 세 가지로 대별될 수 있다."고 하면서 연구 영역을 크게 세 부류로 나누고 분포 연구의 하위 영역으로 '어휘의 계량적 연구', '어휘의 체계에 관한 연구', '어휘의 위상적 변이에 관한 연구', '어휘의 화용적 변이에 관한 연구'를, 관계 연구의 하위 영역으로 '어휘소의 공시적 관계 연구'와 '어휘소의 통시적 관계 연구'를, 정책 연구의 하위 영역으로 '어휘의 교육과 정책에 관한 연구'를 설정함으로써 어휘 연구의 하위 영역을 총 7개로 설정한 다음 어휘론의 영역별 연구 내용을 다음과 같은 도표로 보여주고 있다.

[표 1-3] 어휘론의 영역별 연구 내용

| 대상 / 방법 | | 이론연구 | 조사 연구 | 결과 |
|---|---|---|---|---|
| 분포 연구 | 이휘의 계량 | 어휘계량 이론<br>대상선정, 조사 방법, 통계처리 방법, 의미부여 및 평가, 성격 규정 | 각종 어휘조사<br>分야별 총어휘조사, 빈도 조사, 양적 구성 조사, 어휘평정 | 각종<br>어휘조사표 |
| | 어휘의 체계 | 어휘의 구조 파악<br>(전체 어휘)<br>어휘 구조의 분류 | 語種別; 고유어,차용어 (한자어,외래어, 혼종어)<br>品사別; 명사, 동사, 부사 …<br>語構成別; 단일어, 파생어, 복합어<br>音韻別, 形態素別 | 양언어 사전<br>다언어 사전<br>외래어 사전<br>역순 사전<br>형태소 사전 |
| | 위상적 양상 | 위상론의 이론<br>(부분집합)<br>언어 사회학과 위상론 위상 파악의 기준 및 의미 부여, 해석, 평가 | 성별; 남성어, 여성어<br>연령별; 아동어, 청소년 어, 노인어<br>지역별; 방언어휘<br>사회집단; 은어,속어,전문어(직업어), 특수어 | 방언 사전<br>각종 특수어 사전<br>전문용어 사전 |
| | 화용적 양상 | 화용어휘론의 개념<br>(부분 집합)<br>화용적 어휘의 규정, 파악의 기준, 의미 부여, 해석, 평가 | 장면; 文語, 口語, 詩語<br>대우; 높임말, 낮춤말<br>표현; 관용어, 속담, 완곡어, 약어 | 관용어 사전<br>속담 사전<br>수식어 사전 |
| 관계 연구 | 공시적 관계 | 단어의 공시적 관계 연구<br>의미관계 이론<br>(유의, 반의, 하의)<br>어휘장 이론<br>어휘 대응 이론<br>연어(collocation)의 연구 | 유의어, 반의어, 하의관계어<br>어휘장(각종 계열어, 친족 호칭어, 시간, 공간개념어, 색채어, 신체어, 의성 의태어…)<br>어휘 대응 관계 조사 | 특수 어휘집<br>유의어 사전<br>반의어 사전<br>분류어휘집<br>thesaurus<br>lexicon<br>what's what |
| | 통시적 관계 | 단어의 통시적 관계 연구<br>의미, 형태의 변화 원인<br>의미, 형태의 변화 유형<br>어원의 확인 및 분석<br>어휘 비교 | 어휘자료 조사 및 발굴<br>어원 발굴 및 정리<br>어원, 단어사 연구<br>어휘 연대측정 | 어원 사전 |

| 어휘의 교육과 정책 | 어휘교육의 이론 및 정책 연구<br>표준어, 외래어 정책 연구<br>새말의 제정 및 보급 문제<br>어휘 교육의 방법 | 기초 어휘, 기본 어휘 산정, 어휘력 조사<br>표준어, 외래어 조사<br>새말의 조사 | 기본 어휘 목록<br>기초 어휘 목록<br>외래어 목록 |

이상의 고찰에서 볼 수 있는 바와 같이 어휘론의 연구 영역의 설정에서는 남의 경우 김광해(1993: 21)에서 지적한 바와 같이 연구 시각과 연구 목표의 차이에 따라 상당한 차이를 보이고 있다.

그럼 아래 어휘론의 연구 영역과 관련된 북의 학자들의 견해를 살펴보기로 하자.

김수경 외(1961)에서는 전문적인 논의는 진행하지 않았지만 어휘론의 서술 체계를 살펴보면 단어의 의미, 어휘의 체계, 어휘의 변화 발달, 사전 등을 연구 영역으로 설정하고 있음을 알 수 있다.

김일성종합대학 조선어학강좌(1981)에서도 어휘론의 연구 영역과 관련하여서는 전문적인 논의를 진행하지 않았지만 그 서술 체계를 살펴보면 어휘론의 연구 영역을 크게 문화어의 단어체계, 단어체계의 발전, 단어사용 세 분야로 나누고 문화어의 단어체계에서는 단어들의 갈래를 중심으로 다루고 단어체계의 발전에서는 단어체계의 발전법칙, 어휘정리, 새말만들기, 고유어찾아쓰기, 뜻의 정밀화 등을 다루고, 단어사용에서는 어휘규범화와 사전, 단어의 정확한 사용, 단어의 형상적 사용 등을 다루고 있다.

최완호(2005: 6)에서는 "어휘론에 대한 기초륜곽을 파악하는데 도움을 주기 위하여 그 연구령역과 현상에 대하여 먼저 간단히 서술한다."라고 하면서 '어휘 구성론'에서 다루게 되는 내용들에 대해

다음과 같이 서술하고 있다.[3]

"어휘 구성론에서는 일반적으로 해당 언어 안에 포괄되어 있는 여러 어휘 부류(관용어부류들을 포함)들을 전반적으로 고찰하면서 그 구성체의 특성과 여러 어휘 부류들의 호상관계, 그것들의 위치와 기능, 인민들 속에서의 사용정형, 민족어사전편찬 그리고 어휘의 변화 발전 및 어휘 구성발전을 위한 국가의 언어정책 등을 연구한다."

이상의 고찰에서 볼 수 있는 바와 같이 어휘론의 연구 대상과 영역의 설정에서는 북의 경우에도 상당한 차이를 보이고 있다.

## 요약

지금까지의 고찰에서 볼 수 있는 바와 같이 '어휘'의 성격 규명과 어휘론의 연구 대상과 관련해서는 남과 북의 학자들이 비교적 통일된 견해를 보이고 있다.

그러나 어휘론의 연구 영역에 대해서는 학자들마다 서로 다른 견해를 보이고 있는바 남과 북의 부동한 학자들에 의해 설정된 연구 영역을 열거해 보면 20개도 넘는다. 이와 같은 사실은 어휘론의 연구 영역을 어떻게 보다 객관적이면서도 보다 과학적으로 설정하는가 하는 것이 어휘론 연구에서 무엇보다 먼저 해결해야 할 과제로 떠오른다는 것을 설명해 준다. 따라서 이 글에서도 먼저 이 문제를 둘러싸고 좀 더 깊이 있는 논의를 진행하는 것이 순리일 것이

---

3　여기서 '어휘 구성론'의 연구 영역을 소개하는 것은 "이 《조선어어휘론》은 《어휘 구성론》 류형의 것으로 서술"(p. 6)하였기 때문이다.

나 어느 한 개인의 힘으로 이 문제를 풀어나간다는 것은 전혀 불가능한 일이며 그리고 또 이 글을 쓰는 주요한 목적이 어휘론 연구에서 이룩한 남과 북의 연구 업적을 있는 그대로 소개하는 것이기에 이에 대한 전문적인 토론은 다른 기회로 미루기로 한다.

단 서술의 편의를 위하여 지금까지 부동한 학자들에 의해 설정된 연구 영역의 내용들을 검토하면서 부동한 영역에서 설정된 동일한 내용은 하나의 영역에서 집중적으로 다루는 방식을 취하거나 언어학의 다른 분과(분야)에서도 취급할 수 있는 내용은 다른 분과(분야)로 밀어주는 등 방식으로 취하면서 이 글의 서술 체계만은 나름대로 세워 보기로 한다.

그럼 먼저 부동한 연구 영역에서 다루어지고 있는 내용들 중에서 하나의 영역으로 묶어 다룰 수 있는 내용들을 살펴보기로 한다.

우선 심재기(1982)와 김종택(1992)의 '어휘 자료론'에서 다루고 있는 한자어, 차용어 등은 기타의 어휘론 저서들에서는 모두 '어휘의 체계'에서 '어종에 의한 분류'에서 다루고 있는바 '어휘의 체계'에서 다루어도 무방할 것이다.

다음 김광해(1993)에서 설정한 '어휘의 위상적 변이', '어휘의 화용적 변이', '어휘의 팽창', '어휘소의 공시적 관계' 등 부동한 영역에서 다루고 있는 내용들도 하나의 영역으로 묶어 다룰 수 있지 않을까 생각된다. 이희승(1955)에서는 김광해(1993)의 '어휘소의 위상적 변이'에서 다룬 '방언'은 '지역적 분류'에서, '은어'는 '사회적 분류'에서, '어휘소의 화용적 변이'에서 다루고 있는 '공대어, 하대어, 속어' 등은 '사회적 분류'에서, '어휘의 팽창'에서 다룬 '신어, 유행어' 등은 '시대적 분류'에서, '전문어'는 '사회적 분류'에서 다루고 있다.

그리고 김광해(1993)의 '어휘소의 공시적 관계'에서 다루고 있는 유의 관계, 반대 관계, 하의 관계 등은 김종택(1992)에서는 '어휘 체계론'에서 다루고 있다.

북에서 출간된 어휘론 저서들에서도 이상의 내용들은 거의 '어휘의 체계'에서 다루고 있다. 그러므로 이상의 내용들은 하나로 묶어 '어휘의 체계'에서 다루어도 무방하리라 생각된다.

그 다음으로 심재기(1982)의 '어휘 자료론'과 김종택(1992)의 '어휘 자료론' 및 '어휘 어원론'에서 다룬 일부 내용들은 '어휘의 변화 발전'('어휘소의 통시적 관계에 관한 연구')에서 다룰 수 있는 것들이라 생각된다. 김광해(1993: 31)에서도 '어휘소의 통시적 관계에 관한 연구'를 논하는 자리에서 "沈在箕(1982)에서 '어휘 자료론'이라는 이름 아래 정리된 내용들과, 김종택(1992)에서 '어휘 자료론, 어휘 어원론'이라는 명칭으로 정리된 것이 바로 이 분야와 관련이 있다."고 지적하고 있다.

마지막으로 북에서 어휘론 연구의 중요한 영역으로 설정하고 있는 '어휘 정리'와 '어휘 규범'도 '언어정책 연구'와 관련되는 분야로서 하나로 묶어 처리할 필요가 있다고 생각한다. '어휘 정리'는 어휘 규범의 산물이기에 어휘의 규범에서 다룰 수 있을 것이다.[4]

---

4  '어휘의 규범화'는 언어의 규범화의 한 부분으로서 어문규정에서 맞춤법 등과 함께 다룰 수 있다. 그런데 우리가 어휘의 규범화를 어휘론의 한 연구 분야로 단독으로 설정한 것은 언어규범에서 어휘의 규범이 차지하는 비중이 그 어느 분야보다 크다는 사정을 고려해서이다. 특히 우리말이 역사적 사회적 여러 가지 원인으로 남북 분단 이후 서로 다른 언어정책에 의해 서로 다른 발전의 길을 걷고 있으며 오늘 이질화 문제까지 거론되는 현시점에서는 어휘론 연구에서 하나의 분야로 다루는 것이 바람직하다고 생각되기에 여기서 다루기로 한다.

   그럼 이제부터는 지금까지 남과 북의 학자들에 의해 부동하게 설정되어 있는 연구 영역 가운데서 언어학의 다른 분과(분야)로 밀어줄 수 있는 것들에 대해 살펴보기로 한다.

   우선 논의되어야 할 분야가 '어휘 의미론'이다. '어휘 의미론'이 어휘론 연구의 주요한 한 분야로 될 수 있느냐 하는 문제와 관련하여 김광해(1993: 24)에서는 "어휘 연구를 일단 어휘소의 집합을 대상으로 삼아 전개되는 연구라는 개념을 확실히 한다면, 따라서 순수하게 의미의 본질에 관한 연구라든가 어휘소의 개별적인 의미 문제를 연구하는 '어휘 의미론'은 본격적인 어휘론에서 제외된다. 그러나 의미론의 연구 성과는 항상 어휘론 연구와 동전의 앞뒤와 같은 연관을 맺고 있는 것이다."라고 하면서 '어휘 의미론'은 어휘론 연구에서 배제되어야 한다고 지적하고 있는데 매우 정확한 지적이라 생각된다. 주지하는 바와 같이 '의미론'은 어휘와만 관계를 맺고 있는 것이 아니라 통사, 나아가서는 텍스트 등과도 관계를 맺고 있는 언어학 연구의 독자적인 한 분야로 되기에 이른바 '어휘 의미론'은 '어휘론' 분야에서 다룰 것이 아니라 '의미론' 연구의 한 분야로 처리하는 것이 더 바람직할 것이다.

   다음으로 논의되어야 할 문제는 '어휘 어원론'인데 '어원론'이 이미 언어학의 독자적인 연구 분야로 자리 잡았다는 사정을 고려할 때, 또 김종택(1992)의 '어휘 어원론' 등에서 다루고 있는 내용 정도는 '국어학개설' 등과 같은 언어학 개설서에서도 언급되고 있는 것들이기에 어휘론에서 다시 반복할 필요는 없을 것 같다.

   그 다음으로 남에서는 '어휘 형성론'이란 명칭으로, 북에서는 '단어 조성'이라는 명칭으로 설정된 연구 분야, 즉 '조어론'과 관련된 연구 분야인데 '조어론' 연구가 이미 독자적인 연구 분야로 자리 잡고 있고, 또 '문법론'에서도 이 분야의 내용이 다루어지고 있다는 사정을 고려할 때, 이 분야의 연구는 '문법론'에 자리를 양도하는 것이 마땅하리라 생각된다.

그 다음으로 '어휘의 계량'이 어휘론 연구의 독자적인 하나의 영역으로 설정될 수 있는가 하는 문제가 논의되어야 한다. 이른바 '계량'은 본래 수학의 한 기본 개념을 언어학의 한 연구 방법으로 도입한 것인데, 이 '계량'은 어휘와만 관련되는 것이 아니라 음운, 문법, 텍스트 등 언어학의 제 분야에서도 중요한 연구 방법의 하나로 적용되고 있다. 그러므로 '어휘의 계량'은 어휘론의 독자적인 연구 분야의 하나로 설정될 수 없다는 것이다. 만약 문제를 이렇게 인식하지 않는다면 문법론에서도 '문법의 계량'이란 하나의 영역이 설정되어야 할 것이다. 지금 간행된 많은 빈도사전들에서 조사나 어미의 빈도를 보이고 있는데 이것은 문법의 계량학적 분석의 결과이다. 그러므로 '계량학'은 어휘론에서 독자적으로 다룰 연구 분야가 아니라 '계량언어학'에서 다루어야 할 한 분야로 된다.

이외에도 '사전학', '어휘변천사' 등도 어휘론에서 다루기보다 하나의 독자적인 분과로 자리매김하고 있는 것만큼 독자적인 분과로 처리하는 것이 더 바람직할 것이다.

만약 이상의 처리가 어느 정도의 합리성이 인정된다면 서술의 편의를 위하여 어휘론의 연구 영역을 '어휘의 체계(분류)'를 중심으로 '어휘의 변화 발전', '어휘의 규범' 등과 관련된 분야로 정리해 볼 수 있을 것이다.

어휘론 연구에서 무엇보다 어휘의 체계에 관한 연구가 중심으로 되어야 한다. 그것은 모든 학문 연구의 궁극적 목표가 그 체계의 수립에 있기 때문이다. 이와 관련하여 김종택(1992: 15)에서도 "어휘론의 연구는 체계학의 성격이어야 한다. 음운체계, 문법체계라는 말이 자연스럽듯이 어휘론 연구 역시 궁극적 목표는 보다 정밀한 어휘체계의 수립과 그 기술에 있다. 그런데, 음운과 문법의 기술 대상은 한정되어 있으므로 한정된 기준으로 그 전체적인 짜임을 어느 정도 명시적으로 설명하는 것이 가능하다. 그러나 어휘는 개성적, 개방적으로 존재하기 때문에 한정된 기준으로 그들의 분포 관계를 다 설명하기는 참으로 어렵다. 그렇다고 인간의 사물에 대한 인식의 체계라고 할 수 있는 어휘들의 분포가 결코 무질서한 것이 아님은 의심할 여지가 없다.", "지금까지 어휘론 연구자들이 국어의 어휘체계를 수립하기 위해 갖가지 기준을 제시해 왔지만 그것들이 부분적 성과에 머물고 있는 것은 그들이 지나치게 배타적인 대립의 자질을 찾는 데만 주력하고 다양한 통합관계를 찾는 데 등한해 왔기 때문이라고 할 수 있다. 어휘는 언제나 대립하면서 통합되어 전체적인 유기성을 얻고 있음을 중시해야 하는데, 이러한 양면성을 동시에 고려할 때 하나의 체계로 통합될 수 있는 것이다."

이리하여 어휘론의 연구 영역을 '어휘의 체계(분류)'를 중심으로 '어휘의 변화 발전', '어휘의 규범' 등과 관련된 분야로 정리해 볼 수 있을 것이다.

# 어휘의
# 체계

# 3장 어휘의 체계

## 3.1. 어휘 체계에 대한 일반적 이해

### 3.1.1. 어휘와 어휘체계

한국어 어휘체계를 옳게 밝히기 위해서는 어휘론에서 논의되는 어휘와 어휘체계의 상호 관계에 대해 우선 명확히 해둘 필요가 있다.

김광해(1993: 107-108)에서는 "어휘론에서 사용되는 체계(system)라는 술어는 구조(structure)에 상대되는 개념으로서 Firth에 의하면, 구조라는 것은 언어의 가로 관계(syntagmatic relation)를 나타내는 술어임에 반하여, 체계라는 술어는 교환이 가능한 단위(unit)들의 세로 관계의 가치(parabingmatic value)를 나타내는 것이다. Firth의 이론을 바탕으로 하여 이를 발전시킨 Halliday에 의하면 체계라는 것은 그가 설정한 네 개의 범주, 즉 '類와 체계, 단위와 구조'의 하나에 해당하는 것으로 어휘가 개방 집합(open set)임에 반하여 그것으로 이루어진 체계라는 것은 폐쇄 선택(closed choice)의 문제에 해당하는 것이라고 생각한다. 여기서 사용하고 있는 체계라는 술어도 이러한 생각에 바탕을 두는 것이다. 어휘 집합 전체는 특별한 기준을 가지지 않은 상태에서 관찰할 적에는 기본적으로 개방 집합이지만, 그것의 구성이나 사용 장면을 몇 가지의 한정된 기준에 따라 살펴보면 체계를 파악해 내는 일이 가능하다. 따라서 어휘의 체계에 관한 연구는 적절한 기준을 가지고 어휘 자료를 분류하는 작업을 통하여 수행된다."

어휘 체계와 관련하여 김종택(1992: 163)에서도 "어휘의 수는 음운과는 달리 그 수가 엄청나기 때문에 이들을 체계화하는 작업은 음운을 체계화하는 것보다 훨씬 어려울 수밖에 없다. 그렇다고 해서 인간의 사물에 대한 인식 체계라고 할 수 있는 어휘들의 분포가 결코 무질서한 것이 아님은 의심할 여지가 없다. 어휘 지도 면에서 보더라도 그 많은 어휘를 무질서한 상태로 둔 채 체계화하지 않는다고 하면 수많은 어휘를 도저히 효과적으로 지도할 수가 없을 것이다. 그래서 우리 선조들은 어휘를 효과적으로 가르치기 위해서 나름대로의 기준을 세우고 그에 따라 부문별로 어휘를 묶은 분류어휘집을 편찬하게 되었던 것이다."라고 지적한 바 있다.

어휘 체계와 관련하여 북의 학자들은 '어휘 체계'라는 용어 대신 '어휘 구성'이란 용어를 사용하고 있는데 최완호 외(1980: 16)에서는 "어휘 구성을 이루고 있는 모든 어휘들은 아무런 련관도 없이 따로따로 떨어져 있는 것이 아니라 일정한 질서 속에 놓이면서 서로 작

용하고 영향을 미치며 서로 의존하고 대립하는 련관관계를 맺고있
다. 이러한 호상관계 속에 있는 모든 어휘와 어휘표현은 총체적으
로 어휘 구성을 이루면서 일정한 부류로 묶여진다."라고 설명하고
있다.

그리고 최완호(2005: 16)에서는 "어휘가 단순히 단어의 집합체
를 이룬 것이라면 어휘 구성은 일정한 구성체를 이루고 있는 어
휘를 내세워서 이른 측면, 례컨대 조선어의 어휘 구성은 고유어
휘와 한자어휘, 외래어의 3가지로 이루어져 있다고 하는 것 같은
경우 또는 조선어의 어휘 구성 등 일정한 구성체를 이룬 어휘를
념두에 두면서 표현하는 것 같은 데서 그 사용의 차이를 찾아볼
수 있을 것이라고 본다."라고 '어휘'와 '어휘 구성'의 상호 관계에 대
해 설명하고 있다.

이상의 고찰에서 우리는 '어휘'가 집합의 개념으로 단어들의 무
리를 가리킨다고 할 때, 이 '집합'은 산재해 있는 개개의 단어들의
무질서한 '개방집합'으로서만 존재하는 것이 아니라 일정한 질서,
또는 기준에 따라 몇 개의 부류로 나뉠 수도 있는 '폐쇄집합'으로
도 존재한다는 것을 알 수 있다. 예를 들면 수십만을 헤아리는 우
리말 어휘들은 특별한 기준을 세우지 않고 관찰할 때에는 개개의
단어들의 무질서한 개방집합으로 존재하지만 기원의 측면에서, 즉
출신 성분을 기준으로 고찰할 경우에는 이 수십만을 헤아리는 단
어들이 '고유어', '한자어', '외래어', '혼종어'라는 어휘 부류로 질서
정연하게 분류될 수 있다.

따라서 어휘론에서 논의되는 '어휘'는 개방집합으로서의 단어들
의 무리를 지칭하고, '어휘체계'는 폐쇄집합으로서의 단어들의 무리

를 지칭하는데 '어휘체계론'의 주 관심사는 후자이다. 다시 말하면 '어휘체계론'에서는 수십만을 헤아리는 방대한 단어들을 적절한 기준에 따라 유형별로 분류하여 체계화하는 것을 주 과업으로 삼게 된다.

물론 어휘라는 이 언어적 단위가 상대적으로 폐쇄된 음운이나 문법 등 언어 단위에 비해 수십만을 헤아리는 너무나도 방대한 단어들의 집합으로 이루어진 언어적 단위여서 그 체계를 정확히 파악하기 어려운 것만은 사실이다. 그러나 집합의 개념으로서 어휘가 산재해 있는 개개의 단어들의 무질서한 개방집합으로서만 존재하는 것이 아니라 일정한 질서, 또는 기준에 따라 몇 개의 부류로 나뉠 수도 있는 폐쇄적인 집합으로도 존재한다는 사실을 인정할 때, 수십만을 헤아리는 방대한 단어들을 몇 개의 부류로 묶어주는 그 질서, 또는 기준만 잘 파악한다면 어휘체계도 음운체계나 문법체계처럼 질서정연한 모습을 드러내게 될 것이다.

### 3.1.2. 어휘의 분류 기준

위에서도 지적한 바와 같이 한 언어에 존재하는 수십만을 헤아리는 방대한 단어들은 적절한 기준에 따라 분류하면 질서정연한 체계를 이루게 된다. 따라서 어휘의 체계에 관한 연구에서는 그 분류기준에 대한 연구가 선행되지 않을 수 없다. 이리하여 여기서는 지금까지 출간된 남과 북의 어휘론 저서들에서 어휘 분류기준에 대해 어떻게 다루고 있는가를 검토해 보기로 한다.

남에서 출간된 저서들에서 어휘의 분류 기준을 보다 명확히 제

시하고 있는 저서들로는 김광해(1993)과 이희승(1955)이다.[1]

김광해(1993: 108)에서는 "어떤 과학이든지 그 연구의 대상이 되는 事象을 분류 정리하는 일은 그 분야의 가장 기초적인 연구가 된다. 특히 어휘론에서는 수많은 어휘소들이 연구의 대상이 되므로 이를 상호간의 공통점과 차이점에 근거하여 적절히 구분하고 분류하는 작업을 통하여 정리 배열함으로써 수많은 어휘소들을 서로 식별하는 일에 기여하고자 하는 연구를 수행할 수 있다. 이러한 작업을 거쳐서 비로소 어휘 집합의 체계는 그 전모를 드러내게 된다."라고 어휘 분류의 의의에 대해 논하면서 그 분류 기준을 다음과 같이 제시하고 있다.

"어휘는 기준을 정하기에 따라 여러 가지 방법으로 분류하는 일이 가능하다. 국어의 전 어휘를 분류하는 작업은 그 분류의 기준을 설정하기에 따라 다양하게 전개될 수 있다. 그중에서도 현재까지 작업이 수행되어 왔거나 수행될 가능성이 큰 것으로는 '어종에 의한 분류, 문법 기능에 의한 분류, 어휘소의 의미에 의한 분류' 등을 들 수 있다."

김광해(1993)에서 이렇게 세 가지 어휘 분류 기준을 제시하고 있는 것과는 반대로 이희승(1955: 206)에서는 "單語의 種類는 여러 가지 角度로부터 이것을 分類할 수 있을 것이다. 그러나 지금은 煩雜한 細分을 避하고 가장 常識的인 標準에 依하여 그 主要한 種類를 몇 가지 列擧하여 보려 한다."라고 하면서 '系統上 分類', '構成上 分類', '槪念上 分類', '時代的 分類', '地域的 分類', '社會的

---

1  김종택(1992)에서도 제4장이 '어휘 체계론'으로 되어 있지만 주요하게는 의미장의 이론에 입각하여 어휘의 의미 체계를 중심으로 다루고 있다.

分類', '語法上 分類', '部門的 分類' 등 여덟 가지의 분류 기준을 제시하고 있다.

여기서 볼 수 있는 바와 같이 남의 경우에는 학자에 따라 그 분류 기준 설정이 상당한 차이를 보이고 있다.

북의 경우, 어휘 분류 기준을 비교적 명확히 제시한 저서들로는 최완호 외(1980), 김일성종합대학교 조선어학강좌(1981), 최완호(2005) 등이다.

최완호 외(1980: 17)에서는 "어휘 구성의 갈래는 여러 가지 측면에서 설정할 수 있다. 무엇보다도 어휘 구성의 갈래는 어휘의 변화 발전과 형태구조의 측면에서 가를 수 있다. 여기서는 기원의 측면에서, 변화 발전의 측면에서 그리고 특수한 구조로 이루어진 어휘적 단위들의 부류에 따라 갈라볼 수 있다."

"어휘 구성의 갈래는 다음으로 어휘사용의 측면에서 설정할 수 있다.", "여기서는 구체적으로 어휘들이 쓰이는 분야와 범위나 정도에 따라 그리고 어휘들이 쓰이는 지역이나 류형 등에 따라 그 갈래를 나눌 수 있다."

"어휘 구성의 갈래는 또한 어휘의 표현성의 측면에서도 설정할 수 있다. 어휘 구성에는 표현적 색갈을 두드러지게 나타내는 일정한 어휘적 단위들이 있다. 이러한 어휘적 단위들은 형태구조적 측면에서나 의미구조적 측면에서 다른 어휘 부류들과 구별되는 특성을 가지며 따라서 그것들을 하나의 딴 갈래로 설정하여 고찰하게 된다."라고 어휘 분류의 기준에 대해 제시한 다음 '어휘의 구조와 변화 발전의 측면에서 본 갈래'는 다시 '기원의 측면'에서 고유어휘, 한자어휘, 외래어어휘로 하위분류하고, '어휘의 변화 발전의 측면'

에서 새말과 낡은 말로 하위분류하고 있다. '어휘의 쓰임의 측면에서 본 갈래'는 다시 '쓰이는 분야와 정도에 따라' 일반어, 학술용어, 늘 쓰는 말로 하위분류하고, '쓰이는 류형에 따라' 입말어휘와 글말어휘로 하위분류하고, '쓰이는 지역의 범위에 따라' 표준어휘와 방언어휘로 하위분류하고 있다. '어휘의 표현성의 측면에서 본 갈래'에서는 일반적인 어휘와 구별되는 표현적인 어휘 부류를 설정하고 이 표현적인 어휘를 '뜻 기능에 따라' 감정정서적 빛갈을 가진 표현적 어휘, 높은 형상성을 가진 표현적 어휘, 두드러지고 뚜렷한 뜻 내용을 가진 표현적 어휘로 하위분류하고 '형태구조에 따라' 단어로 된 표현적 어휘, 단어결합으로 된 표현적 어휘, 문장으로 된 표현적 어휘로 하위분류하고 있다.

김길성(1992: 47)에서는 어휘의 분류 기준과 그 분류를 다음과 같이 서술하고 있다. "어휘 구성 안에 들어 있는 단어들은 몇 가지 각도에서 이러저러한 갈래로 나눌 수 있다. 즉 기원의 측면에서 고유어, 한자어, 외래어로, 사용분야의 측면에서 일반용어와 학술용어로, 사용범위의 측면에서 방언과 통용어로, 어휘 구성의 변화 발전의 측면에서 새말과 낡은 말로, 문체론적측면에서 입말어휘와 글말어휘로 나눌 수 있다. 어휘 구성의 한 갈래인 성구는 그 중요성으로 보아 따로 한개장에서 취급한다."

최완호(2005: 16)에서는 "말과 글의 표현수단으로서의 어휘가 일반적으로 방대한 수를 차지하고 있으므로 어휘론에서는 어휘라고 할 때 흔히 그 범위를 일정하게 한정하여 사용한다. 이와 함께 방대하고 복잡한 구성을 이루고 있는 어휘 가운데서 어휘론이 주로 관심을 두는 단어부류나 언어생활에서 보다 적극적으로 리용되는 근간적인 어휘 부류들을 특별히 구분하여 다룬다. 그러한 기준에서 어휘를 몇 가지로 구분하여 고찰하기로 한다.”라고 하면서 크게 '범위에 따르는 어휘의 구분'과 '실질적 의미의 단어부류와 기본어휘'로 나누고 '범위에 따르는 어휘의 구분'에서는 '일정한 민족어의 범위에서', '일정한 시대의 범위에서', '일정한 지역의 범위에서', '언어개체의 어휘에서' 등으로 하위분류하고 '실질적 의미의 단어부류와 기본어휘'는 '실질적 의미의 자립적 단어부류에 속하는 어휘'와 '기본어휘'로 하위분류하여 고찰할 수 있다고 했다.

김수경 외(1961)에서는 어휘의 분류 기준에 대해 전문적인 논의는 진행하지 않았지만 그 분류는 '기원의 측면', '사용 범위의 측면', '표현−문체론적 측면', '적극적 및 소극적 어휘의 측면'으로 갈라 진행하고 있다.

김일성종합대학 조선어학강좌(1981)에서도 어휘 분류 기준에 대한 논의는 따로 하지 않고 직접 분류에 들어갔는데 단어체계를 크게 '단어들의 의미적 갈래'와 '단어들의 어휘적 갈래'로 분류하고 '단어들의 의미적 갈래'는 다시 뜻같은말, 뜻반대말, 소리같은말로 하위분류하고, '단어들의 어휘적 갈래'는 기원의 측면에서 고유어, 한자어, 외래어로 나누고, 어휘 구성의 변화 발전의 측면에서 새말과 낡은 말로 나누고, 쓰이는 정도에 따라 늘 쓰는 말을 설정하고, 사용분야와 관련하여 일반어와 학술용어로 하위분류하고 있다.

이상의 고찰에서 볼 수 있는 바와 같이 북에서 출간된 어휘론 저서들에서의 어휘의 분류 기준도 학자에 따라 달리 설정되고 있기는 하지만 남의 경우보다는 그래도 적지 않은 점에서 공성을 보이고 있다.

지금까지 출간된 어휘론 저서들에서 '어휘체계론'을 단독 장절로 설정하여 다룬 저서는 이 몇 권에 불과하다.

물론 기타의 어휘론 저서들에서 위의 학자들이 '어휘체계론'에서 다룬 어휘 부류들을 전혀 언급하지 않은 것은 아니나 그 서술체계는 각양각색이다.

예를 들면 거의 모든 저서들에서 '고유어, 한자어, 외래어'를 다루고는 있지만, 이희승(1955)나 김광해(1993) 등에서는 '어휘의 체계-어종(계통)'에 의한 분류에서 다루고 있으나 심재기(1982)와 김종택(1992)에서는 '어휘자료론'에서 다루고 있고 최완호(2005) 등에서는 단독 장절을 설정하여 다루고 있다.

또 예를 들면 '표준어와 방언'도 이희승(1955), 최완호 외(1980)에서는 '어휘의 체계-지역적 분류'에서 다루고 있지만 김광해(1993)에서는 '어휘의 위상적 변이'에서 다루고 있고 김수경 외(1961)과 김길성(1992)에서는 '사용 범위에 따른 분류'에서 다루고 있다.

'신어나 유행어'와 관련된 어휘 부류는 이희승(1955)에서와 같이 '시대적 분류'에서 다루기도 하고, 심재기 외(2011)에서와 같이 '사회적 분류'에서 다루기도 하며, 김광해(1993)에서와 같이 '어휘의 팽창'에서 다루기도 하고, 최완호 외(1980)에서와 같이 '어휘의 변화 발전의 측면'에서 다루기도 한다.

## 요약

지금까지의 고찰에서 볼 수 있는 바와 같이 남과 북에서의 어휘 분류의 기준은 학자에 따라 각이하게 설정되어 있기에 우리말 어휘체계는 아직까지 그 전모를 드러내지 못하고 있다.

물론 어휘 분류의 기준 설정은 그 연구 목적과 시각의 차이에 따라 어느 정도의 자의성, 또는 수의성은 허용되나 어휘가 산만하게 흩어져 있는 단순한 개방집합이 아니라 일정한 기준에 의해 정연한 체계를 이루고 있는 체계적인 집합이라는 사실을 인정한다고 할 때, 또 그 어떤 학문이든지 다른 분야의 학문과 구별되는 자체의 고유한 체계를 갖고 있다는 사실을 인정할 때, 어휘 분류의 기준 설정이 결코 자의적, 또는 수의적일 수는 없다. 문제는 우리가 아직까지 수십만을 헤아리는 어휘가 체계적인 집합을 이룰 수 있는 그 질서를 옳게 파악하지 못하고 있다는 것이다. 그러므로 어휘 체계에 대한 연구에서는 어휘 분류 기준을 옳게 세우는 것이 무엇보다 중요한 과업으로 나서게 된다.

그런데 지금의 시점에서 어느 한 개인의 능력으로 어휘 분류 기준을 새롭게 책정하고 그 기준에 따라 수십만을 헤아리는 어휘를 체계적으로 분류한다는 것은 전혀 불가능한 일임을 지금까지의 연구 결과가 잘 입증해 주고 있다.

이러한 사정을 감안할 때 먼저 어떤 가설적인 분류 기준을 세우기보다는 지금까지의 연구 저서들에서 많은 학자들이 공인하고 있는 각이한 어휘 부류를 분석 정리하면서 그것들을 일정한 공통성에 따라 몇 개의 보다 큰 유형으로 묶어주는 작업을 진행하는 것이 보다 더 현실적이고 실현 가능한 작업으로 될 것이다.

그럼 이제부터는 지금까지 출간된 남과 북의 어휘론 저서들에서 비교적 많이 언급되고 있는 각이한 어휘 부류에 대해 분석 정리해 보기로 하자.

첫째, '고유어, 한자어, 외래어, 혼종어'

이 부류의 어휘들 중에서 '고유어, 한자어, 외래어' 세 부류의 어휘에 대해서는 거의 모든 학자들이 '계통상 분류'(이희승 1955), '기원에 따른 어휘의 분류'(김수경 외 1961, 최완호 외 1980, 김길성 1992 등), '어종에 따른 어휘의 분류'(김광해 1993), '일정한 민족어의 범위에 따른 분류'(최완호 2005) 등 각이한 명칭으로 그 분류 기준을 명명하고는 있지만 모두가 "그것의 기원, 즉 출신 성분 같은 것에 근거하여 분류"(김광해 1993: 109)하고 있다는 공통성을 갖고 있다. 이리하여 이 부류의 어휘는 '기원(혹은 어종)에 따른 어휘 부류'로 묶일 수 있을 것이다.

그런데 우리말 어휘들 가운데는 기원의 측면에서 분류할 때, 위의 세 부류 어휘의 그 어디에도 속하지 못하는 어휘들이 있다. 예를 들면 "행복하다(幸福-), 오퍼상(offer商), 맨손체조(-體操)" 등의 어휘들은 '한자어+고유어', '외래어+한자어', '고유어+한자어' 등의 구조로 구성되었기에 위에서 설정한 고유어, 한자어, 외래어 그 어디에도 소속될 수 없다. 이런 부류의 어휘들에 대해 김종택(1992) 와 심재기 외(2011)에서는 '혼종어'[2]란 독자적인 한 부류로 설정하고 있다. 김종택(1992: 124)에서는 "혼종어란 고유어와 한자어 혹은 고유어와 외래어, 혹은 한자어 등이 둘 이상 모여 이루어진 경우를 이르는 것이다."라고 그 개념을 정립하고 있고, 심재기 외(2011: 75)에서는 "고유어와 한자어, 한자어와 외래어 등 서로 다른 어종의 언어 요소가 결합하여 만들어진 단어를 혼종어(hybrid)라 한다."라

---

2   이른바 '혼종어'를 일부 학자들은 '섞임말'이란 용어로 다루기도 한다.

고 그 개념을 정립하고 있다.

우리말 어휘는 기원의 측면에서 분류할 때, 고유어 언어요소와 한자어 또는 외래어 언어요소가 서로 결합되어 이루어진 어휘, 한자어 언어요소와 외래어 언어요소가 결합되어 이루어진 어휘 부류가 엄연히 존재하고 있다. 그러므로 기원에 따라 어휘를 분류할 경우에는 고유어, 한자어, 외래어 외에 '혼종어'란 어휘 부류가 더 설정되어야 할 것이다.

'혼종어' 문제가 기원에 따른 어휘 부류에서 중요한 문제의 하나로 논의되어야 할 필요성은 우선, 연구에 따르면 이 혼종어가 양적으로도 외래어의 배도 넘는 분포를 보이고 있으며,[3] 다음으로 이런 '혼종어'들이 시대가 발전하면 할수록 더 빠른 속도로 증대되고 있기 때문이다.


둘째, '표준어와 방언, 전문어(학술용어)와 은어'

이 부류의 어휘들 가운데서 표준어와 방언에 대해서는 거의 모든 저서들에서 어휘의 지역적 부류로 다루고 있다. 단 김광해(1993)에서만은 '어휘소의 위상적 변이'로 다루고 있다. 그러나 김광해(1993: 143)에서도 "어휘소의 위상적 변이는 다시 지리적 요인에 의한 변이와 비지리적 요인에 의한 변이로 구별된다. 지리적 요인에 의한 변이에는 방언 어휘가 소속되며, 비지리적 요인에 의한 변이는 각종 사회적 집단에서 사용되는 변이형들이 있다."라고 하면서

---

3    이런 연구 결과를 보여 줄 수 있는 자료로는 김종택(1992)의 119쪽과
     124쪽에서 제시한 어종에 의한 어휘 분류 도표, 그리고 김광해(1993)의
     113쪽에서 제시한 어휘의 어종별 분류 도표 등을 들 수 있을 것이다.

방언을 '지리적 요인에 의한 위상적 변이'로 다루고 있는바 결과적으로는 '어휘의 지역적 부류'로 보는 견해와 일치하다고 할 수 있다.

그런데 여기서 우리가 명확히 해 두어야 할 것은 언어가 인간 사회와 직결되는 사회적 현상이기에 이 경우의 '지역'은 순수한 '자연 지리'를 뜻하는 것이 아니라 '사회적 지리'를 뜻한다는 것이다. 따라서 방언을 '어휘의 지역적 변이'로 그 개념을 정립할 경우에도 부동한 지역 사회 성원이 사용하는 어휘 부류로 인식하게 된다.

다음, '전문어(직업어, 학술용어)'와 '은어'에 대해서는 김광해(1993)과 최완호(2005)를 제외한[4] 기타의 저서들에서는 모두 사용 범위의 측면에서 분류되는 어휘의 부류, 즉 '어휘의 사회적 부류'로 다루고 있다.

이상을 종합 정리하면 이 부류의 어휘들은 어휘를 사용하는 사회 성원, 즉 어떤 지역, 직업, 업종, 분야 등의 사회성원에 의해 사용되는 어휘냐에 따라 분류되는 어휘의 부류라는 공통성을 갖고 있다. 즉 표준어는 민족 성원 전체가 사용하는 어휘인 반면에 방언은 일정한 지역 성원들만 사용하는 어휘이며, 전문어(학술용어)는 일정한 학술 분야의 사회 성원만이 사용하는 어휘이고, 은어는 일정한 비밀집단 성원이 사용하는 어휘로서 모두가 어휘를 사용하는 사회 성원의 측면에서 분류되는 어휘 부류라는 점에서는 다를 바가 없다. 이리하여 이 부류의 어휘는 '사회적 측면에 따른 부류'로

---

4  김광해(1993)에서는 '전문어'를 '어휘의 팽창'에서 다루고 있고, 최완호(2005)에서는 '은어'를 '우리말 문화어 어휘 구성의 가꾸기'란 장절에서 "낡은 사회의 어휘흔적을 가져야 할 어휘"의 한 부류로 처리하고 있다.

묶일 수 있을 것이다.

셋째, '고어, 신어, 유행어'

이 부류의 어휘들에 대해 이희승(1955)와 최완호(2005)에서는 '어휘의 시대적 분류'로 다루고 있지만 최완호 외(1980), 김일성종합대학 조선어학강좌(1981), 김길성(1992)에서는 '변화 발전의 측면에서 본 어휘 부류'로 다루고 있다. 그리고 김광해(1993)에서는 이 세 부류의 어휘들 가운데서 '신어'와 '유행어'만을 따로 '어휘의 팽창'에서 다루고 있다. 그런데 '어휘의 팽창'이란 것도 결국은 어휘의 변화 발전과 직결되는 문제이기에 김광해(1993)도 이 부류의 어휘를 '변화 발전의 측면에서 본 어휘 부류'로 다루고 있다고 할 수 있을 것이다.

그렇다면 이 부류의 어휘들은 어떤 기준에 의해 분류되는 어휘 체계로 보아야 하는가? 우리는 이 부류의 어휘들은 '어휘의 시대적 분류'로 다루어야 마땅하다고 생각한다. 물론 이 부류의 어휘들이 어휘의 변화 발전과 관계되기에 어휘의 변화 발전에서 다루지 못한다는 것은 아니다. 그러나 어휘의 변화 발전은 어휘체계와는 서로 다른 질서에서 논의되는 개념으로서 어휘 분류의 기준으로는 되지 못한다. 그것은 무엇보다 어휘의 변화 발전을 기준으로 할 경우, '신어'와 '유행어'는 모두 새롭게 생겨난 어휘로서 '어휘소의 팽창' 또는 '어휘소의 증가'와 관련되기에 서로 다른 어휘 부류로 분류될 수 없으며 보다 더 중요하게는 이른바 '부류'라는 것이 "서로 구별되는 특성에 따라 나뉜 갈래"를 의미한다고 할 때, '신어'나 '유행어'라는 어휘 부류도 마땅히 그것과 구별되는 특성을 가진 다른 한 '부류'의 어휘, 다시 말하면 이 '신어'나 '유행어'가 생기기 전의 어휘, 즉 '기존의 어휘'를 상대로 설정되는 어휘의 부류로 특징지어지는데 '신어'나 '유행어' 그리고 이것들과 상대되는 이 '기존의 어휘' 부류는 어휘를 시대적인 측면, 즉 그 어휘가 어느 시대의 산물인가 하는 시대적 범위에서 분류할 때만이 그 설정이 가능한 것이다. 어휘를 변화 발전의 측면에서 고찰할 경우에는 '신어'나 '유행어'와 상대되는 '기존의 어휘'도 '의미소의 팽창' 또는 '의미소의 증가' 그리고 '의미소의 축소' 등에 의해 부단히 변화 발전한다. 그러므로 이 부류의 어휘들은 '시대적 측면에 따른 어휘 부류'로 분류하는 것이 가장 타당할 것이다.

넷째, '유의어(동의어), 반의어, 동음이의어, 다의어'
이 부류의 어휘들 가운데서 '유의어(동의어)'와 '반의어'에 대해서는 비록 학자에 따라 '어휘의미론'에서 다루기도 하고(심재기 1982, 2000; 김종택 1992), '어휘소(어휘) 간의 의미 관계'에서 다루기도 하며(김광해 1993, 김일성종합대학 조선어학강좌 1981, 심재기 외 2011), 단독 장절을 설정하여 다루기도 하지만(김수경 외 1961, 김길성 1992) 모두 의미의 관계를 중심으로 설정되는 어휘 부류로 처리하고 있다.

그런데 '동음이의어'와 '다의어'에 대한 처리는 그 사정이 좀 다르다. '동음이의어'에 대해서는 거의 모든 저서들에서 '어휘의 의미적 부류'로 처리하고 있지만 김광해(1993)에서만은 '어휘의 의미적 부류'에서 제외되어야 한다고 주장하고 있고 '다의어'에 대해서는 김종택(1992)와 심재기 외(2011)에서는 어휘의 의미적 부류로 다루고 있지만 김광해(1993)에서는 어휘의 의미적 부류에서 제외되어야 한다고 주장하고 있다.(기타의 저서들에서는 전문적인 논의를 전개하지 않았다.)

김광해(1993: 200)에서는 "위에서 확보된 전제에 따르면, 동음이의(homonymy) 현상은 두 개 이상의 어휘소들이 우연히 같은 음운이기 때문에 맺어지는 관계에 불과하다는 점에서 의미 관계가 아니며, 다의(polysemy)현상 같은 것은 단일한 어휘소 하나에 관련되는 의미 현상의 하나라는 점에서 '어휘소간의 의미 관계'를 논하는 자리에서는 제외되어야 함이 마땅하다는 점을 주장할 수가 있게 되는 것이다."(p. 200)라고 주장하고 있는데 이런 주장은 그대로 받아들이기에는 여러 가지 문제가 있다.

김광해(1993)에서는 '동음이의 관계'를 '의미 관계'의 논의에서 제외해야 한다고 주장하고 있는데 이 '동음이의 관계'는 첫째, 김광해(1993)의 '의미 관계' 이론에 따르더라도[5] 동일한 어휘소 간의 '의미 관계'가 아니라 서로 다른 의미소 간의 '의미 관계'에 의해 맺어지는 관계이며, 둘째, "동음어는 언어 기호의 자의성으로 말미암아 자연스럽게 생겨나기도 하지만, 다의어의 의미 분화, 음운의 변화 결과, 외래어의 증가 등과 같은 언어의 이차적 특성이 원인이 되어 발생하기도 한다."(심재기 외 2011: 208-209) 그러므로 '동음이의 현상'은 단순한 음운의 우연한 일치에 의해 맺어지는 관계로 볼 수 없으며, 셋째, 보다 더 중요한 것은 '동의 관계'는 서로 다른 '기호'(또는 '어휘

---

5  김광해(1993:199)에서는 이른바 '의미 관계'에 대해 "요컨대, 어휘소 $L_1$과 $L_2$가 의미상으로 관계를 맺고 있다는 것은 결국 그 하위 요소의 하나들인 기호 $S_1$과 $S_2$가 관계를 맺고 있거나, 또는 개념 $C_1$과 $C_2$가 관계를 맺고 있거나, 지시대상(사물) $R_1$과 $R_2$가 관계를 맺고 있기 때문에 나타나는 현상이라고 볼 수가 있게 되는 것이다."라고 설명하고 있다.

소)가 같거나 유사한 '개념'(또는 '의미')을 나타내기에 성립되는 '의미 관계'라고 할 경우, 반대로 서로 다른 '개념'(또는 '의미')를 같거나 유사한 '기호(또는 '어휘소')로 나타내는[6] '동음이의 관계'는 무엇 때문에 어휘소의 '의미 관계'로 볼 수 없느냐 하는 것이다. 이러한 이유로 우리는 '동음이의 관계'도 어휘소 간의 '의미 관계'를 논하는 자리에서 논의되어야 한다고 본다.

다음 '다의 관계' 문제인데 '다의 관계'도 어휘의 '의미 관계'를 심재기 외(2011)에서처럼 동일한 단어에 결부된 의미들 사이에서도 성립될 수 있다는 입장에서 볼 경우,[7] 심재기(1982)의 분석법에 따라 어휘의 '의미 관계'에서 다루는 것이 보다 타당하리라 생각된다.

그런데 여기서 한 가지 더 언급할 것은 이 '다의 관계'에 의해 설정되는 '다의어'라는 것도 실제상에서는 '단의어'를 상대로 성립되는 개념이라는 것이다. 우리가 만약 문제를 이렇게 이해한다고 할

---

6  우리가 여기서 '같거나 유사한 기호'라는 개념을 사용하게 되는 것은 동음이의어에는 '말(言)-말(馬)-말(斗)'과 같이 발음도 같고 표기도 같은 것들과 '낫(鎌)-낮(晝)-낯(臉)'과 같이 발음은 같지만 표기가 좀 다른 것들이 있다는 사정을 고려해서이다.

7  심재기 외(2011: 181)에서는 "의미 관계는 서로 다른 단어들이 지니는 의미들 사이에서 성립하는 것이 원칙이지만, 다른 한편으로는 동일한 단어에 결부된 의미들 사이에서도 성립할 수 있다. 곧 한 단어가 중심 의미와 여기에 결부될 수 있는 다수의 파생 의미를 거느리게 될 때, 그 중심 의미와 파생 의미 사이의 관계를 '관계 속성'으로 이해할 수 있으며, 더 나아가 이들 사이의 유연성(有緣性) 상실이나 결여도 '관계 속성'으로 이해할 수 있다. 이와 같이 동일 형식의 단어가 지니는 의미들이 중심 의미와 파생 의미의 관계로 파악된다면 이들은 '다의 관계(多義關係)'로 이해되며, 이들 의미들이 유연성을 상실하거나 아예 어원적으로 무관하다면 이들은 '동음이의 관계(同音異義關係)'로 이해된다."라고 지적하고 있다.

때, 만약 어떤 두 어휘소가 '하의 관계'를 맺고 있다 할 경우, 이 '하의 관계'에 의해 설정되는 '하의어'라는 어휘 부류도 '상의어'라는 어휘 부류를 상대로 성립되는 개념으로서 그 전제는 우리가 '상의–하의'라는 분석 기준을 먼저 정했기 때문에 이런 분석이 가능한 것이지 본래 이 두 어휘가 이런 관계만을 맺고 있는 것은 아니다. 예를 들어 일부 학자들은 '먹다'와 '처먹다'의 관계를 '먹다'는 '상위어'로, '처먹다'는 '하위어'로 분석하기도 하는데,[8] 실은 '먹다'와 '처먹다'가 '상의–하의' 관계로만 분석될 수 있는 것이 아니라 '평어–비어'의 관계로도 분석될 수 있다. 또 예를 들어 '아버님'과 '아비'의 경우, 이것들을 '동의 관계'로 분석할 것이냐 아니면 '공대어–비어'의 관계로 분석할 것이냐는 전적으로 그 분석의 기준을 어떻게 설정하느냐에 의해 결정되는 것이다. 즉 그 분석의 기준을 무엇으로 정하느냐에 따라 결과도 달라진다는 것이다. 같은 도리로 우리가 만약 먼저 '다의–단의'라는 표준을 정하고 두 어휘소를 분석한다면 이 두 어휘소가 '다의 관계'를 맺고 있다는 분석도 가능할 것이다. 그렇다면 '하의 관계' 등은 어휘소 간의 '의미 관계'에서 논의될 수 있는데 '다의 관계'만은 꼭 제외되어야 한다는 이유는 성립될 수 없는 것이 아닌가?

다섯째, '공대어와 평어와 하대어, 금기어와 완곡어'

이 부류의 어휘들 중에서 '공대어, 평어, 하대어' 등은 학자에 따라 '어휘소의 화용적 변이'에서 다루기도 하고(김광해 1993), '대우법

---

8    이와 관련된 구체적인 논의는 심재기 외(2011: 184)를 참조하라.

(어휘적 대우)에서 다루기도 하며(김종택 1992, 심재기 외 2011), '언어 례절'에서 다루기도 하지만(최완호 2005) 모두 이 부류의 어휘들은 '대인 관계', 즉 화자와 청자 사이의 관계에 따라 설정되는 어휘 부류로 다루고 있다. 그러므로 이 부류의 어휘는 '화용적 측면에 따른 어휘 부류'로 묶일 수 있을 것이다.

그런데 '금기어와 완곡어'에 대한 처리는 그 사정이 좀 다른바, 남에서 출간된 저서들에서는 '금기어'와 '완곡어'를 어휘의 화용론적 부류의 하나로 전문적인 논의를 진행하고 있지만 북에서 출간된 저서들에서는 이 부류의 어휘를 독자적인 한 부류로 다루지 않고 있는데 비록 '금기'가 인간의 원시신앙으로부터 기원된 것이기에 '금기'의 변화 발전은 사회의 진보에 의해 크게 좌우될 수 있는 것만은 사실이다. 그러나 "애초에는 종교적 원인에 의해 禁忌가 발생하였으나 그것이 점차 사회적 인간관계에까지 확대되면서 사회적·윤리적인 이유에 의해서도 발생하게 되었기에"(심재기 1982: 260) 그 어떤 인간 사회에든 '금기'의 대상은 존재하기 마련이며 따라서 '금기'의 언어적 표현도 불가피하게 존재하게 된다. 그러므로 이 부류의 어휘도 마땅히 독자적인 어휘 한 부류로 다루어져야 할 것이다.

'금기어'와 '완곡어'를 마땅히 어휘의 화용론적 부류로 다루어야 한다고 할 때 앞으로 좀 더 논의되어야 할 문제는 '완곡어'와 '공대어'의 한계를 어떻게 명확히 긋느냐 하는 것이다. 김광해(1993)에서는 금기어와 완곡어의 한 예로 '죽다/사망하다, 세상을 뜨다, 최후를 마치다, 영면하다, 작고하다, 운명하다' 등을 들고 있고 심재기(1982)에서는 '금기어'와 '완곡어'의 예로 '조상이나 손위 어른의 본명' 대신 '家親', '慈堂', '春府丈' 등을 들고 있는데, 이는 본질적으로 '완곡어'의 개념을 어떻게 정립하느냐와 관계되는 문제로서 '완곡어'를 '금기어'와 상대되는 개념으로 이해할 경우에는 '사망하다, 세상을 뜨다, 최후를 마치다, 영면하다, 작고하다, 운명하다'나 '家親', '慈堂', '春府丈' 등은 '완곡어'로 될 수 없을 것이다. 그것은 이런 어휘들이 '완곡어'로 되기 위해서는 이들과 상대되는 '죽다'가 '금기어'로 되어야 할 것이나 사실은 그렇지 못하기 때문이다. '금기어'란 "한 언어 공동체 내에서 사용하기를 꺼리는 말"을 가리키는데 이 '죽다'를 우리 민족 언어 공동체 내에서 사용하기를 꺼리는 말이라고 주장할 사람은 아무도 없지 않은가?

여섯째, '관용어, 속담'

이 부류의 어휘와 관련해서는 많은 저서들에서 '어휘의미론' 혹은 단독 장절을 설정해 다루면서 이 부류의 어휘들은 구조적인 측면에서 다른 부류의 어휘들이 하나의 단어로 구성된 것과는 달리 둘 또는 그 이상의 단어들로 구성되었다는 공통성을 갖고 있다고 지적하고 있다.

그런데 김광해(1993)과 최완호 외(1980)에서는 '어휘소의 화용적 변이' 혹은 '표현성의 측면에서 본 갈래'로 다루고 있다.

김광해(1993: 162)에서는 "이들을 어휘소의 화용적 변이로 처리할 수 있는 이유는 이들이 역시 표현 효과라는 수단 상황과 관련되기 때문이다. 즉 숙어(idiom)나 속담 같은 관용 표현들은 같은 내용을 어떻게 하면 더 효과적으로 표현할 수 있느냐 하는 동기를 가지고 발생하는 것이기 때문인 것이다."라고 주장하고 있다.

최완호 외(1980: 48-50)에서는 '성구'는 '단어결합으로 된 표현적 어휘'에서 다루고, '속담'은 '문장구조로 된 표현적 어휘'에서 다루고 있다.

물론 이 부류의 어휘들이 김광해(1993)에서 지적한 것처럼 "표현 효과라는 수단 상황과 관련"되는 것만은 사실이나 '표현 효과'를 기준으로 해서는 '숙어, 속담'이 '공대어와 하대어', 또는 '속어', '완곡어' 등과는 서로 다른 부류의 어휘로 분류될 수 없다. 그러므로 김광해(1993: 162)에서도 "이러한 관용 표현, 즉 숙어나 속담은 몇 개의 단어들이 결합되어 특수한 의미를 나타내는 것으로서 전통적으로 한 개의 어휘소와 동일한 가치를 가지는 것으로 수용되어 왔다."라고 이 부류의 어휘는 구조적인 측면에서 다른 부류의 어휘들과 구별되는 특성을 갖고 있다고 시인하고 있다. 따라서 이 부류의 어휘는 '구조적 측면에 따른 부류'로 묶일 수 있다는 것이다.

일곱째, '구두어와 서사어'
이 부류의 어휘는 학자에 따라 '쓰임의 유형에 따른 어휘의 분류'로 다루기도 하고(최완호 외 1980), '어휘의 표현 문체론적 부류'로 다루기도 하는데(김수경 외 1961, 김길성 1992), 이것들은 모두 문체, 즉 서사어에서 주로 쓰이느냐 아니면 구두어에서 주로 쓰이느냐 하는 측면에서 분류되는 어휘 부류라는 점에서는 다를 바가 없다. 이리하여 이 부류의 어휘는 '문체적 측면에 따른 어휘 부류'로 묶일 수 있을 것이다.

여덟째, '명사, 대명사, 수사, 동사, 형용사, 관형사, 부사, 감

탄사'

이 부류의 어휘는 모든 학자들이 공인하는 바와 같이 '문법적 특성에 따른 어휘 부류'로서 어휘론에서 다룰 수도 있지만 지금까지는 '형태론'에서 아주 상세히 다루고 있기에 어휘론에서는 따로 언급하지 않는 것이 상례로 되고 있다.

아홉째, '단일어, 복합어'

이 부류의 어휘는 일부 학자들이 '어휘 형성론'(이희승 1955 등)에서 다루거나, '단어 조성'(김길성 1992 등) 등에서 다루고 있는데 어휘를 '단어들의 집합체'라는 사실을 인정할 경우, 이른바 '단일어, 합성어' 문제는 엄격한 의미에서 '단어 형성'과 관계되는 문제이지 '어휘 형성'과 관계되는 문제로 보기는 어렵다. 그리고 오늘날 '조어론'이 이미 독자적인 언어학의 한 연구 분야로 자리 잡았다는 사정을 고려할 때, 이 부분의 내용은 '조어론'에서 언급하는 것이 더 바람직할 것이다.

이상에서 논의된 내용들을 종합 정리하면 한국어 어휘는 '기원의 측면', '사회적 측면', '시대적 측면', '의미적 측면', '화용적 측면', '구조적 측면', '문체적 측면' 등을 기준으로 몇 개의 부동한 유형으로 나뉠 수 있을 것이다.

이제 이런 분류 기준에 따라 분류되는 한국어의 어휘체계를 하나의 도표로 그려 보면 다음과 같이 될 것이다.

### [표 1] 한국어의 어휘체계

| 어휘 분류 기준 | 어휘체계 |
|---|---|
| 기원의 측면에 따른 분류<br>(어휘의 기원적 부류) | 고유어<br>한자어<br>외래어<br>혼종어 |
| 사회적 측면에 따른 분류<br>(어휘의 사회적 부류) | 방언<br>전문어(학술용어)<br>은어 |
| 시대적 측면에 따른 분류<br>(어휘의 시대적 부류) | 고어<br>신어<br>유행어 |
| 의미적 측면에 따른 분류<br>(어휘의 의미적 부류) | 유의어(동의어)<br>반의어<br>동음이의어<br>다의어 |
| 화용적 측면에 따른 분류<br>(어휘의 화용적 부류) | 공대어. 평어. 하대어<br>금기어와 완곡어 |
| 구조적 측면에 따른 분류<br>(어휘의 구조적 부류) | 관용어(숙어)<br>속담 |
| 문체적 측면에 따른 분류<br>(어휘의 문체적 부류) | 구두어<br>서사어 |

## 3.2. 어휘의 기원적 부류

### 3.2.1. 어휘의 기원적 부류에 대한 일반적 이해

어휘의 기원적 부류란 일반적으로 어휘를 그 기원의 측면에서 일정한 유형으로 분류하여 놓은 부류를 가리키는데 남의 경우에는 '계통상 분류', '계보에 의한 분류', '어종에 의한 분류', '어종의 구별' 등 각이한 용어를 사용하고 있다.

이희승(1955: 207)에서는 "國語의 單語를 系統上으로 분류하면, 爲先 固有語(proper words)와 外來語(exotics)의 두 가지로 나눌 수 있다."라고 하면서 고유어와 외래어로 분류하고 있다.

심재기(2000: 13)에서는 "국어 어휘는 개별 낱말의 기원이 어디에 있느냐 하는 系譜에 따라 고유어, 한자어, 외래어로 나뉜다. 고유어는 원시국어 이래 순수한 국어 낱말이라고 생각되는 것이고, 한자어는 漢字로 표기가 가능한 모든 우리말 단어이며, 외래어는 금세기에 서양 여러 나라에서 새로운 문물제도와 더불어 들어온 낱말들이다. 엄격하게 따지면 한자어도 중국 문화 산물이요, 중국을 기원으로 하는 것이므로 서양 외래어와 함께 외래어로 취급되어야 마땅할 것이지만, 그 한자어들이 모두 국어 음운체계에 동화되어 완벽한 한국 한자음으로 읽힐 뿐만 아니라, 고유어와도 이질적인 느낌을 주지 않으면서 자유롭게 결합하기 때문에 특별히 '한자어'라는 명칭을 두어 半固有語의 대접을 한다."라고 하면서 고유어, 한자어, 외래어로 삼분하고 있다.

김광해(1993: 109)에서는 "한 언어의 어휘 체계의 전모를 파악하기 위한 분류 작업의 수행은 수많은 개별 어휘소들을 그것의 기원, 즉 그 출신 성분 같은 것에 근거하여 분류하여 보고자 하는 것이다. 이를 어종(語種)에 의한 분류라고 한다."라고 그 개념을 정립하면서 기원(어종)에 의한 분류의 중요성에 대해 다음과 같이 지적하고 있다.

"사용자가 그것을 인식하든 인식하지 못하든 간에 한 언어의 총어휘 집합을 구성하고 있는 성분으로서의 개별 어휘소들은 각각 하나하나마다 그 출신이 어딘지를 알 수가 있다. 가령 국어의 경우 어떤 어휘소가 우리의 고유어이냐, 아니면 한자어이냐, 또는 그도 저도 아닌 외래어이냐, 외래어 가운데서도 영어이냐 아니면 일본어이냐 하는 문제는 현실적으로 매우 민감하게 작용되는 언어 의식의 일부를 형성하고 있다. 우리말 어휘에는 이처럼 외래적 요소가 많기 때문에 어종별 분류 작업의 의미도 또한 그만큼 크다고 말할 수 있다."(p. 109-110)라고 하면서 심재기(2000)과 꼭 같은 분류를 행하고 있다.

그런데 심재기 외(2011: 41)에서는 "국어 어휘 중 본래부터 국어에 있었던 어휘를 고유어라 하고 다른 나라 말에서 들어와 국어의 일원이 된 것을 차용어(借用語, loan word)라 한다. 차용어에는 외래 요소인 한자어와 외래어가 포함된다. 차용어와 외래어를 동일한 뜻으로 사용하여 한자어를 외래어의 일종으로 다루기도 하지만 여기서는 한자어를 외래어와 구별하여 양자가 함께 차용어의 하위 부류가 되는 것으로 본다."라고 하면서 어휘를 우선 고유어와 차용어로 나누고 차용어를 다시 한자어와 외래어로 하위분류하는 입장을 취하고 있다.

북의 경우에는 모든 학자들이 통일적으로 '기원의 측면에서의 분류'라는 개념을 사용하고 있는데 김수경 외(1961: 80), 최완호 외(1980: 17), 김일성종합대학 조선어학강좌(1981: 39), 김길성(1992: 47) 등에서는 별 다른 구체적인 설명이 없이 어휘는 기원의 측면에서 고유어, 한자어, 외래어로 나뉜다고 지적하고 있다.

그런데 최완호(2005: 73)에서는 "조선어어휘 구성에는 이 땅에서 우리 인민이 대를 이어오면서 창조하여 발전시켜온 고유어휘와 밖에서 침습하여 들어온 외래적 어휘가 있다. 외래적 어휘에는 한자말과 외래어가 속한다. 이것은 우리말 어휘 구성을 기원의 측면에서 보았을 때에 구분한 분류라고 할 수 있다."라고 하면서 기원의 측면에서 어휘를 고유어휘와 외래적 어휘로 나누고 지금까지의 '기원에 의한 어휘 분류'에서 제기되는 문제에 대해 다음과 같이 지적하고 있다.

"지금까지의 우리 어휘론관계의 책들에서는 많은 경우에 조선어의 어휘를 분류하면서 먼저 기원의 측면에서 고유어와 한자어 및 외래어의 세 어휘 부류를 평면적으로 라열하고 각각 그 특성 등을 분석 고찰하였다. 기원상으로 볼 때 조선어어휘 구성에 이 세 어휘 부류가 있는 것은 사실이지만 이것들을 같은 선에 병렬하여 놓고 고찰하는 것은 원칙상 타당하지 않다고 본다. 조선어어휘 구성을 대표할 수 있는 것은 어디까지나 고유어휘이며 조선어의 특성 자체도 바로 고유어휘에서 발현된다. 고유어휘는 조선어의 기본을 이룬다. 물론 조선어의 어휘 구성에 한자어들이 많이 섞여 있고 그 가운데서 적지 않은 것들이 조선어에 들어와 토착화되었으며 더러는 고유어휘나 다름없이 쓰이고 있다. 그러나 한자어휘는 비록 오랜 옛날에 침투한 것이지만 어디까지나 밖에서 다른 언어로부터 섞여들어온 외래적인 것이다. 이런 측면에서 한자어휘는 외래어와 같은 부류에 소속되는 어휘 부류로 된다."(p. 73) "이러한 리해로부터 이 세 어휘 부류들은 병렬하여 놓고 고찰할 것이 아니라고 보면서 이 어휘론에서는 이것을 고유어휘와 외래적 어휘로 구분하고 외래적 어휘에서 한자어휘와 외래어휘를 고찰하는 방식을 취하기로 한다."(p. 73-74)

# 요약

위의 고찰에서 볼 수 있는 바와 같이 '어휘의 기원적 부류'는 비록 각이한 용어로 명명되고 있지만 모두가 그 기원, 즉 어떤 언어 자료에 기초하여 만들어진 어휘냐에 따라 분류되는 어휘 부류를 가리키고 있다는 점에서는 비교적 일치한 견해를 보이고 있다.

그러나 그 분류 체계에 있어서는 일정한 차이를 보이고 있는바 많은 학자들은 어휘를 고유어, 한자어, 외래어로 분류하고 있는 데 반하여 이희승(1955), 최완호(2005) 등에서는 어휘를 '고유어와 차용어', 또는 '고유어휘와 외래적 어휘'로 분류하고 있는데 이런 이분법에 대해서는 진일보 논의할 필요가 있을 것이다.

이희승(1955: 207)에서는 "말은 文化와 함께 流動하는 일이 많으므로, 外國文化를 받아들일 때에는 그 文化事象을 表示하는 言語까지 同時에 따라 들어오게 된다. 이러한 말을 外來語라 부르며, 이 外來語를 또한 借用語(borrowed words)라고도 이른다."라고 하면서 한자어를 외래어의 일종으로 처리하고 있다.

그리고 최완호(2005: 73)에서는 어휘를 우선 '고유어휘와 외래적 어휘'로 분류하고 '외래적 어휘'의 하위 부류로 '한자말과 외래어'를 설정하고 있는데 이 '한자어'나 '한자말'을 '차용어' 또는 '외래적 어휘'라 할 수 있느냐 하는 문제이다. 이들의 견해에 따르면 '차용어'란 "다른 나라 말에서 들어와 국어의 일원이 된 것"으로 정의되고 있고 '외래적 어휘'란 "밖에서 침습하여 들어온 것"으로 정의되고 있는데 그렇다면 한국에서 만든 '돌(乭)', '답(畓)' 등과 같은 '한자어'도 '다른 나라 말'(혹은 '밖에서'), 더 명확히 말하면 '중국말(혹은 중국에서)'에서 들어와 국어의 일원으로 된 어휘로 볼 수 있느냐 하는 것이다. 이른바 한국에서 자체로 만든 한자어휘 '돌(乭)'이나 '답(畓)' 과 같은 한자(漢字)는 중국어에서는 전혀 찾아볼 수도 없는 한자(어휘)인데 무슨 수로 차용한단 말인가? 남들한테도 없는 물건인데도 그들한테서 빌어다 쓰는 물건이란 표현은 상식적으로도 받아들이기 어려운 표현이 아닌가?

이러한 사정을 감안할 때 기원의 측면에서 어휘는 고유어, 한자어, 외래어, 혼종어 네 부류로 나뉜다고 보는 것이 보다 타당할 것이다. 그럼 이제부터는 이 네 부류의 어휘들에 대한 학자들의 견해를 좀 더 구체적으로 살펴보기로 한다.

### 3.2.2. 고유어

남의 경우 이른바 '고유어'에 대해 전문적인 논의를 전개한 저서들로는 이희승(1955)와 심재기(2000) 등이 있다.

이희승(1955: 207)에서는 "固有語는 純粹한 우리말로서 우리 先祖가 創製하여 古代로부터 使用하여 온 말이다. 반드시 古代로부터 傳來하는 말이 아니라도, 外國語의 影響을 받은 일이 없이 純國語式 造語法에 依하여 誕生된 말은 勿論 固有語의 範圍에 들어갈 것이요, 이 固有語야말로 우리 國語 語彙의 基盤이 되어 그 大部分을 이루고 있다."라고 고유어의 개념을 정립하고 그 특성을 요약해 지적하고 있다.

심재기(2000: 13)에서는 "고유어는 원시국어 이래 순수한 국어 낱말이라고 생각되는 것"이라고 정의하고 "국어 어휘의 특성을 논할 때에는 고유어의 특성이 중점적으로 논의되어야 할 것이다."라고 하면서 그 특성을 "지금까지 고유어의 어휘적 특성은 '配意性' 또는 '有緣性'이라는 낱말로 응축시켜 표현하여 왔다."라고 그 특성을 요약해 지적하고 고유어가 갖고 있는 有緣性의 특성을 '음운론적 유연성'과 '형태론적 유연성'으로 나누어 상세히 논의하고 있다.(p. 13-23 참조)[9]

남에서 출간된 기타의 저서들에서는 한자어나 외래어에 대해서는 비교적 많은 편폭을 할애하면서 언급하고 있지만 '고유어'에 대해서는 전문적인 논의를 전개하지 않고 있다. 그러나 이들의 한자어나 외래어와 관련된 논의를 살펴보면 '고유어'에 대한 이들의 이해도 이희승(1955)와 거의 비슷함을 알 수 있다.

남의 경우에서와는 달리 북의 경우에는 모든 저서들에서 비교적 많은 편폭을 할애하면서 '고유어'에 대해 언급하고 있다.

김수경 외(1961: 80)에서는 고유 조선 어휘란 "우리 선조들이 써 내려 오던 언어적 자료를 토대로 하여 조선어의 어휘 구성 안에서 발생한 단어들을 말한다."라고 그 개념을 정립하면서 그 기준과 한계를 다음과 같이 설정하고 있다.

"어떤 단어가 고유 조선 어휘와 매우 류사한 특징을 가지고 있다 하더라도 그것이 다른 언어로부터 들어온 자료로 이루어져 있을 때에는 고유 조선 어휘라고 말할 수 없다. 례를 들어,《담배》,《구두》,《성냥》,《방》,《문》과 같은 단어들은 우리 인민의 언어생활에 깊이 침투하였고 또한 어음론적 면에서나 어휘-문법적 면에서나

---

9  이와 관련된 논의는 심재기 외(2011; 13-26)에서도 찾아볼 수 있는데 심재기(2000)의 내용을 원문 그대로 옮겨 놓은 것으로 판단된다.

고유 조선 어휘와 구별하기 어려울 정도다. 그러나 그 단어들이 다른 인민의 언어적 자료에 기초하고 있기 때문에 이들을 고유 조선 어휘라고 말할 수는 없다"(p. 80)

"또한 어떤 단어가 조선어 안에서 형성되었다는 사실만으로써 그 단어를 고유 조선 어휘라고 규정할 수 없다. 예를 들면, 《칠판》 (漆板), 《식구》(食口), 《일기》(日氣), 《차수》(次帥), 《부상》(副相) 등의 단어는 조선어의 어휘 구성 안에서 형성되었으나 한자에 기초하고 있기 때문에 고유 조선 어휘라고는 할 수 없다. 즉 어떤 단어가 고유 조선 어휘로 간주되기 위해서는 조선어 안에서 발생하였을 뿐만 아니라 또한 조선어의 자료에 기초해서 이루어져야 한다."(p. 81)

"고유 조선 어휘의 기준과 한계를 원칙적으로는 이와 같이 설정할 수 있으나 모든 경우에 고유 조선 어휘와 기타의 어휘들, 특히는 고유 조선 어휘와 한자 어휘와의 한계를 명백히 그을 수 있는 것은 아니다. 즉 《임금》, 《아이》, 《각씨》 등의 단어에 대하여 가끔 《人君》, 《兒孩》, 《閣氏》 등의 한자를 쓰고 있으나 실지에 있어서는 이 단어들은 한자 어휘가 아니며, 반면에 《짐승》, 《성냥》, 《벼락》 등과 같이 얼핏 보기에는 고유 조선 어휘로 생각되는 단어들이 사실은 각각 《衆生》, 《石硫黃》, 《霹靂》 등의 한자 어휘에 기원하고 있다. 이와 비슷한 경우는 이 밖에도 허다한바, 이때에는 해당 단어의 기원에 대한 언어학적 분석의 결과에 의하여만 그 단어가 고유 조선 어휘인지 또는 다른 기원의 어휘인지를 분간할 수 있다."(p. 81)

최완호(2005: 75)에서도 "고유어휘는 이처럼 밖에서 침습해 들어온 어휘가 아니라 그 민족 자체 안에서 민족어의 고유한 언어자료에 기초하여 그 민족성원들의 공동의 지혜로 창조되고 대를 이어

가며 간직하여 발전시켜 온 어휘 부류이다."라고 그 개념을 정립하면서 고유어의 기준과 한계에 대해서도 다음에서와 같이 구체적인 설명을 가하고 있다.

"물론 력사어원론적 견지에서 고찰할 때 비록 고유한 언어자료에 기초하여 만들어진 어휘 가운데도 오래전에 다른 나라들에서 침습한 어휘들이 일부 있을 수 있다. 이런 어휘들 가운데서는 오늘날 그것이 고유어인가 아닌가 하는 것이 문제로 되는 것이 있을 수 있다. 예를 들면 《김치》나 고장이름에 많이 나오는 《덕》 같은 어휘를 한자말로 보려고 하는 주장들도 없지 않다. 그러나 우리나라에 고유한 음식인 《김치》를 한자말 《침채》와 결부시키는 것은 타당성이 없다고 해야 할 것이다. 중국에도 없는 조선의 음식인 《김치》를 보고 한자말로 쳐서 《침채》라고 하였다면 그것은 한자말을 쓰던 사대부들이 의미 내용에 비슷하게 한자를 붙여 놓은 것일 것이다." "《아언각비》에서는 《原》을 고유한 우리말로 《언덕》이라고 한다고 하였다. 《언덕》이 고유어라면 《덕》도 물론 고유어일 것이다. 고유한 우리말 어휘와 밖에서 침습한 어휘를 가려보는 데서는 주체적 입장에서 보고 바로 밝히는 것이 필요하다."(p. 75-76)

여기서 볼 수 있는 바와 같이 최완호(2005)에서도 김수경 외(1961)에서와 거의 비슷한 견해를 보이고 있다.

그러나 최완호 외(1980)과 김일성종합대학 조선어학강좌(1981)에서는 이와는 다른 견해를 보이고 있다.

최완호 외(1980: 18)에서는 "고유어휘란 민족어에 고유한 언어자료에 기초하여 이루어진 어휘를 말한다."라고 그 개념을 정립하면서도 그 기준과 한계를 그을 경우에는 "어휘 가운데는 오늘날 비

록 고유한 언어자료에 기초하고 있다고 볼 수 있는 것도 력사어원
론적으로 따지면 그렇게 규정할 수 없는 것이 있으며 또한 어휘의
구성요소 안에 외래적인 언어자료가 일부 섞여 있어도 고유어휘로
보아야 할 것들이 있다. 조선어에서 《성냥》이나 《항아리》, 《보따리》
같은 어휘들이 이러한 사정을 보여준다."라고 주장하고 있다.

김일성종합대학 조선어학강좌(1981: 39)에서는 "고유어란 고유한
언어적 자료를 토대로 하여 조선어의 어휘 구성 안에서 발생한 단
어들을 말한다."라고 그 개념을 정립하면서도 그 기준과 한계를 그
을 때에는 "고유어는 기원의 측면에서 본 단어들의 부류인 만큼
순수한 조선어의 말뿌리와 덧붙이에 의하여 만들어진 단어들이 고
유어의 전형적 실례로 된다. 또한 고유어에는 비록 외래적 요소에
의하여 만들어진 단어들이라 하더라도 지금에 와서는 완전히 고유
어로 인식되고 본래의 어원과 련계되지 않는 단어들(담배, 성냥, 짐
승, 벼락, 남포 등)과 아직 어원적련계가 보존된다 하더라도 그 어원
에 대한 해석이 없이도 쉽게 파악되는 단어들(방, 문, 산 등)이 속하
게 된다."고 주장하고 있다. 김길성(1992: 47-48)에서도 이와 꼭 같
은 견해를 보이고 있다.

## 요약

지금까지의 고찰에서 볼 수 있는 바와 같이 고유어의 개념 정립
과 관련해서는 남과 북의 학자들이 거의 비슷한 견해를 보이고 있
지만 구체적인 기준 또는 한계를 설정할 경우에는 비교적 큰 차이
를 보이고 있다.

이런 차이는 북에서 출간된 저서들에서 나타나고 있는데 북에서 출간된 초기의 저서 김수경 외(1961)과 후기의 저서 최완호(2005)의 경우에는 남의 학자들과 꼭 같은 입장을 보이고 있지만 최완호 외(1980)과 김일성종합대학 조선어학강좌(1981)에서는 "외래적 요소에 의해 만들어진 단어라도 고유어로 인식되고 본래의 어원과 연계되지 않는다고 인정되는 단어"(담배, 성냥, 짐승, 벼락, 남포 등) 그리고 "어원적 연계가 보존된다 하여도 어원 해석이 없이 쉽게 파악되는 단어"(방, 문, 산 등)는 고유어로 보아야 한다고 주장하고 있다.

언뜻 보기에는 고유어를 형성하는 언어자료, 즉 "고유한 언어자료"에 대한 인식의 차이에서 기인된 문제인 것 같지만 실은 서로 다른 언어 정책과 언어 이론에 의해 야기된 원칙적인 분기이다. 다 같은 김일성종합대학 언어학강좌에서 집필한 '어휘론'임에도 불구하고 초기의 김수경 외(1961)에서는 '방, 문, 산'을 한자어로 보았지만 김일성종합대학 조선어학강좌(1981)에 이르러서는 고유어로 다루고 있으며, 동일 저자 최완호가 집필한 저서에서도 최완호 외(1980)에서는 "성냥, 보따리"를 고유어로 다루었지만 최완호(2005)에 이르러서는 다시 한자어로 다룬다는 사실이 이 점을 잘 증명해 주고 있다. 다시 말하면 "성냥, 보따리"나 "방, 문, 산"과 같은 어휘를 고유어로 다루어야 한다는 입장을 취하고 있는 저서들은 모두 주체의 언어 이론이 고창되던 지난 세기 80년대에 출간된 저서들이라는 것이다.

### 3.2.3. 한자어

남의 경우 한자어와 관련된 연구에서 무엇보다 먼저 눈에 띄는 부분이 어휘 체계에서의 한자어의 위치(지위)와 그 기원적 계보에 관한 연구이다.

어휘 체계에서의 한자어의 위치와 관련하여 이희승(1955: 207-208)에서는 "우리는 相當히 오랜 古代로부터 中國의 文化를 많이 輸入하였으므로, 우리 國語의 外來語 中에는 中國語 卽 漢字語가 가장 多數를 차지하고 있다." "過去 東洋에 있어서의 중국어는, 저 歐美에 있어서의 希臘語나 羅甸語와 같이 널리 傳播되어, 그 周圍 民族이 外來語로 많이 借用하고 있다."라고 지적하고 있다.

한편, 심재기(1982: 35)에서는 "전통적 東洋文化圈, 좀 더 엄격하게 말하여 中國文化圈에 속하는 많은 민족과 국가의 언어를 언급함에 있어서 중국 문자(한자)와 중국어의 영향에 관한 논의는 아무리 확대하여도 만족할 정도에 이르기는 지극히 어려운 일이다. 특히 한국어의 경우에 적어도 2천년간의 한중 교섭의 역사를 가지고 있는데, 그 오랜 기간 중 상호간 문화적 · 사회적 · 언어적 접촉이 고려되지 않은 시기는 전혀 상상해 볼 수도 없다. 따라서 그 모든 기간의 언어교섭을 완전하게 설명한다는 일은 거의 불가능한 상태에 있다. 고유한 문자를 가지지 못했던 시기에 있어서 한자의 일방적 수입과 독주는 15세기에 이르러 훈민정음이 창제되었다고 해서 조금도 늦추어진 것은 아니었다. 오히려 한자와 한자어를 익히는 보조수단으로 訓民正音이 전락함으로 말미암아 언어생활에 있어서 기록의 수단과 회화의 수단이 더욱 더 양극화하였고, 어휘체

계는 명백하게 한자어와 고유어의 2대 계열을 형성하게 되었다. 국
어의 語彙史는 한마디로 말하여 한자 어휘의 增大史라고 할 수 있
다."라고까지 단정적으로 지적하고 있다.

심재기(2000: 179-180)에 이르러서는 "한자어의 역사야말로 우리
나라 어휘사의 핵심 부분이다. 사전을 검토한 통계 숫자에 따르면
한자어는 국어 어휘의 60% 이상을 점유하고 있다. 일상 언어생활
에서의 사용 빈도로 따진다면 70%를 넘어선다. 專門性이 높은 분
야에서는 한자어의 사용 빈도가 더욱 높아진다. 추상적 개념이나
전문적 학술 용어는 거의 대부분이 한자어이다. 요컨대 漢字語는
서양 여러 나라의 Greco-Latin에 해당하는 語彙 倉庫이다. 그것은
새로운 어휘를 만들어내는 寶庫의 구실도 겸하고 있다. 그러므로
한국어 어휘사는 한마디로 漢字語의 增大史라고 하여도 과언이
아니다."라고 어휘 체계에서의 한자어의 중요한 위치에 대해 진일보
강조하고 있다.

다른 한편 김종택(1992: 79)에서는 "현대 국어 어휘는 그 과반
수 이상이 한자어로 되어 있다. 기본어휘를 수록한 소사전의 경우
만 하여도 한자어는 전체 어휘의 절반에 가까워서 고유어의 숫자
를 압도하고 있지만, 큰사전의 경우는 더욱 우심하여 표준말로 사
정된 전체 어휘수 140,464개 가운데 81,362개가 한자어로 전체
의 58%에 달한다. 이러한 어휘통계는 사전 편찬태도에 따라 달라
질 수 있는 것이지만 고유어를 최대한 폭넓게 수록한 한글학회 간
행 '우리말 큰사전'이 이렇고 보면 여타의 국어사전은 더 말할 것이
없다."라고 구체적인 수치로 전반 어휘 체계에서 한자어가 차지하

는 위치의 중요성을 지적하고 있다.[10]

한자어의 기원적 계보와 관련하여 심재기(1982: 42)에서는 "한국 한자어의 계보는 그 기원이 되는 곳이 자명하게 세 군데로 갈라짐을 알 수 있다. 또 그 연대에 있어서도 중국을 통해 수입된 것이 한자 전래의 초기부터 근세에 이르기까지 가장 오랜 기간이 될 것이며, 한국에서 스스로 만든 한자어는 한국 한문학이 시작된 이후이겠고, 일본을 통한 것은 20세기 초엽 그들의 한국 통치기간이 될 것이다."라고 하면서 우선 한자어를 중국을 통해 수입된 한자어, 일본을 통해 수입된 한자어, 한국에서 스스로 만든 한자어 세 가지로 대별하고 중국을 통해 수입된 한자어는 다시 '中國古典에 연유하는 것, 중국을 경유한 佛敎經典에서 나온 것, 중국의 口語, 즉 白話文에 연유하는 것 등 세 가지로 나누어 그 기원적 계보를 다음과 같은 다섯 가지 계열로 정리하고 있다.(p. 43-49 참조)

( i ) 中國古典에 연유하는 것.

閑居, 侍坐, 先生…; 朝夕, 娛樂, 反覆…; 卽位, 黃泉, 凶事…

(ii) 중국을 경유한 佛敎經典에서 나온 것.

伽羅, 迦摩, 伽羅迦…

(iii) 중국의 口語, 즉 白話文에 연유하는 것.

合當, 等閑, 一間, 十分, 拈出, 初頭…

(iv) 일본에서 만든 것.

---

10  김광해(1993: 111-113)에도 이와 유사한 어종별 어휘 체계 조사 자료를 도표로 보여주고 있다.

貸家, 生産高, 相談, 納得, 約束…

(v) 한국에서 독자적으로 만든 것.

榮毒, 感氣, 身熱, 換腸, 苦生, 兵丁…

심재기 외(2011: 31-34)에서도 위와 꼭 같은 다섯 가지 계열로 한자어의 기원적 계보를 정리하고 있다.

한자어의 기원적 계보와 관련하여 김종택(1992: 199)에서는 다음과 같은 다섯 가지로 분류하여 설명하고 있다.

(가) 사서삼경을 비롯하여 효경, 문선 등 중국의 고전과의 접촉
　　을 통한 유입

先生, 和睦, 上下, 身體, 父母, 立身, 後世, 百姓, 富貴,

忠孝, 孝悌, 風俗, 學校, 禮樂, 文物 등

(나) 중국과의 직접 접촉, 주로 경제적 접촉을 통해 들어온 중국
　　어계 한자어의 유입

合當, 十分, 一間, 多少, 許多, 初頭, 點檢, 都是, 容易, 從

前, 報道, 零星, 自在, 渾身, 樣子 등

(다) 중국을 통해서 들어온 범어(Sanskrit)계 한자어의 유입

涅槃(Nirvana), 伽藍(Sangharama), 伽羅迦(Kalaka), 袈裟

(Kasaya), 迦耶(Kaya), 伽陀(Gatha), 佛陀(Budha) 등

(라) 일본의 강점에 의한 일본어식 한자어의 유입

貸家, 敷地, 生産高, 殘高, 相談, 入口, 案內, 相對, 黑

幕, 見本, 先手, 外上, 食料, 身分, 金石, 荷物, 割引, 大

勢 등

(마) 우리나라에서 만들어진 한자어

感氣, 菜毒, 苦生, 換腸, 兵丁, 四柱, 八字, 書房, 道令,
生員, 進士, 身熱, 片紙, 福德房 등

이상의 고찰에서 볼 수 있는 바와 같이 한자어의 기원적 계보와 관련하여서는 남의 학자들은 비교적 일치한 견해를 갖고 있다.

그럼 이제부터는 북의 학자들은 한자어의 기원적 계보와 관련하여 어떤 견해를 갖고 있는가를 살펴보기로 하자.

북의 경우, 한자어의 기원적 계보에 대해 비교적 명확히 정리한 저서가 최완호(2005)이다. 최완호(2005: 85)에서는 "한자어휘란 우리말 어휘 구성에 섞여있는 어휘가운데서 한자에 기초하여 만들어진 어휘를 말한다."라고 그 개념을 정립하면서 그 기원적 계보를 다음과 같이 정리하고 있다.

"첫째 부류, 중국에서 들어온 한자어휘: 여기에는 ① 중국의 고대한어를 통하여 들어온 한자어휘('국가, 춘추, 도덕, 가족, 혁명, 운동, 문화, 신체…')와 ② 중국의 현대한어를 통하여 들어오는 한자어휘('금천[오늘]−今天, 명천[래일]−明天, 안색[색갈]−顔色…')의 두 부류가 있다."(p. 87)

"둘째 부류, 일본에서 들어온 한자어휘: 여기에는 ③ 일본의《명치유신》이후에 서방자본주의나라의 문물제도를 받아들이면서 일본에서 새로 만들어 쓴 한자어휘(은행, 안내, 철학, 물리)와 ④ 그 이후 시기에 고유일본어의 음에 맞추어 맞대놓은 한자어휘('절수[우표]−切手, 조월[경제]−繰越, 수부[접수]−受付, 수하물−手荷物, 품절[절품]−品切, 하청−下請, 하조[짐꾸리기]−荷造')의 두 부류가 있다."(p. 87)

"셋째 부류, 이밖에 우리나라에서 만들어서 쓰인 약간의 한자어휘('편지, 식구, 전답(田畓), 남편, 삼촌, 사촌')가 있다."

김수경 외(1961: 89-91)에서는 한자어를 우선 "(1) 중국을 비롯하여 한자를 사용하는 다른 나라 인민들의 한자 어휘와 단어의 구성 및 의미에 있어 기본적으로 동일한 것.", "(2) 조선어에만 고유한 한자 어휘", "(3) 한자와 관련된 특수한 부류의 단어" 세 가지 부류로 대분하고 첫째 부류의 한자어는 다시 "중국어와만 일치한 한자어(제고(提高), 주석단(主席團), 령도(領導), 구호(口號)…)"와 "일본어와만 일치한 한자어(공장(工場), 축구(蹴球), 기사(技師), 운전사(運轉士)…)"로 하위분류하고, 둘째 부류의 한자어는 다시 《리두》와 관련하여 조선어 안에서 조성된 단어들(분간(分揀), 소지(所志), 형지(形止), 행하(行下)…)", "《리두》와는 별개로 조선어 안에서 조성된 한자 어휘(편지(便紙), 일기(日氣), 사발(沙鉢), 식구(食口)…)", "다른 나라의 한자 어휘와 그 한자의 구성은 동일하나 조선어에서 특수한 의미를 획득한 단어들(기운(氣運), 외면(外面), 내외(內外), 삼시(三時)…)", "조선에서 만들어진 한자를 토대로 하여 이루어진 단어들(전답(田畓), 대지(垈地), 탈(頉)…)"로 하위분류하고, 셋째 부류의 한자어에 대해서는 "이러한 단어들은 한자를 통하여 시각적으로 들어온 것이 아니라 두 나라 인민의 직접적 교제 과정에서 입과 귀를 통하여 들어왔다. 이 단어들이 중국에서 사용되는 경우에는 일정한 한자에 기초하고 있으나, 그것이 일단 조선어에 구두적으로 차용되자 한자와의 련계가 끊어지며 따라서 이 단어들에 대한 언어학적 론증이 없이는 한자 기원이라고 말하기 어려운 경우들이 많다. 현대 조선어의 립장에서 보면 이러한 단어를 한자 어휘라고 보기 어려우나 이 단어들이 그 기원에 있어서 한자와 관련되어 있는 사실을 고려하여 여기서 한자 어휘에 넣어 고찰하기로 한다."(p. 91)라고 하면서 '구와(〈菊花), 무궁화(〈木槿花), 배채(〈白菜)…' 등의 단어들을 예시하고 있다.

여기서 볼 수 있는 바와 같이 김수경 외(1961)에서는 한자어의 기원적 계보를 정리함에 있어서 그 구성상의 특성을 많이 고려하고 있음을 알 수 있다.

김일성종합대학 조선어학강좌(1981: 42)와 김길성(1992: 53)에서는 한자어를 '한자를 사용하는 다른 나라 한자어휘와 대체로 같은 것'(혁명, 사회주의, 정치, 경제 등)과 '우리말에만 고유한 한자어'(편지, 일기; 기운, 외면; 전답, 대지 등) 두 가지로만 분류하고 있다.

그런데 최완호 외(1980: 20-21)에서는 위의 분류들과는 완전히 달리 "조선어어휘 구성 안에서 조선어로 굳어진 정도에 따라" 한자어를 "완전히 우리말로 굳어진 한자말"(학교, 방, 과학기술, 농업, 공업 등), "우리말로 굳어지지는 않았으나 두고 쓸 한자말"(갱도, 법칙, 련합회, 규정, 연구, 례절 등), "다듬거나 완전히 버려야 할 한자말"(양잠, 석교, 묘목, 쾌도, 승차, 가축, 화분 등) 세 가지로 분류하고 있는데 이는 사실상 '어휘 정리'와 관련된 이북의 언어 정책에 따른 한자어 처리와 관련된 집필자들의 견해를 보여줄 따름이지 한자어에 대한 체계적인 분류는 아니다. 이와 관련하여 김영황·권승모의 『주체의 조선어연구 50년사』에서도 "《조선어어휘론연구》는 《현대조선어(1)》(1961)이나 《문화어 어휘론》(1975)과는 달리 우리말을 발전시키는데서 기본문제로 되는 어휘정리와 관련한 실천적 문제들을 더욱 심화시키는 방향에서 집필한 단행본으로서 그 구성체계에서나 내용전개에서나 일련의 특성을 가진다."고 평가하고 있다.

## 요약

지금까지의 고찰에서 볼 수 있는 바와 같이 한자어의 기원적 계보와 관련하여 남의 학자들은 비교적 통일된 견해를 보이고 있는데 반하여 북의 경우에는 적지 않은 차이를 보이고 있는데 학자들의 언어관, 좀 더 구체적으로 말하면 국가의 '언어 정책'에 대한 학자들의 입장에 따른 차이라 생각된다. 우리가 이렇게 말하게 되는 것은 동일한 저자에 의해 집필된 '조선어어휘론' 저서의 경우에도 언어 정책의 변화에 따라 한자어에 대한 처리도 달라지고 있다는 사실이 이 점을 잘 입증해 주고 있다. 예를 들면 위에서 고찰한 바와 같이 최완호 외(1980)의 한자어와 관련된 처리가 최완호(2005)에서의 처리와는 완전히 다른 모습을 보이고 있는데 그 원인은 최완호 외(1980)은 국가적으로 '어휘정리'가 고창되던 시기의 소산이라는 것과 관련된다.

한자어의 기원적 계보와 관련하여 남과 북의 연구에서 보이는 차이는 이른바 외국으로부터 유입된 한자어, 이른바 중국을 통해 들어온 '佛敎經典' 혹은 '범어(Sanskrit)계' 한자어(伽羅迦(Kalaka), 袈裟(Kasaya), 迦耶(Kaya) 등)와 관련된 문제인데 북의 경우에는 이 부류의 어휘에 대해 일부에서는 외래어, 혹은 외래적 어휘로 처리하기도 하나(김수경 외(1961)에서는 '부처, 보살' 등을 외래어로 처리하고 있으며, 최완호(2005)에서는 '袈裟' 등을 외래적 어휘로 처리하고 있다.) 대부분의 저서들에서는 언급도 하지 않고 있다. 물론 지금의 이북의 경우에는 정치적 원인으로 불교 신자들이 많지 않기에 이 부류의 한자어에 대해 별로 언급하지 않는지는 잘 모르겠지만 남과 북을 모두 고려할 경우 불교 신자들이 상당히 많다는 사정을 고려할 때, 이 부류의 한자어에 대해서도 마땅히 논의되어야 할 것이다.

한자어의 기원적 계보와 관련하여 앞으로 좀 더 연구, 논의되어야 할 문제는 일본으로부터 유입된 한자어 문제이다. 구체적으로 어떤 한자어들이 일본으로부터 유입된 것이며, 그 수는 얼마나 되는지, 또 그 한자어가 일본으로부터 직수입한 것인지, 아니면 중국을 경유해서 유입된 것인지 하는 등의 문제가 좀 더 깊이 있게 연구되어야 할 것이다.

일본 한자어의 유입과 관련해서는 중국의 언어학계에서도 상당한 중시를 돌리고 있는데 그 주요 원인은 많은 한자어가 일본으로부터 역수입되었다는 사정과 관련되는 것 같다. 중국의 일부 학자들은 "우리가 지금 사용하고 있는 사회와 인문과학 방면의 명사, 술어(術語)의 70%는 일본으로부터 수입된 것이다."라고까지 말하고 있다.[11] 이 연구 결과가 어느 정도의 객관성을 갖고 있느냐는 진일보 검토되어야 하겠지만, 현대한어의 접미사 '化, 式, 力, 性, 的, 界, 型, 感, 線, 論, 率' 등이 모두 일본으로부터 역수입된 접미사라는 연구 결과를 시인한다고 할 때, 중국어 어휘 체계에서 일본으로부터 유입된 한자어가 상당한 비중을 차지하고 있다는 점만은 의심할 바 없을 것이다. 사정이 이러함에도 불구하고 중국에서도 아직까지는 일본으로부터 유입된 한자어의 진면모를 속속들이 밝

---

11  이 연구 결과는 중국 남경대학교 중문학부의 王彬彬 교수가 『上海文學』 (1998년 8기)에 발표한 "현대한어 중의 '외래어' 문제"라는 글에서 발표한 것이다. 그리고 일부 학자들은 陳生保(1996)에서와 같이 현대한어 어휘 중의 80%가 일본어에서 유입되었다고까지 주장하기도 한다.

혀내지 못하고 있다.

### 3.2.4. 외래어

이희승(1955: 207)에서는 "말은 文化와 함께 流動하는 일이 많으므로, 外國文化를 받아들일 때에는 그 文化事象을 表示하는 言語까지 同時에 따라 들어오게 된다. 이러한 말을 外來語라 부르며, 이 外來語를 또한 借用語(borrowed words)라고도 이른다."라고 정의하면서 외래어의 유형으로 "먼 古代 것으로는 滿洲語·蒙古語 系統의 말이 있고, 가까운 近代의 것으로 日本語·英語·露西亞語·佛蘭西語(西班牙語·葡萄牙語)系統의 外來語가 있다." "近代 或은 現代에 와서 日本語와 西歐語로부터 借用한 말이 매우 많은 것은 一般이 잘 아는 바다."라고 설명하고 있다.

심재기(1982: 50)에서는 "매우 흥미있는 현상이라고 생각되거니와 우리는 관습적으로 借用語와 外來語를 구별하여 쓰고 있다. 엄밀한 의미에서 이 두 개의 術語는 동일한 대상을 지시하는 것이나, 借用語는 주로 近代國語 이전까지의 語辭로서 외국에서 국어에 수용된 것을 뜻하며, 外來語는 주로 當代(20世紀)의 語辭로서 국어에 수용된 것을 뜻하고 있다."라고 외래어와 차용어를 부동한 개념으로 사용하고 있음을 지적하고 이 외래어를 고대국어 이전 시기, 전기중세국어 시기, 후기중세국어 시기, 근대국어 시기로 나누어 고찰하고 있다.(p. 51-63 참조)

심재기 외(2011: 42)에서도 "외래어에 대해서는 그 정의가 다양하다. 외래어를 넓은 의미로 사용하는 사람은 고유어와 대립시켜 다

른 언어에서 우리말 속에 들어온 모든 어휘적 요소를 가리키기도
한다. 즉 차용어와 같은 것으로 보는 것이다. 그러나 우리가 흔히
사용하는 '외래어'라는 용어는 차용어 모두를 가리키지 않는다. 국
어 어휘 구성을 고유어, 한자어, 외래어의 삼종 체계로 파악하여
외래어는 차용어 중에서 한자어가 아닌 것만 가리킴이 일반적이
다."라고 외래어와 차용어를 서로 다른 개념으로 파악하고 있음을
지적하고 있다.

한편 김종택(1992: 21-121)에서는 외래어의 개념 정립과 관련하여
서는 구체적으로 논의를 전개하지는 않고 "어휘 자료론"에서 국
어를 '고대국어, 중세국어, 근세국어, 현대국어'로 나누고 각 시기
의 국어 자료에 나타난 외래어를 다루었으며, 외래어의 유형을 그
차용방법과 차용경로에 따라 다음의 4가지로 나누어 소개하고
있다.

"① 직접음역어: 서구어를 직접 우리말로 음역한 것으로 한글로
　　적히는 것이 원칙이다.
　　인그리스(English), 샵포(chapeau), 흐란스(France), 브레드(bread)
② 간접음역어: 중국이나 일본에서 한자어로 음역한 것을 다시
　　우리나라 한자음으로 읽어 차용한 것으로 한글, 혹은 한자로
　　적힌다.
　　포도아(葡萄牙, Portugal), 아미리견(亞美利堅, American), 아편
　　(雅片, Opium)
③ 직접의역어: 서구어를 직접 국어로 의역한 것이다. 여기에는
　　새로 낱말을 만드는 경우와 기존의 낱말을 새로운 개념에 결

111

부시켜 사용하는 경우가 다 포함된다.

몸제자(使徒, apostle), 십자틀(十字架, cross), 양등(洋燈, lamp)

④ 간접의역어: 서구어를 중국이나 일본에서 의역한 것을 다시 국어에서 빌어쓰는 것이다.

백부장(百夫長, centurion), 천국(天國, the kingdom of heaven), 서적고(書籍庫, library), 격물학(格物學, physics)"(p. 101-102 참조)

다른 한편 김광해(1993)에서는 '어휘 체계의 변화"를 논하는 자리에서 '어휘 차용'이라는 용어를 사용하면서 어휘 차용의 유형을 어종에 따라 '중국어로부터의 차용, 몽고어로부터의 차용, 기타 외래어로부터의 차용' 셋으로 나누어 설명하고 있다.(p. 247-252 참조) 그리고 차용어의 시대적 구분에 대해서는 다섯 개 시기로 나누어 구체적으로 설명하고 있다.[12]

그럼 이제부터는 북에서 출간된 저서들에 대해 살펴보기로 하자.

김수경 외(1961: 97)에서는 "외래 어휘란 전적으로 외래적인 요소에서 기원한 단어들을 말한다. 조선어 어휘 구성 안에 있는 외래 어휘는 여러 가지 언어들로부터 여러 가지 시기에 여러 가지 경로와 수법을 통하여 조선어 안에 들어왔다."라고 외래어의 개념에 대해 정립하면서 외래어를 그 경로에 따라 "어떤 언어에서 직접 차용

---

12  김광해(1993: 273-283)에서는 국어 어휘사의 시대 구분을 제1기: 1원 체계의 시기, 제2기: 2원 체계의 형성, 제3기: 3원 체계의 형성, 제4기: 한자어 부문의 개변, 제5기: 일본어의 영향, 제6기: 서구 외래어 부문의 양적 증가로 나누고 있는데 제1기를 제외한 기타 시기가 모두 어휘 차용과 관련된다.

된 단어"와 "제3의 언어를 거쳐서 간접적으로 들어온 경우"로 분류하고, 그 방식에 따라 "서적을 통하여 즉 서사적으로 들어온 것"과 "인민들의 직접적인 교제를 통하여 구두적으로 들어온 것"으로 분류하고 있다.(p. 98)

김일성종합대학 조선어학강좌(1975: 43), 김길성(1992: 56-58) 등에서도 이와 비슷한 견해를 보이고 있다.

한편 최완호(2005: 89-90)에서는 "외래어란 말 그대로 밖에서 들어온 어휘, 다시 말하여 외래적인 언어자료에 기초하여 만들어져서 우리말 어휘 구성 속에 섞여들어와 쓰이는 어휘들이다."(p. 89)라고 그 개념을 정립하면서 "밖에서 우리말 어휘 구성에 섞여들어온 외래적인 어휘에는 '가라말, 청부루' 같은 몽골말도 있고 싼스크리트어(고대인디아어)에서 기원한 불교관계의 어휘를 한자말로 옮겨 놓은 '가사(袈裟-Kasava)'같은 단어들도 있다. 그러나 이런 단어들은 력사어원론적으로 밝히는 경우가 아니라면 외래어에서 거의 주목을 돌리지 않으며 일반적으로 이르는 '외래어'는 주로 영어를 비롯한 인디아-유럽제언어에 속하는 어휘들을 기본으로 한다. 인디아-유럽제언어에서 들어온 어휘들가운데는 한자로 소리옮김을 한 표기형태로 들어온 '구락부(俱樂部)(club)', '랑만(浪漫)(Roman)', '범(汎)(pan)' 같은 어휘들도 있으나 이런 것은 오히려 한자말로 인식되는 경우가 적지 않다."라고 외래어의 범위를 보다 명확하게 한정하고 있다.

외래어의 유입 경로와 시기에 대해서는 다음과 같이 지적하고 있다.

"외래어가 우리나라에 들어온 경로와 시기는 단순하지 않다. 같은 외래어라도 그것이 우리나라에 들어오게 된 경로와 시기들이 각이하며 또 입말을 통하여 들어온 것이 있는가 하면 글말을 통하여 들어온 것도 있다.”

“종합해 볼 때 우리나라에 외래어가 본격적으로 들어오기 시작한 것은 18세기 이후라고 볼 수 있는데 그 대부분은 일본을 거쳐서 들어온 것들이다. 일찍부터 일본땅에 발을 붙인 뽀르뚜갈, 네데를란드 등 나라들의 무역선원이나 선교사들을 통하여 ‘고무, 고뿌, 빵, 뎬뿌라’ 등과 같은 이 나라의 말들이 먼저 들어오고 그 뒤 시기 특히 ‘명치유신’ 이후에 영어를 비롯한 여러 외래어들이 들어왔다. 그 이후 시기부터 20세기 중엽, 광복 전까지 일본을 걸쳐 우리나라에 들어온 외래어는 많은 수에 이른다.”

“광복 후 시기에는 이전 쏘련을 통하여 로어가 얼마간 들어왔다. ‘흘레브, 워드까, 뜨락또르, 꼴호즈, 뻬오넬, 쏘베트, 바곤, 미누스, 뿔류스, 까비네트, 에끄자멘, 욜까, 슈바’ 같은 것들이 그의 실례로 된다.”(p. 90 참고)

그리고 외래어 유입의 일반적 원리에 대해 다음과 같이 지적하고 있다.

“외래어는 일반적으로 과학기술이 발전한 나라로부터 발전도상에 있는 나라에 흘러들어오기 마련이다. 그러므로 외래어가 침투한 경로를 보면 현대문명이 전해온 과정을 짐작할 수 있다. 이러한 사실로부터 외래어의 침투는 이른바 ‘문화전래사’(문화가 전해온 역사)를 보여준다고 말하기도 한다.”(p. 90-91)

그런데 최완호 외(1980: 22)에서는 위의 견해와는 좀 달리 “어휘구성 안에 외래어어휘가 생기게 되는 조건은 여러 가지가 있을 수 있다."라고 하면서 그중의 하나로 "외래어는 밖으로부터의 압력과 강요에 의하여 생기는 경우도 있다.", "우리말 어휘 구성에는 일제의 식민지통치의 후과로 하여 밀려들어 왔던 쓸데없는 외래어어휘들이 있다.", "오늘날 민족어의 주체적 발전을 위하여 중요하게 제기되는것은 이러한 부류의 외래어처리문제이다."라고 지적하고 있다.

## 요약

외래어와 관련된 연구에서 좀 더 논의되어야 할 문제는 앞에서 이미 지적한 바와 같이 외래어를 차용어와 동일한 개념으로 인식하면서 모든 한자어를 차용어(혹은 외래적 어휘)로 다루는 문제, 그리고 한자로 적을 수 있는 '보살(菩薩), '가사(袈裟)'와 같은 어휘를 외래어로 처리해야 하느냐 아니면 한자어로 처리해야 하느냐 하는 문제 등이 더 논의되어야 할 것은 물론이거니와 이보다 더 중요한 것은 남과 북에서 차용한 외래어들 중에는 차용의 시기와 경로가 부동함에 따라 동일한 대상이나 현상을 나타내는 단어가 서로 다른 음성적 외피를 취한 두 개의 외래어로 존재하는 경우가 적지 않은데 이런 어휘들을 어떻게 통일시키느냐가 언어 통일의 측면에서 시급히 해결해야 할 중요한 과업으로 나서고 있다.

### 3.2.5. 혼종어

기원에 따른 어휘 분류와 관련하여 좀 더 논의되어야 할 문제는 이른바 '혼종어' 문제이다.

혼종어와 관련하여 심재기 외(2011: 75)에서는 "고유어와 한자어, 한자어와 외래어 등 서로 다른 어종의 언어 요소가 결합하여 만들어진 단어를 혼종어(hybrid)라 한다."라고 그 개념을 정립하고 혼종어를 그 구성요소에 따라 "고유어와 한자어가 결합한 혼종어(밥상(-床), 발판(-板), 뒷문(-門), 몸통(-桶), 번개탄(-炭); 겉봉(-封), 달력(-曆), 가락지(-指); 어지럼증(-症), 따옴표(-標); 헛고생(-苦生), 날강도(-強盜)), 한자어와 고유어의 순서로 결합한 혼종어(문고리(門-), 책벌레(冊-), 색종이(色-); 생고구마(生-), 양딸기(洋-), 총질(銃-), 공부하다(工夫-), 면면이(面面-), 소신껏(所信-)), 외래어와 결합한 혼종어(사교댄스(社交dance), 유리컵(琉璃cup), 이모팬(姨母fan), 번개쇼핑(-shopping), 거울폰(-phone), 훌리건화하다(hooligan化-), 투글족(two-族))로 분류하고 있다.

김종택(1992: 124)에서도 "여기서 어종을 고유어, 한자어, 외래어, 혼종어로 나눈 근거는 한자어는 비록 외래적이기는 하나, 서구계 외래어와는 다른 위치를 국어에서 차지하고 있기 때문이며, 혼종어란 고유어와 한자어 혹은 고유어와 외래어, 혹은 한자어 등이 둘 이상 모여 이루어진 경우를 이르는 것이다. 가령 「젖酸박테리아」의 경우는 삼중혼성을 이루고 있으며, 「스무드하다」는 이중혼성을 이루고 있다."라고 그 개념을 정립하면서 혼종어 설정의 필요성(또는 근거)를 지적하고 있다.

그런데 북에서 출간된 어휘론 저서들에서는 혼종어에 대한 전문적인 논의는 찾아볼 수 없지만 김수경 외(1961)에서 '한자어'를 논하는 자리에서 "한자 어휘의 요소가 고유 조선 어휘의 요소와 어울리여 새로운 단어를 만드는 일이 많다."라고 하면서 '생귤, 생나무,

날계란, 군음식, 믿음성, 붙임성, 욕심꾸러기, 다정스럽다, 자유롭다' 등의 실례를 들고 있고(p. 94-95 참조), '외래어'를 논하는 자리에서 또 김수경 외(1961: 99)에서는 "일반적으로 외래 어휘의 요소는 조선어 안에 들어 와서 단어 조성적 접두사 또는 접미사로 되는 일은 없는 반면, 합성어의 어근 또는 공고한 단어 결합의 구성 부분으로 되어 고유 조선 어휘나 한자 어휘의 요소와 어울리여 쓰이는 일은 적지 않다."라고 하면서 '펜대, 테불보, 빵집, 알콜병, 엑스광선, 감마선' 등의 실례를 들고 있는데(p. 99 참조) 이 두 부류의 어휘가 바로 남의 학자들이 설정하고 있는 '혼종어'에 속하는 것들이다.

## 요약

위의 고찰에서 볼 수 있는 바와 같이 기원의 측면에서 어휘를 분류할 때, 고유어 언어요소와 한자어 언어요소가 서로 결합되어 이루어진 어휘, 한자어와 외래어, 고유어와 외래어의 언어요소가 결합되어 이루어진 어휘 부류가 존재한다는 사실은 누구도 부인할 수 없는바, 기원에 따른 어휘 부류에는 고유어, 한자어, 외래어 외에 '혼종어'란 어휘 부류가 더 설정되어야 할 것이다.

이 혼종어 문제가 어휘의 기원적 부류에서 중요한 문제의 하나로 논의되어야 할 필요성은 우선 연구에 따르면 이 혼종어가 양적으로도 외래어의 배도 넘어서는 분포를 보이기 때문이다.[13] 특히

---

13  이런 연구 결과를 보여 줄 수 있는 자료로는 김종택(1992)의 119쪽과 124쪽에서 제시한 어종에 의한 어휘 분류 도표, 그리고 김광해(1993)의 113쪽에서 제시한 어휘의 어종별 분류 도표 등을 들 수 있을 것이다.

동사나 형용사의 경우를 보면 순 한자어로 이루어진 단어는 없고 있다면 한자어에 '-하(다)'나 '-되(다)', '-스럽(다)', '-롭(다)' 등이 붙어 이루어진 것들이다. 그리고 명사의 경우에도 한자어와 외래어, 고유어와 외래어의 합성으로 이루어진 어휘들이 상당히 많이 쓰이고 있다.

다음으로 이런 혼종어, 특히는 명사적 단어들이 시대가 발전하면 할수록 더 빠른 속도로 증대되고 있기 때문이다. 오늘날 경제 무역 용어들을 살펴보면 순 고유어로 된 것은 거의 찾아볼 수 없고 거의 전부가 한자어거나 이런 혼종어로 되어 있다.

그러니 이런 상황에서, 이른바 '혼종어'를 설정하지 않는다면 계량학적으로 기원에 따른 어휘의 부류는 통계를 낼 수 없게 될 것이다.

## 3.3. 어휘의 사회적 부류

### 3.3.1. 어휘의 사회적 부류에 대한 일반적 이해

어휘의 사회적 부류란 일반적으로 어휘를 그 사회적 측면, 즉 어휘를 사용하는 사회적 집단에 따라 일정한 유형으로 분류하여 놓은 부류를 가리킨다.

어휘의 사회적 부류와 관련하여 이희승(1955: 212)에서는 "한 言語團體(language community; Sprachgemeinschaft) 속에는 여러 方面 여러 階級의 社會가 包含되어 있다. 卽 縱으로는 上·中·下의 階級이 있고, 甚至於 警察·窃盜·스리(소매치기)·無賴漢等 同志間에는 各各 그들 사이에만 通하는 隱語(cant)가 있다. 語彙의 이 모

118

든 斷面은 社會的 區別이라 할 수 있고, 言語의 各 社會的 分野를 硏究하는 것을 位相的 硏究(phasic study)라 이른다."라고 설명하고 있다.

한편 김광해(1993: 139-140)에서는 "어휘는 다양한 기준에 의해서 다시 소규모의 집합들로 나누어 살펴볼 수가 있다. 가령, 사회적 집단, 연령, 직업, 계층, 지역 등에 따라 공통되는 어휘의 집합이 수집될 수 있으며, 또한 표현의 의도에 따라서 속된 표현, 완곡한 표현, 높이는 말, 낮추는 말 등의 어휘 집합도 다양한 양상으로 존재한다. 이러한 어휘의 다양한 양상은 그 특징에 따라 어휘소가 변이(variation)된 것으로 처리할 수 있는 것도 있고, 변이로 처리하기가 어려운 것도 있다. 변이로 처리되기가 어려운 집합들은 주로 어휘의 팽창 문제와 관련되는 것이다.

종래 어휘론이라고 하면 으레 이 분야를 연상할 정도로 어휘의 양상에 관한 연구는 어휘 연구 중에서도 가장 대표적인 연구로 받아들여지는 전통을 가지고 있는 분야이다. 이 분야에서 다루어졌던 내용들을 가급적 모두 열거하여 본다면, 방언·은어·남성어·여성어·아동어·노인어·청소년어·공대어·하대어·속어·비어·관용어·숙어·속담·완곡어·전문어·직업어·집단어·신어·유행어 같은 부류별 어휘 집합들이 되는데, 종래에 이들을 종합적으로 다룬 연구는 그것을 찾기도 어렵거니와 지금 우리가 볼 수 있는 어느 정도 종합적인 연구들에서도 이들 각각을 체계적으로 처리한 연구물을 만나기가 어렵다."고 하면서 이상의 부류별 어휘들을 우선 '변이'와 '팽창'에 따라 '변이'에 '방언, 은어, 남성어, 여성어, 아동어, 노인어, 청소년어, 공대어, 하대어, 속어, 완곡어, 관용어(숙어, 속담)’ 등을 포함시키고, 팽창에 ‘전문어(직업어, 집단어), 신어, 유행어’ 등을 포함시키고 있다. 그리고 ‘변이’를 ‘위상적 변이’와 ‘화용적 변이’로 다시 하위분류하고 ‘방언, 은어(집단은어), 남성어, 여성어, 아동어, 노인어, 청소년어’ 등은 ‘위상적 변이’에서 다루고 나머지 ‘공대어, 하대어, 속어, 완곡어, 관용어(숙어, 속담)’ 등은 ‘화용적 변이’에서 다루고 있다.(p. 140-144 참조)

이상의 고찰에서 볼 수 있는 바와 같이 ‘어휘의 사회적 부류’와 관련된 처리에서 이희승(1955)와 김광해(1993)은 주요하게는 다음과 같은 두 부류의 어휘 처리에서 서로 다른 견해를 보이고 있다.

첫째, ‘방언’에 대한 처리인데 김광해(1993: 143)에서는 “어휘는 그 위상적 분포에 따라 변이형들을 가질 수 있다. 모든 화자가 자기 자신의 개인어(idiolect)나 혹은 일련의 개인 방언(individual dialect)을 가지듯이 어휘도 결국은 여러 가지의 위상적 기준에 의하여 변이를 보인다는 점에 대해서는 일찍부터 합의되어 온 사실이며 그에 따라 이 분야에 관한 연구가 활발하여 온 바 있다. 이처럼 어휘가 사회적, 지리적 집단 같은 위상적 차이에 따라 나타나는 변이에 대한 연구가 이 분야에서 전개된다. 따라서 이는 사회 언어학, 방언학 등과 밀접히 련관된다.”라고 하면서 어휘의 사회적 부류, 즉 ‘지리적인 요인에 의한 위상적 변이’로 다루고 있는데, 이희승(1955: 211-212)에서는 “單語를 地域的으로 分類하면 結局 各 地方의 方言(dialect; dialecte; Dialekt)이 된다.”라고 하면서 어휘의 ‘地域的 分類’에서 다루고 있다.

둘째, ‘전문어’에 대한 처리인데 이희승(1955)에서는 이미 앞에서 고찰한 바와 같이 어휘의 사회적 분류에서 다루고 있지만 김광해

(1993: 142)에서는 "앞에 제시된 표에 의하면 은어, 속어는 변이에 해당하는 것이며 전문어는 변이가 아니다. 그 이유는 은어와 속어에는 그것에 대응하는 기본 어휘소가 존재하는 반면, 전문어에는 그러한 대응물이 없기 때문이다."라고 하면서 '전문어'는 '신어', '유행어'와 함께 '어휘 팽창'에서 다루고 있다.

그럼 이제부터는 북에서 출간된 저서들에서는 '어휘의 사회적 부류'와 관련하여 어떤 견해를 갖고 있는가를 살펴보기로 하자.

김수경 외(1961: 105)에서는 "현대 조선어의 어휘는 이를 그 사용 범위의 측면에서 볼 때 두 개의 커다란 부류로 나눌 수 있다. 한 부류는 전 인민적 어휘-조선어로 말하는 모든 사람이 다 알고 있으며 다 사용하고 있는 어휘이며, 또 하나의 부류는 일정한 사람들의 집단, 일정한 지역적 또는 사회적 환경 안에서만 그 사용이 제한된 어휘다."라고 '사용 범위의 측면'에서 어휘를 크게 두 부류로 나누고 '그 사용이 제한된 어휘'에 '방언적 어휘', '직업적 어휘(학술용어도 포함하여)', '통용어' 세 부류의 어휘를 포함시키고 있다.

최완호 외(1980: 29)에서는 어휘가 쓰이는 분야와 정도에 따라 '일반어', '학술용어', '늘 쓰는 말'로 나누고, 쓰이는 지역의 범위에 따라 '방언어휘'를 따로 고찰할 수 있다고 했다.

김길성(1992)에서는 사용분야의 측면에서 '일반용어'와 '학술용어'로 나누고(p. 67 참조), '사용범위의 측면에서 '방언적 어휘'와 '통용어'로 나누고 있다.(p. 71 참조)

김일성종합대학 조선어학강좌(1975: 45)에서는 어휘가 쓰이는 정도에 따라 '늘 쓰는 말'을 설정하고 사용 분야와 관련하여 '일반어'와 '학술용어'로 나누고 있다. 그런데 '방언'에 대해서는 독자적인 부류로 설정하지 않고 있다.

최완호(2005)에서는 일정한 지역의 범위에서 '방언'을 설정하고 있고, 어휘 정리의 측면에서 '은어'를 다루고 있으며, 쓰임의 측면에서 '일반어'와 '학술용어'를 다루고 있다.

위의 고찰에서 볼 수 있는 바와 같이 사회적 부류와 관련된 어휘의 처리에서 북에서 출간된 저서들에서 보이는 차이는 '은어'에 대한 처리에서 나타나는데 김수경 외(1961)과 김길성(1992)에서는 사용 범위의 측면에서 분류되는 어휘 부류로 보고 있는 데 반하여 최완호(2005)에서는 어휘 정리에서 다듬어 버려야 할 어휘 부류로 처리하고 있으며 기타의 저서들에서는 전혀 언급도 하지 않고 있다.

## 요약

지금까지 우리는 남과 북의 학자들이 어휘의 사회적 측면, 즉 사회 집단, 지역, 직업, 계층 등의 측면에서 다룬 방언, 전문어(학술용어, 직업어), 은어, 남성어, 여성어, 아동어, 노인어, 청소년어 등 부류의 어휘들의 처리에 대한 학자들의 견해를 살펴보았다.

그럼 이제부터는 이상의 어휘 부류들이 모두 어휘의 사회적 부류에서 다룰 수 있는가를 검토해 보기로 하자.

우선 '방언'에 대해 검토해 보기로 한다. '방언'에 대해서 이희승(1955), 최완호 외(1980), 최완호(2005) 등에서는 어휘의 지역적 부류로 다루고 있는데 언어가 인간 사회와 직결되는 사회적 현상이기에 이 경우의 '지역'은 순수한 '자연적 지리'를 뜻하는 것이 아니라 '사회적 지리'를 뜻한다. 따라서 방언을 '어휘의 지역적 변이'로 그 개념을 정립할 경우에도 부동한 지역 사회 성원이 사용하는 어휘 부류로 인식하게 된다. 이리하여 '방언'도 어휘의 사회적 부류로 다룰 수 있을 것이다.

다음, '전문어(직업어, 학술용어)' 문제인데 이 부류에 대해서는 김광해(1993)을 제외한 기타의 저서들에서는 모두 어휘의 사용 범위의 측면에서 분류되는 어휘의 부류로 보고 있다. 우리가 만약 '변이'를 분류의 기준으로 설정하지 않을 경우 이 부류의 어휘도 사회적 측면, 즉 어휘를 사용하는 사회 성원의 측면에서 분류되는 것들임으로 어휘의 사회적 부류에서 다룰 수 있다.

그 다음, '은어(통용어)' 문제인데, 이 부류의 어휘는 최완호(2005)를 제외한 기타의 저서들에서는 모두 어휘의 사회적 부류에서 다루고 있다.

마지막으로, 김광해(1993)에서 어휘의 위상적 변이로 다룬 남성어, 여성어, 아동어, 노인어, 청소년어 등의 부류의 어휘 문제인데 이 부류의 어휘도 남성, 여성, 아동, 노인 등이 서로 다른 부류의 사회성원으로 분류되는 것만큼 어휘의 사회적 부류에서 다룰 수도 있을 것이다. 그런데 지금까지는 이 부류의 어휘가 다른 부류의 어휘들과 구별되는 뚜렷한 특성이 밝혀지지 못하고 있고 실천적으로도 남성어와 여성어로 획분한다는 것도 불가능하기에 김광해(1993)에서도 구체적인 논의는 진행하지 않고 있다. 이리하여 이 부류의 어휘는 어휘의 사회적 부류에서 배제하기로 한다.

이상을 종합 정리하면 어휘의 사회적 부류란 어휘를 사용하는 사회 성원, 즉 어떤 지역, 직업, 업종, 분야 등의 사회 성원에 의해 사용되는 어휘냐에 따라 분류되는 어휘의 부류를 가리키는데 어

휘는 이 분류 기준에 따라 방언, 전문어(직업어, 학술용어), 은어 등
으로 분류될 수 있다.

아래 이 부류의 어휘들에 대해 구체적으로 살펴보기로 한다.

### 3.3.2. 표준어와 방언

이희승(1955: 212)에서는 "普通 境遇에 方言이라 하면 벌써 方言
아닌 어떠한 標準語(standard language)를 豫想하고서 使用하는 일
이 많다. 標準語는 그 言語를 使用하는 民族이나 國家 中에서 가
장 文化가 發達된 地方의 말로서 各 地方을 通하여 잘 理解되고,
各 地方으로 向하여 恒常 傳播될 勢力을 가지고 있으며, 그 民族이
나 國家의 公式用語로 쓰기에 가장 適當한 말을 이름이다." "그러
나 嚴密하게 말하면 標準語도 方言의 一種이라 아니할 수 없다."라
고 표준어와의 관계 속에서 방언에 대해 설명하고 있다.

김광해(1993: 144)에서는 "어휘소의 변이가 일어나는 가장 대표적
인 요인으로는 지리적 요인에 의한 것을 들 수 있다. 국어학에서는
이러한 변이를 방언이라고 하여 오래전부터 별도로 연구하여 왔으
며, 위상 연구의 대표적인 위치를 점하고 있다."라고 그 개념을 정
립하면서 다음과 같이 구체적으로 설명하고 있다.

"이 분야의 연구는 그 연구 방법과 대상이 대단히 광범위하여,
음운, 형태, 문법, 어휘 등 언어학의 하위 부분들 전반에 걸쳐서
일어나는 위치상 문제들을 다루게 됨으로 이에 대하여 '방언학'이
라는 술어가 성립할 정도로 자체의 독특한 연구 분야를 형성하여
온 바 있다. 언어는 시간이 경과하면 그 사용 지역에 따라서 분열

하는 것이 특색이다. 이와 같이 분열을 거듭하는 데서 방언이 발생했다는 사실은 방언의 다양성을 말해 주는 것이다. 방언은 단순히 분화해 가는 것일 뿐만 아니라 분화를 거듭하는 사이에 방언끼리 서로 영향을 주고 받고 함으로써 변형해 가며 또 전혀 새로운 어형으로 변화되어 가거나 그 祖語와는 전혀 관계가 없는 외부의 언어로부터 새로운 형태를 수용함으로써 한층 더 복잡성을 띄게 된다."

"언어가 분열한 가장 대표적인 결과가 방언이다. 분열은 동일한 언어 집단에서도 일어날 수가 있다. 연령과 성별 등의 차이에 따라 분열을 거듭하여 극단적으로 말한다면 가정이나 개인 방언이라는 수준으로까지 분열이 일어난다고 기술할 수가 있다. 이렇게 일어난 분렬 과정에 의하여 만약에 어휘소들에도 의미있는 분열이라고 생각되는 결과가 발생하게 된다면 우리는 그것을 어휘소의 지리적인 변이형으로 인정할 수 있게 된다."(p. 144-145)

그리고 방언의 실례로 '계집애/가시나, 가수나, 가수네, 가순내[경남]; 남풍/마파람, 앞바람, 심마바람; 달음질/도부, 도보, 다말래기, 다말기, 다립치기, 다람치기[경남]…' 등을 예시하고 있다.

김광해(1993: 146)에서는 방언의 수집 정리와 관련된 사업의 중요성에 대해 다음과 같이 지적하고 있다.

"오늘날에는 정보 전달 매체의 발달로 인하여 전국이 동시 정보권에 들어오게 되면서 이러한 다양한 방언들이 급속히 사라져 가는 추세를 보이고 있다. 그간의 분렬 과정이 대단히 급속한 통일의 과정으로 들어선 것이다. 방언도 여러 가지로 중요한 가치를 가지는 우리의 언어 자산이라는 생각 아래 이 같은 어휘소의 지리적인 변이형들을 추적하여 전국적인 어휘의 분포 상황을 자세히 기록하여 두어야 하는 일도 국어 연구자들의 앞에 놓여 있는 중요한 임무의 하나이다."

그럼 이제부터는 북에서 출간된 저서들에서는 '방언'에 대해 어떻게 다루고 있는가를 살펴보기로 하자.

김수경 외(1961: 105)에서는 "방언적 어휘란 전 인민적 어휘의 체계 안에 들어가지 않고 조선 민족어의 어느 한 방언에 속하는 단어들을 말한다. 다시 말하면, 방언적 어휘는 비표준적인 어휘로서 조선의 어느 한 지역의 주민들의 일상적인 구두 회화어에서 사용되는 어휘다"라고 그 개념을 정립하고 방언적 어휘를 '고유의 의미의 방언적 어휘, 어휘-의미론적인 방언적 어휘, 민속학적인 방언적 어휘' 셋으로 하위분류하고 각 방언적 어휘에 대해 다음과 같이 설명하고 있다.

"ㄱ) 고유의 의미의 방언적 어휘. 이 방언적 어휘가 나타내는 대상 또는 현상을 표준어에서는 다른 단어로써 표현한다. 다시 말하면, 이 방언적 어휘는 표준어 안에 그 동의어를 가지고 있다."(예: '나락(방언)-벼(표준어), 강냉이-옥수수, 무리, 누리, 박새-우박, 여시, 여끼-여우, 구시, 구숭-구유, 팽이-파…')(p. 105-106)

"ㄴ) 어휘-의미론적인 방언적 어휘. 이 방언적 어휘는 표준어의 어휘와 그 외형은 같으면서도 의미에 있어서는 그와 구별되는 것들이다."(예: '고추'['후추'를 의미한다], '반찬'['고기 반찬'만을 의미한다], '매화'['개나리'를 의미한다]…)(p. 106)

"ㄷ) 민속학적인 방언적 어휘. 이 방언적 어휘는 그 지방의 독특한 생활 풍습, 노동 방식 등과 관련하여 발생한 것들이다. 따라서 표준어 가운데에는 이에 해당하는 단어들이 없고 그러한 까닭으로 하여 이러한 방언적 어휘는 표준어 안에 들어가기가 매우 쉽다."(예: '도로기' [동북 방언에서 '파종할 때 신는 가죽신'], '오비칼' [동북 방언에서 '감자 눈 등을 도려 내는 칼']…)(p. 106)

그리고 표준어와 방언의 관계에 대해서는 "전 인민적 언어와 지역적 방언과의 호상 관계는 조선어가 발달하여 오는 과정에서 그 시기에 따라 서로 다르게 나타났다."고 하면서 "지역적 방언이(따라서 방언적 어휘가) 전 인민적, 민족적 언어사에서 아주 커다란 의의를 가지는 것은 민족어가 형성되고 그 기초 우에 표준어가 이루어지는 바로 그 시기다. 지역적 방언은(계급적 통용어와는 달리) 인민 대중에게 복무하고 자기의 문법 구조와 기본 어휘를 가진다. 따라서 몇몇 지역적 방언은 민족이 형성되는 과정에서 민족어의 기초로 될 수 있고 자립적인 민족어로 발달할 수 있으며 그 나머지 지역적 방언들은 자립성을 잃고 전 인민적 언어에 복종하면서 점차적으로 그 안에 합류되고 용해된다." "전 민족적 표준어가 형성된 이후의 시기에는 지역적 방언은 전 인민적 표준어에 그리 심각한 영향을 주지 않고 개별적 단어를 표준어에 보충하여 주는 정도에 불과하다."고 설명하고 있다.(p. 107)

김길성(1992: 71)에서는 "방언적 어휘란 전 인민적어휘의 체계안에 들어가지 않고 민족어의 어느 한 방언에 속하는 단어들을 말한다. 다시 말하여 일정한 지역의 주민들 사이에 쓰이는 어휘다. 방언은 지방말이라는 뜻이며 다른 말로 사투리라고도 한다."라고 그 개념을 정립하면서 방언을 그 지역에 따라 '동북방언, 서북방언, 륙진방언, 중부방언, 동남방언, 서남방언, 제주방언'으로 나누고 또 내용에 따라 김수경 외(1961)에서와 꼭 같은 분류를 진행하고 있다.(p. 71)

최완호 외(1980: 38)에서는 "방언어휘란 민족어의 어휘 구성 안에서 일정한 지역이나 지방에 따라 자기의 특성을 가지고 해당 지역이나 지방의 주민들속에서 쓰이는 어휘를 말한다."라고 그 개념을 정립하고 방언 어휘를 '문화어 어휘에 그것과 같은 말이 없는 것'('불개' [밥을 지을 때 밥밑에 놓는 콩따위], '드티짐' [드티드티 옮겨놓으며 나르는 짐]), '문화어 어휘에 그것과 같은 말이 있으나 뜻폭이나 뜻빛갈이 다른것'('반찬' [물고기로 된 부식물에 한하여], '국물' [고기국에 한하여]), '문화어에 같은 말이 있으나 뜻이 완전히 다르게 쓰이는 것'('맛스럽다' [맛이 있다], '장물' [국]), '같은 대상, 현상을 나타내면서도 문화어와 완전히 다른 말로 된것'('세리' [팽이], '우티' [옷]), '문화어 어휘와 같은 어휘이면서 서로 다른 대상, 현상을 가리키는것'('개나리' [나리꽃의 큰 종류만 이름], '고추' [후추]), '문화어 어휘와 같은 대상을 나타내면서도 말소리가 다른것'('지름' [기름], '짐치' [김치]) 등으로 하위분류하고 있다.(p. 40-41 참조)

그런데 최완호(2005: 18)에서는 "어휘라는 용어는 한 나라안의 일정한 지역에서 주로 쓰이는 어휘를 두고서도 이르는 경우가 있다. 이때는 주로 일정한 지역의 범위에서 쓰이는 방언을 가리키거나 또는 이미 옛날말(고어)로 인정되고 있는 어휘들이 일정한 지역의 주민들 속에 그대로 남아서 쓰이면서 방언처럼 통용되고있는 어휘들을 이르는 때에 쓰인다. 함경북도의 북부지역에 속하는 지난날의 륙진 지방의 방언에는 이 후자에 속하는 어휘들이 비교적 많이 남아 계속 쓰이고 있는데 이것이 이 지방의 방언어휘가 가지고있는 하나의 특징이라고 할 수 있다."라고 방언의 개념을 정립하면서 륙진방언에서 쓰이는 옛날말(고어)의 실례를 다음과 같이 들고 있다.

| 륙진방언에서 일종의 방언어휘처럼 쓰이던 옛날말들 | 문헌 근거 | 문화어 |
|---|---|---|
| 1. 도투고기(도티고기) | 도티고기(번역박통사) | 돼지고기 |
| 2. 허튀 | 허튀쎠 형(자회: [신체])(脛) | 종아리 |
| 3. 쉰다리 | 쉰다리 퇴(자회: [신체])(腿) | 넓적다리 |
| 4. 쟈개미 | 쟈개 암(자회: [신체])(腋) | 겨드랑이 |
| 5. 뮈다(뮈우다) | 뮐 동(자회: [잡어])(動) | 움직이다 |

## 요약

지금까지 우리는 '방언'에 대한 남과 북의 학자들의 견해를 살펴 보았는데 그 개념 정립에 있어서는 별로 큰 차이를 보이지 않지만 구체적인 어휘들의 처리에서는 비교적 큰 차이를 보이고 있다. 예를 들면 남에서 표준어로 인정하고 있는 '갈치, 거위, 귀리, 볍씨, 켤레, 뺨, 위' 등의 어휘들을 지금 북에서는 방언으로 인정하면서 '칼치, 게사니, 귀밀, 벼씨, 컬레, 뽐, 우' 등으로 규범화하고 있다.[14] 이렇게 표준어를 방언 어휘로 처리하거나, 방언 어휘를 표준어로 다시 인상시켜 '다듬은 말'은 그 수가 너무나도 방대하여 일일이 열

---

14  최완호(2005: 139-141)을 참조.

거할 수도 없다.

이와 같은 상황은 다 같이 북에서 출간된 저서들에서도 찾아볼 수 있는데 그 실례로 초기의 김수경 외(1961)에서 방언으로 다루었던 '강냉이, 게사니' 등의 어휘가 후기의 저서들에서는 표준어로 인상된 사실을 들 수 있다.

동일한 하나의 민족어 어휘임에도 불구하고 이렇게 방언으로 처리되기도 하고 표준어로 인상되기도 하는 경우가 발생하게 되는 것은 단순히 '방언' 그 자체의 개념에 대한 이해의 차이로부터 기인되는 것은 아니다. 그것은 이 '방언'이란 것이 '표준어'를 전제로, '표준어'와 상대되는 개념으로 설정되는 어휘의 부류이기에 결국은 '표준어'의 설정과 관련되는 문제인데 주요하게는 북에서 지난날의 '표준어'를 '문화어'로 바꾸기 시작하면서 이런 문제들이 초래되기 시작했다.

'표준어'를 '문화어'로 바꾸는 문제와 관련하여 최완호(2005: 139)에서는 "1930년대 중엽에 우리나라 언어학자들이 심의하여 선정한 이른바 《표준말》(표준말모음)은 서울지방의 중류사회에서 쓰이는 말을 기준으로 삼은 것으로서 협소한 지역적 성격과 일반 근로인민대중의 언어가 배제된 점에서 결정적인 부족점을 가진 것이었다. 그 제한성은 실지 선정된 어휘의 여기저기에서 찾아볼 수 있었다. 이러한 실정에서 광복 후 그것을 그대로 전국적인 《표준어》로 삼을 수가 없었다. 그리하여 문화어의 기틀을 마련할 때 《표준말모음》의 부족점을 전반적으로 신중히 토의한 끝에 그것을 바로잡도록 하였다."라고 설명하고 있으며, 최완호 외(1980)에서는 '어휘규범에서의 기준 언어'의 설정과 관련하여 "오늘 우리말 어휘규범은 평양말 어휘를 기준으로 하여 완성되고 체계화됨으로써 혁명적이며 인민적인 어휘규범으로 확립될 수 있었다."라고 지적하고 있다.

'방언' 연구에서 보이는 다른 하나의 문제는 최완호(2005: 18)에서와 같이 방언 어휘 중에서 옛날말(고어)로 인정되는 말을 갈라 보아야 하느냐 하는 것인데 앞에서 이미 지적한 바와 같이 '방언'은 '표준어'와 상대되는 개념으로서 그것이 고어와 연원을 같이 하느냐 하지 않느냐 하는 것과는 무관하다. 그러므로 방언에서 고어로 인정되는 어휘를 따로 설정하여 고찰할 필요는 없다고 생각된다. 만약 이런 식으로 방언에서 고어로 인정되는 것을 갈라 본다면 륙진방언에서만이 아니라 모든 방언에서 이러한 현상이 나타나게 될 것이다. 예를 들면 함경도방언에서 흔히 쓰이는 '가새'라는 어휘는 고어의 '가시개, 가싀개'가 그대로 변한 말로서 이 역시 순수한 의미에서의 방언이라 보기 어렵게 될 것이다. 사실상 수많은 방언어휘는 고어의 흔적을 고스란히 간직하고 있고, 또 이로 인하여 방언자료가 어원 연구의 매우 귀중한 자료로 되고 있는 것이다.

### 3.3.3. 은어

이희승(1955: 212)에서는 "甚至於 警察·窃盜·스리(소매치기)·無賴漢等 同志間에는 各各 그들 사이에만 通하는 隱語(변; cant)가 있다."라고 하면서 '은어'를 부정 집단 자체 내에서만 통용되는 어휘의 부류로 보고 있다.

김광해(1993: 148)에서는 "은어란 특정한 사회 집단에서 타집단에 대한 은비를 목적으로 사용되는 언어이다. 은어가 발생하는 언어 집단은 우선적으로 범죄 집단이 거론되기는 하지만 반드시 그러한 집단에 한정되는 것만은 아니며, 기타의 집단들이라 할지라도 일단 변이(variation)로서의 특징을 보이는 어휘소가 타집단에 대한 은비를 목적으로 하여 발생하게 되면 이러한 형태들을 은어로 취급할 수가 있다. 따라서 그 변이는 '성별, 세대, 지역, 교육, 직업, 신분, 계급' 등의 집단에 따라 필요한 경우에 발생하게 된다. 은어란 이처럼 반드시 불법적인 집단이 아니더라도 어떤 사회 집단에 든지 대외적 은비를 목적으로 하여 존재할 수가 있는 것으로서 가령, 교사는 학생을, 의사는 환자를 잠시 대립적인 집단으로 인식하여 각각 비밀어를 사용하는 경우 등이 그 예에 해당한다."라고 그 개념에 대해 정립하고 있다.

그리고 은어의 기능으로 '은비의 기능'과 '위장의 기능' 두 가지를 지적하고 있다.

"은어의 기능으로서는 그 隱秘 기능 말고도 위장(disguise)의 기능을 가진다는 점이 중요하다. 은비를 목적으로 하여 사용되던 은어가 아무리 철저히 비밀 유지를 모색한다고 하더라도 언젠가는 그 비밀이 외부 집단에 알려짐으로써 해제될 수가 있는 것이며, 이러한 경우에 대비하여 외부인이 아예 비밀어라는 눈치조차 채지 못하게끔 은어를 마치 평범한 단어의 사용인 것처럼 유지할 필요가 있는 것이다. 이것이 바로 위장이며 이러한 위장에 의하여 은어의 생명이 길어지고 최대한도로 비밀어로서의 기능을 다할 수 있게 된다. 따라서 은어는 일반 사회에 알려지게 되면 그 일부는 즉시 변경되는 것이 원칙이다."(p. 150)

은어 발생의 동기에 대해서는 다음과 같은 세 가지를 들고 있다.

1) 종교적 동기: 특정 행동에 관련하는 초인간, 신적인 대상을 인식하여 위험을 피하고 가호를 얻어 행운을 기원하기 위해 발생할 수 있다. 이러한 경우 흔히 오염되어 있다고 생각하는 세속어를 기피하고 신성화된 것으로 생각하는 특수한 은어를 사용하게 된다. 산삼채취인, 가축 도살업자, 승려의 은어 등이 이 같은 동기에서 발생한 은어에 해당한다.

2) 상업적 동기: 고객들을 대상으로 보다 많은 금전적 수익을 올리기 위해 사용되는데, 셈변, 돈변 등의 어휘 범주를 중심으로 발달한다. 이조시대의 六注比廛의 변, 포목상, 牛商의 변말 등이 이러한 동기에서 발생한 은어들이다.

3) 방어적 동기: 집단의 비행, 범죄 등 반사회적인 행동을 하는 집단에서 그들을 제재, 처벌하는 기구로부터 보호하고 집단 성원들의 귀속 의식을 고취하며 집단의 기능을 유지하기 위한 강력한 통제를 목적으로 극히 폐쇄된 비밀어로서 은어를 사용하게 된다. 이를 범죄 집단의 은어라고 부를 만한데 이러한 은어의 발달은 壁內 사회라는 환경적 특징을 기반으로 하여 이룩되는 것이 일반적이다."(p. 151)

은어의 구조적 유형에 대해서는 1. 도치형: 원말을 뒤집어 읽음.(소금〉금소, 할머니〉니머할 등), 2. 생략형: 원말의 음절 일부를 생략함.(전략: 몰매〉딱다구리〉다구리, 이마〉이마빡〉마빡 등, 중략: 나이롱〉나롱, 송아지〉송지, 하략: 고기건더기〉왕건더기〉왕건, 넥타이〉넥), 3. 변독형: 원말을 다른 방식으로 읽음.(外傷〉박상, 사기꾼〉접시꾼(접시는 사기로 만든다), 소금〉백사(白砂), 달(月)〉월공(月公) 등), 4. 수수께끼형:

(六月)방대(6자와 곰방대 모양의 연결), 男根〉새(조−鳥), 女根〉순(십−旬) 등), 5. 차용어형: 외국어의 은어를 차용함.((도박에서) 한끗〉삥(ping: 처음), 금품〉탕(tang: 이득), (열차)소매치기〉하꼬노리), 6. 음운변화형: 자음이나 모음의 첨가. (웃사람, 父, 先生)어비〉에비〉게비, 여름〉음열〉흠열, 해병대〉개병대 등), 7. 은유형: 은유의 채용(육군)건빵, 팔삭동이)팔, 일오), 8. 전의형: 원말의 뜻을 바꿈(시골뜨기, 바보)도민증〉되민증)찡), 9. 의성, 의태형: 의성, 의태어의 사용(돈)쩔렁이, 시계)똑딱이) 등 9가지의 유형으로 나누어 설명하고 있다.(p. 153−154 참조)

심재기 외(2011: 261)에서는 "'은어(隱語)'는 어떤 계층이나 부류의 사람들이 다른 사람들이 알아듣지 못하도록 자기네 구성원들끼리만 사용하는 말을 뜻한다."라고 그 개념을 정립하고 있다.

은어의 발생 동기(또는 목적)와 관련해서는 "은어를 사용함으로써 그 사용 집단은 그 은어를 사용하지 않는 다른 집단과의 차별성을 가지게 되고 그로 인해 집단 내 단결이 공고해지는 효과가 있다. 일반적으로 상인, 학생, 군인 등 집단에 따라 달리 쓰는 말이 그 예인데, 상인의 경우 손님이 알아듣지 못하는 상인들끼리의 은어를 사용함으로써 은어를 쓰지 않는 사람이 물건을 살 때 구별하여 대하는 효과가 있다."(p. 261)라고 지적하고 상인들의 은어, 거지들의 은어, 대학생들의 은어를 예시하고 있는데, 대학생들의 은어에 대해서는 70년대의 은어로부터 시대별로 그 은어의 변화를 예시하고 있다.(p. 262−267)

그리고 은어에 대한 연구 의의를 다음과 같이 지적하고 있다.

"은어는 한 세대의 문화를 반영하고 있으므로 은어에 대한 연구는 그 시대에 대한 문화사적 연구 가치가 있다. 2000년대에 초등

학생은 '초딩', 중학생은 '중딩', 고등학생은 '고딩'이라고 부르는데, 1980년에는 고등학생을 '고삐리'라고 불렀다. 이러한 변화는 은어도 계속 변화하고 있음을 보여 준다. 현재는 대학생은 '대딩', 직장인은 '직딩'이라고 하는데 '고딩'의 '-딩'이 어느 정도 접사로서의 기능을 담당하게 되었음을 보여준다."(p. 268)

지금까지 우리는 남에서의 은어에 대한 연구를 살펴보았다. 그럼 이제부터는 북에서의 연구를 살펴보기로 하자.

김수경 외(1961: 116)에서는 어휘의 사용 범위의 측면에서 '통용어'란 어휘 부류를 설정하고 "통용어(사회적 방언)는 지역적 방언과는 근본적으로 그 성질이 다르다. 한 지역의 모든 사회적 집단에 다 같이 복무하는 지역적 방언과는 달리 통용어는 일정한 사회적 집단의 내부에서만 사용될 수 있으며 따라서 사회의 전체 성원들에게 교제의 수단으로서 복무할 수는 없다."[15]라고 그 개념을 정립하고 먼저 이 '통용어'를 '상층 지배 계급의 통용어'(수라, 지밀, 봉지; 춘당, 빙장, 함씨 등)와 '특수 사회 집단 내부에서 사용되는 통용어'로 나누고 후자를 '은어'라고 부른다고 하면서 "상층 지배 계급의 통용어 외에 또한 자기들의 사업상 비밀을 지키기 위하여, 또는 종교적 내지 미신적 신앙에 의한 타부에 의하여, 특수한 사회적 집

---

15 이들이 설정하고 있는 어휘 부류로서의 '통용어'란 부류 명칭을 그대로 받아들이기는 어려울 것 같다. 그것은 이 '통용어'에 대한 일반적 사전 해석은 "세상에서 널리 통용하여 쓰이는 말"로 되어 있고, 언어학에서는 부동한 언어 배경을 갖고 있는 사람들 사이의 교제에서 모두가 접수할 수 있는 일종의 '共同語', 즉 영어의 'lingua franca' 혹은 'common language'를 '통용어'라 하는데 일정한 계급이나 계층, 즉 일정한 사회 집단에만 한정되어 쓰이는 어휘를 어찌 '통용어'라 부른다는 것은 어느 모로 보나 타당치 못하다.

단, 장사군, 자유 로동자, 부랑자, 도박군, 도적 등의 집단 내부에서만 사용되는 통용어가 있다. 이러한 통용어를 특히 은어(隱語)라고도 한다. 이와 같은 은어를 조선에서는 특히 《곁말》 또는 《변》이라고도 불러 왔다."라고 그 개념을 정립하고 있다.

은어(변)의 대표적인 실례로 '포도청(捕盜廳) 변'('수어 살이'[아비], '뛰어 살이'[어미], '마미'[담배]), '신전변'(신을 파는 상점의 은어)('시두'[하나], '미두'[둘], '건너'[일곱]), '장전변'(가구를 파는 상점의 은어), '모진변'(과실, 과자를 파는 상점의 은어), '약국변', 그리고 맹인들끼리 쓰는 변, 노름군들이 쓰는 노름판 변, 불교 중들의 은어('곡차'[술], '도끼버섯'[고기], '빨래주인'[안해]), 산삼 캐는 사람들의 은어('곰소'[소금], '끼애기'[닭], '긴댕이'[뱀]) 등을 들고 있다.(p. 117~118 참조)

김길성(1992: 74)에서도 사용 범위의 측면에서 어휘의 한 부류로 '통용어'를 설정하고 "통용어란 사회의 일정한 계급이나 계층에서만 쓰이는 어휘를 말한다. 통용어를 일명 사회적방언이라고도 한다."라고 그 개념을 정립하고 이 통용어를 크게 '계급적 통용어'와 '은어'로 구분하고 '계급적 통용어'는 다시 '궁중통용어'('수라'[밥], '룡안'[왕의 얼굴], '지밀'[왕의 침실])와 '량반통용어'('촌부장', '빙장', '악모')로 하위분류하고 있다.

'은어'에 대해서는 "은어는 특정한 사회집단에 있어서 비밀을 지키는 것을 목적으로 한 습관화된 특수용어이다. 즉 통용어에서 계급적 통용어를 제외한 용어들이 은어이다. 은어는 대중적이 되지 못하고 작은 언어집단의 리익을 위해 쓰이는 통용어이다."라고 그 개념을 정립하고 '사용자의 목적과 집단에 따라' 은어를 '범죄적 은어'와 '직업적 은어'로 하위분류하고 "범죄적 은어는 범죄적 집단 내에서만 쓰이는 은어로서 장사군, 도박군, 도적, 망나니 등 타락한 자들 속에서 쓰이는 말이다."라고 정의하고 그 실례로 '뱀'[밀입국 자], '남자뱀', '녀자뱀', '뱀굴'[숨겨두는 곳]) 등을 들고 있고," "직업 적 은어는 범죄적 목적이 아니라 일부 집단내에서 남 모르게 비밀 에 붙여 쓰는 특수한 용어이다."라고 정의하고 그 실례로 산삼 캐 는 사람들의 은어 '곰소'(소금), '디디개'(신), '멀컨이'(사람), 불교 중 들의 은어 '곡차'(술), '도끼버섯(고기), '빨래주인'(안해) 등을 들고 있 다.(p. 75 참조)

최완호(2005: 144)에서는 "은어란 말그대로 '숨은 말'이다. 사회집 단 속에서 서로의 의사를 통하게 하는 통신적 기능을 수행하는 것 이 언어인데 다른 사람이 듣고서도 그 집단성원 외에는 알 수 없는 말이 은어이다." "은어는 일반적으로 도박군, 밀수군, 도적무리, 장 사치, 인민을 등진 경찰들, 한마디로 말하여 낡은 사회의 이런저런 집단의 '말'에 리용되는 비밀통신의 '수단'이다."라고 그 개념을 정 립하면서 "세계의 거의 모든 나라의 언어에 은어가 있어 은어에 대 하여 이렇게나 저렇게나 논의하는 것이 보편적인 현실이다. 그러나 공화국북반부에서는 오늘날 조선어어휘 구성의 그 어디에서도 은 어를 찾아볼 수 없다." "우리나라 사회주의제도에는 도박군도 마약 장사군도 도적단이나 거지, 실업자도 없다. 수령, 당, 대중이 혼연 일체가 되어 한마음 한뜻으로 일하고 생활하며 군민일치, 관병일 치로 전체 인민이 한집안 식구처럼 화목하게 살아가고 있는 우리나 라에서는 그 어디에서도 은어가 필요없다. 자본주의나라들에서 흔 히 들 수 있는 '대학생의 은어'란 것도 우리나라에는 없다. 나라에 서 장학금을 받으며 공부하는 우리나라 대학생들 속에서 은어가 생겨난다는 것은 생각할 수도 없는 일이다. 몇 마디씩 있었다는 절간에서의 은어나 산삼캐는 사람들의 은어도 광복 후 세대교체가 되고 직업적으로 산삼캐는 사람도 없어졌으니 그 흔적도 없어졌다. 참으로 낡은 사회의 어지러운 어휘흔적인 은어가 없는 조선어는 그야말로 순결하고 깨끗한 사회주의민족어의 본보기언어라 자랑하지 않을 수 없다."(p. 144)

## 요약

지금까지의 고찰에서 볼 수 있는 바와 같이 '은어'와 관련된 연구에서는 학자들 사이에서 적지 않은 견해상의 차이를 보이고 있는데 다음과 같은 몇 가지 문제들이 진일보 논의되어야 할 것 같다.

우선 '은어'라는 것이 부정적 집단의 언어에서 발생되는 부정적 어휘의 부류로 보아야 하느냐 아니면 일반적인 사회 집단에서도 발생되는 민족어의 하나의 구성요소로 보아야 하는 문제가 논의되어야 할 것이다.

이 문제와 관련하여 남의 학자들은 김광해(1993)에서와 같이 이 '은어'는 "'성별, 세대, 지역, 교육, 직업, 신분, 계급' 등의 집단에 따라 필요한 경우 발생하게 되는" 것으로 "반드시 불법적인 집단이 아니더라도 어떤 사회 집단에든지 대외적 은비를 목적으로 하여 존재할 수 있는" 어휘 부류로 보고 있는 데 반하여 북의 학자들은 최완호(2005)에서와 같이 이 '은어'는 "사실상 정상적인 언어라고 할 수 없는 것"이며 "일반적으로 도박군, 밀수군, 도적무리, 장사치,

인민을 등진 경찰들, 한마디로 말하여 낡은 사회의 이런저런 집단의 '말'에 리용되는 비밀통신의 '수단'"으로 보고 있다. 이와 같은 견해는 초기에 출간된 저서들에서도 마찬가지로 찾아볼 수 있는바 김수경 외(1961: 119)에서는 "이와 같은 통용어, 은어들은 단일한 민족어를 더럽히는 부정적 어휘들로서, 이러한 어휘들이 문학 작품 또는 회화어에 침투되지 않도록 결정적 투쟁을 진행하지 않으면 안 된다."라고 지적하고 있으며, 김길성(1992: 75)에서도 "통용어는 단일한 민족어를 어지럽히는 요소이며 그 쓰임은 언어의 건전한 발전을 저해하는 부정적현상이다.", "우리는 이러한 말들이 문화어에 침습해 들어오지 못하게 강한 투쟁을 벌려야 한다."라고 지적하고 있다.

그러나 우리가 만약 아무런 편견도 없이 '은어'라는 이 어휘 부류를 대할 때, 북의 학자들의 견해를 그대로 받아들이기는 어려울 것이다. 그것은 무엇보다도 북의 학자들도 '은어'를 "그 어떤 사회 집단이든지 대외적 은비를 목적으로(비밀을 지키는 목적으로) 산생되는 어휘의 부류"라는 사실을 인정하고 있는 한, '은어'도 민족어 형성과 발전의 한 요소로 될 것이며 은어를 언어의 발전을 저해하는 부정적 현상으로 보아서는 안 될 것이다. 그리고 또 그 어떤 민족 사회이든 모두 여러 개의 부동한 계층, 부동한 사회적 집단으로 구성된다는 사정을 고려할 때, 은어는 결코 정치 제도의 변화에 따라 산생, 사멸되는 그런 어휘의 부류로 전락될 수도 없을 것이다.

다음으로 좀 더 논의되어야 할 문제는 북의 일부 학자들이 설정하고 있는 이른바 '통용어' 문제이다. 이른바 '통용어'란 명칭의 사용에도 부당성이 있지만, 보다 더 문제시되는 것은 특정된 사회 계층이나 집단에서 은비의 목적으로 사용하고 있는 '은어'를 '궁중에서 쓰이는 말', '량반 계층에서 쓰이는 말' 등과 나란히 '통용어'란 하나의 부류로 설정하고 있다는 것이다. 이른바 '은어'와 '궁중에서 사용되던 말' 등은 우선 '산생 동기'에서 서로 다른 특성을 보이고 있는바, '은어'는 '은비의 목적' 또는 '비밀을 지키기 위한 목적'을 동기로 산생되지만 '궁중에서 쓰이는 말' 등은 이들이 지적하고 있는 것처럼 통치자들이 '자기들을 고상하고 특수한 존재임을 과시하기 위한 목적'을 동기로 산생된 것이다. 그러니 이 양자를 어떻게 같은 질서에서 분류되는 어휘 부류로 묶을 수 있겠는가?

다음 이른바 '은어'와 '궁중에서 쓰이던 말'은 그 사용에서도 차이를 보이고 있는바, '은어'는 특정된 사회 집단이나 계층에서만 서로 통할 수 있는 어휘임에 반하여 '궁중에서 사용되는 말'은 궁중에서만 통할 수 있는 어휘가 아니라 궁 밖에서도 통하여 사용되는 어휘라는 것이다. 예를 들어 봉건사회에서 '임금(왕)의 얼굴'을 궁중에서뿐만 아니라 궁 밖의 일반 백성들도 '룡안'이라 했으며, '춘부장'이란 말은 '량반계층'에서만이 아니라 지금도 '남의 아버지를 높여 이르는 말'로 '부친', '아버님' 등과 유의어 계열을 이루면서 사용되고 있다. 바로 이러한 원인으로 남의 많은 학자들이나 북의 일부 학자들은 '궁중에서 사용되는 말'은 '시대어' 또는 '역사어'라는 어휘 부류로 처리하고 있는 것이다. 다음 변화 발전의 측면에서 볼 때, 이런 '궁중에서 사용되는 말' 등은 특정된 역사 시기의 산물이지만 '은어'는 부동한 시기 특정 사회 집단에서 은비의 목적으로 사용하는 어휘 부류로서 부단히 변화 발전되고 있다. 이와 같은 사실은 '은어'를 '궁중에서 사용되는 말'이나 '량반계층에서 사용되는 말'

등과 동일한 하나의 어휘 부류로 처리할 수 없음을 잘 말해 준다.

그 다음으로 더 논의되어야 할 문제는 이른바 '은어'와 '속어'의 계선 문제이다. 그것은 일부 학자들이 '은어'로 처리하고 있는 어휘들 중에는 '속어'로 처리되어야 더 타당할 어휘들이 적지 않기 때문이다. 예를 들면 심재기 외(2011)에서 '대학생들의 은어'로 처리하고 있는 '권총(F학점)', 쌍권총(F학점이 두 개일 경우)', '기관총(학점이 여러 개 펑크가 났을 때)', '아바학점(A와 B학점)', '비실비실(B와 C학점)' 등은 강신항(1991)에서는 모두 속어로 처리되던 것들이다. 이런 어휘들이 '속어'에 속하느냐 아니면 '은어'에 속하느냐 하는 문제를 옳게 밝히기 위해서는 '은어'와 '속어'의 구별에 대해 좀 더 살펴볼 필요가 있을 것이다. '은어'와 '속어'는 그 산생 동기가 다르다. '은어'는 이미 앞에서 반복적으로 지적한 바와 같이 '은비의 목적'으로 산생되는 것이지만 '속어'는 강신항(1991: 126)에 따르면 "속어의 사용은 서로 흉허물이 없는 사이의 사람들 사이에서 장난끼 어린 표현이나 사람의 주목을 끌기 위한 표현을 구사함으로써, 회화에 신선한 느낌을 주기 위한 언어의 유희에 해당하는 것이라고 볼 수 있다."고 했다. 김광해(1993: 158-159)에서는 "이를 종합하면 결국은 표현 효과와 심리적인 효과 등을 노리고 발생하는 것이 속어라고 볼 수가 있다."고 지적하고 있다. 발생 동기의 측면에서의 이런 차이에 입각해 볼 때 대학생들 사이에서 사용되는 '권총', '기관총' 등은 '은어'로 처리하기보다 '속어'로 처리하는 것이 더 타당할 것이다. 그것은 '권총'이나 '기관총'은 대학생들 사이에서 장난끼 어린 표현으로 사용되는 어휘들이지 결코 선생 집단을 상대로(또는 다른 집단) '은비의 목적'을 갖고 있는 것은 아니기 때문이다. 선생이 준 F학점을 선

생한테 비밀을 지키기 위해 '권총'이란 단어를 사용한다는 논리는
성립될 수 없는 것이 아닌가? 이런 어휘보다는 시험과 관련된 '눈
웃음'(컨닝)이나 '도배'(시험보기 전 책상이나 벽에 써 두는 것)와 같은
어휘는 선생을 상대로 학생들 사이에서 사용할 수 있는 '은어'로 처
리해도 무방할 것 같다. '은어'와 '속어'는 은비의 목적으로 사용되
는 어휘이냐 아니면 언어유희로 사용되는 어휘이냐 하는 측면에서
본질적으로 구별되므로 심재기 외(2011)에서 대학생들의 은어로 처
리한 적지 않은 어휘들은 재숙고할 필요가 있을 것이다.

### 3.3.4. 전문어

남에서 출간된 '어휘론' 관련 저서들에서 '전문어'를 단독 장절로
설정해 다룬 저서로는 김광해(1993)이 있다.

김광해(1993: 170)에서는 "전문어를 달리 전문 용어, 용어, 술어,
학술어, 전문 술어 등으로 부르기도 한다. 전문어가 어휘의 팽창과
관련되는 이유는 새로운 개념들이 주로 여러 영역의 전문 분야들
에서 탄생되고 있기 때문이다."라고 하면서 전문어를 '어휘의 팽창'
에서 다루면서 "전문어란 특수한 전문 분야에서 해당 분야의 작업
을 능률적, 경제적으로 전개하기 위한 도구로 사용되는 어휘를 말
한다."라고 그 개념을 정립하고 있다.

그리고 전문어의 성격에 대해서는 다음과 같이 지적하고 있다.

"1. 의미가 다의성이 적다. 2. 의미가 문맥의 영향을 적게 받는다.
3. 감정적인 의미 문제가 개입되지 않는다. 4. 일반 사회의 기본 어
휘로 사용되는 경향이 적다. 5. 신어의 생성이 활발하다. 6. 의미에

의도적인 규제가 가해져 있는 경우가 많다. 7. 외래어로부터 차용된 어휘가 많다. 8. 국제성이 강하다."(p. 171-172)

그리고 전문어의 유형에 대해서는 '학술 전문어'와 '직업 전문어' 둘로 대별하고 양자의 구별에 대해 다음과 같이 설명하고 있다.

"학술 전문어들이 학문 전개의 수단으로 사용되고 있는 어휘임에 대하여 다소 직업적인 성격이 강한 분야의 어휘들을 직업 전문어라고 하여 구별할 수 있다. 이 어휘군은 전문적인 행위를 능률적, 경제적으로 행하기 위해서 사용된다는 점에서는 그 기능이 학술 전문어와 다른 바 없으나 그 영역이 학술 영역이 아니라는 점만이 오직 다르다."(p. 173)

이희승(1955: 212)에서는 어휘의 사회적 분류를 논하는 자리에서 "橫으로는 士·農·工·商等職業的으로 多面의 社會的 分野가 內包되어 있다. 그리하여 各階 各面에서는 各各 다른 方面의 社會에 通하지 않는 特殊한 用語가 發達되었으니, 卽 農村에는 農業用語, 山間에는 狩獵用語, 海邊에는 漁業用語·船舶用語가 있고, 其他 學術用語·宮中用語·商業用語·市井用語·幼兒用語·婦女用語等의 區別도 있다."라는 식으로 '전문어'라는 어휘 부류가 존재한다는 것을 지적만 하고 있다.

남의 경우와는 달리 북에서 출간된 '어휘론' 관련 저서들에서는 모두 '학술용어', '직업적 어휘' 등의 명칭으로 '전문어'를 다루고 있다.

김수경 외(1961: 109)에서는 "직업적 어휘란, 일정한 집단의 사람들 또는 일정한 지역의 사람들이 종사하는 어느 한 분야의 로동 활동의 특수성을 잘 나타내는 단어들을 말하며, 학술 용어란, 과학, 기술, 예술의 분야에서 엄밀히 규정된 개념에 대응하는 단어들을 말한다.”라고 ‘전문어’를 ‘직업적 어휘’와 ‘학술 용어’로 나누어 그 각각의 개념을 정립하면서 이른바 ‘전문어’를 이렇게 분류하는 이유에 대해 “직업적 어휘와 학술 용어를 엄격히 구별하기는 곤란하다. 그것은 직업적 어휘 역시 일정한 지식 분야의 특수한 개념을 나타내는 전문 용어이기 때문이다. 그러므로 직업적 어휘와 학술 용어와를 구별하는 것은 절대적인 것은 아니다. 그러나 좁은 의미에서의 직업적 어휘와 과학적 학술 용어와를 구별하여 고찰하는 것이 그 본질들을 리해하는 데 도움을 준다.”라고 설명하고 있다.

그리고 ‘직업적 어휘’와 ‘학술 용어’의 차이로 그 개념에서의 차이와 함께 “직업적 어휘와 학술 용어와의 차이는 전자는 주로 구두-회화어에서 쓰이는 반면에 후자는 주로 서사어에서 쓰이는 점에서도 나타난다.”라고 사용의 측면에서도 차이가 난다고 설명하고 있다.(p. 112)

‘학술 용어’의 특성으로 “학술 용어에 속하는 단어들은 과학, 기술, 예술의 분야에서 엄밀히 규정된 개념에 대응하는 만큼 언제나 오직 하나의 의미만을 가져야 하며 표현-감정적 색채를 띠고 있어서는 안 된다. 바로 그런 점이 이 단어들이 가지고 있는 주요한 특성이다.” “매개 분야의 학술 용어는 호상 련관 속에 있으며 일정한 체계를 이루는 개념들을 반영하는 만큼, 이 개념들을 표현하는 학술 용어도 또한 그 사이에 하나의 체계를 이루는 일정한 련계가 존재하여야 한다.”, “학술 용어를 일반적인 어휘들과 비교하여 볼 때, 학술 용어에서는 단어 조성과 단어 사용의 면에서 강한 의식성을 부여할 수 있는 점에서 그 특성이 있다고 말할 수 있다.”고 지적하고 있다.

김수경 외(1961)을 제외한 북에서 출간된 기타의 저서들에서는

'일반용어'에 상대되는 어휘 부류를 '학술용어'로 명명하고 있다.

김일성종합대학 조선어학강좌(1975: 46)에서는 "학술용어란 과학, 기술, 예술의 일정한 분야에서 엄밀히 규정된 개념을 나타내는 단어들을 말한다."라고 그 개념을 정립하고 있다. 최완호 외(1980: 31), 김길성(1992: 69)에서도 이와 꼭 같은 표현으로 '학술용어'의 개념을 정립하고 있다.

이상의 제 저서들에서는 '학술용어'의 특성으로 모두 '의미의 단일성', '감정 정서적 뜻빛갈을 가지지 않는 특성', '체계성' 등을 들고 있다.

그런데 최완호(2005: 152)에서는 위의 정의들과는 좀 달리 "어휘 구성에서 일반어에 상대되는 어휘 부류는 학술용어이다. 학술용어란 주로 과학, 기술분야에서 쓰이는 학술적 개념을 가진 어휘를 말한다. 술어(정치술어, 기술술어) 또는 용어라고도 한다."라고 그 개념을 정립하고 있다.

그리고 '학술용어'의 특성에 대해서는 김수경 외(1961)에서와 같이 '의미의 단일성', '감정 정서적 뜻빛갈을 가지지 않는 특성', '체계성', '단어 조성과 쓰임에서의 강한 의식성' 등을 들고 있다.(p. 152-155)

## 요약

지금까지의 고찰에서 볼 수 있는 바와 같이 전문어(또는 학술용어)와 관련된 연구에서 좀 더 논의되어야 할 문제는 전문어(또는 학술용어)를 김광해(1993), 김수경 외(1961)에서와 같이 '학술' 분야와

'직업' 분야로 나누어 분류해야 하는지 하는 문제이다. 그것은 '학술'이란 명사와 '직업'이란 명사는 서로 다른 개념을 나타내는, 엄연히 구별되는 단어임에도 불구하고 이들이 '언어'와 결부되어 '학술 전문어'와 '직업 전문어'란 새로운 용어로 사용될 경우에는 그 한계를 엄격히 긋기 어렵기 때문이다. 이와 같은 사정은 김광해(1993: 175)에서 직업 전문어로 다루고 있는 '基肥', '施肥'를 김수경 외(1961: 100)에서나 최완호(2005: 155)에서는 농학용어로 다루고 있다는 사실에서도 잘 알 수 있다.

그 다음으로 좀 더 논의되어야 할 문제가 앞에서도 이미 지적한 바 있지만 '전문어'를 어휘의 팽창에서 다루는 것이 타당하냐 하는 문제이다. 김광해(1993: 170)에서는 "전문어는 어휘의 다양한 양상들 가운데 어휘의 변이(variation)로 취급하기 어렵다."는 이유와 "전문어가 어휘의 팽창과 관련되는 이유는 새로운 개념들이 주로 여러 영역의 전문 분야들에서 탄생되고 있기 때문이다"는 두 가지 이유로 '전문어'를 어휘의 팽창에서 다루고 있는데, 우선 '어휘의 변이'로 취급할 수 없는 것은 '어휘의 팽창'으로 다루어야 한다는 논리가 과연 성립될 수 있는가? 다음, 전문어들 중에 새로운 개념을 나타내는 새로운 어휘가 많이 증가되고 있는 것은 사실이지만, 어휘의 팽창은 신어의 증가에서 기인된 것이지 결코 전문어에 의해 이루어지는 것은 아니다. 전문어와 상대되는 개념으로서의 일반 어휘들 중에도 새로운 개념, 새로운 사물이나 현상을 나타내는 어휘들이 부단히 증대되고 있는데 왜 전문어만 어휘의 팽창과 관련된다고 하는가? 사실상 언어에서 어휘의 팽창과 관련되는 어휘의 부류를 억지로라도 설정해야 한다면 그것은 '신어'로 명명되는 어휘의 부류일 것이다.

## 3.4. 어휘의 화용론적 부류

### 3.4.1. 어휘의 화용론적 부류에 대한 일반적 이해

어휘의 화용적 부류란 일반적으로 어휘를 그 화용론적 측면, 이야기하는 사람의 표현적 의도와 양식에 따라 일정한 유형으로 분류하여 놓은 부류를 가리킨다.

이 문제와 관련하여 김광해(1993: 155)에서는 "어휘소들이 보이는 변이의 한 유형으로서 비지리적인 변이가 있다. 이 같은 비지리적인 변이를 취급하는 분야는 곧 표현 양식에 따라 어휘소들이 어떻게 변화하여 분포하는지를 연구하는 분야가 된다. 동일한 인물이 동일한 개념을 전달함에 있어서 어떤 상황에서는 X라는 어휘소를 사용하였는데, 다른 상황에서는 Y라는 어휘소를 사용하였다면, 이는 어휘소의 한 변이형이 등장한 것이라고 볼 수가 있다. 이때 달라진 상황이라는 것이 곧 '장면'이라는 개념이다. 즉, 언어를 구사하는 사람은 동일 인물임에도 불구하고 발화를 하는 장소, 상대, 분위기, 의도 등에 따라 변이된 형태로 나타나는 점을 중심으로 그러한 어휘소들의 분포를 수집, 정리, 분석하는 작업이 중심이 된다. 어휘소의 이러한 변이는 언어 사용의 상황(situation)과 언어의 사용(use)에 따라 나타나는 변이형들을 취급한다는 점에서 바로 앞에서 제시한 어휘소의 위상적 변이와 구별된다. 이러한 어휘소의 변이를 우리는 어휘소의 화용적 변이라고 부를 수 있다. 그러므로 어휘소의 화용적 변이는 언어 사용의 상황 또는 장면들과 관련하여 일어나는 변이가 된다. 청자가 누구냐에 따라서 공대 표현과 하대 표현에 따른 변이가 등장하며, 표현하고자 하는 의도, 표현 효과에 따라서 속어, 완곡어 등의 변이가 발생하기도 한다. 이 분야는 사회언어학이라든가 심리언어학 등에서의 연구와 연관을 가지면서 발전될 수 있다."라고 하면서 어휘의 공대어와 하대어, 속어, 완곡어 등을 어휘소의 화용적 변이로 다루고 있다.

다른 한편 김종택(1992: 151)에서는 "한국어의 서법체계에 이른바 대우법이라 하여 화계(speech level)에 따른 형태적 대립이 체계적으로 존재하는 것은 잘 알려진 사실이다. 이러한 대립은 형태적으로만 있는 것이 아니라 어휘적으로도 있어서 그 사이에 엄격한 유기성이 있음을 알게 된다. 예컨대, '밥—먹는다', '진지—잡수신다'와 같은 어휘 호응의 제약은 필수적이다. 마찬가지로 '밥—먹었느냐' '진지—잡수시었습니까'와 같은 어휘와 형태의 일치 역시 필수적이다. 이 경우 '밥'과 '진지', 그리고 '먹다'와 '잡수시다'는 위상적 대립을 보일 뿐 의미 자질은 같은 것이다. 그런데 문법적 차원에서 국어의 대우체계가 평대와 존대의 이원대립인 데 대하여 어휘적 차원에서는 평대를 중심으로 하여 존대와 하대가 양극적으로 대립하고 있어서 결과적으로 삼원적 대립을 보이게 된다. 이른바 높임말(잡수시다), 예사말(먹다), 낮춤말(처먹다)의 삼분체계가 그것이다."라고 하면서 화용론적 부류와 관련된 어휘의 부류를 화계에 따라 높임말, 예사말, 낮춤말의 삼분 체계를 취하고 있다.

심재기 외(2011: 240-241)에서도 "'여쭙다, 뵙다'의 예처럼 상대방을 대우하여 표현하는 데 문법적 장치를 이용하지 않고 어휘를 사용하는 것을 '어휘적 대우'라고 한다.", "'진지—밥', '드리다—주다'처럼 어휘적 대우는 단어의 짝에 의해 실현된다.", "국어에서 어휘적 대우는 보통 상대를 높이는 경우, 상대를 낮추는 경우, 자신과 관련된 대상을 낮추는 경우, 상대를 높이지도 낮추지도 않는 경우로 나누어 볼 수 있다. 각 등급에 해당하는 어휘를 각각 '존칭어, 비칭어, 겸칭어, 평칭어'라고 한다."라고 하면서 화용론적 부류와 관련된 어휘의 부류를 '어휘적 대우'라는 개념으로 김종택(1992)와 비슷하게 처리하면서도 존칭어, 비칭어, 겸칭어, 평칭어의 사분 체계를 취함에서는 일정한 차이를 보이고 있다.

그럼 이제부터는 북에서 출간된 저서들에서는 어휘의 화용론적 부류와 관련된 문제를 어떻게 다루고 있는가를 살펴보기로 하자.

최완호(2005; 59)에서는 화용론적 부류와 관련된 어휘의 부류를 이른바 '언어례절'에서 다루고 있는데 "언어에서 례의범절은 손우관계, 같게 대하는 관계 및 손아래관계에 있는 대상들과 다 관계되지만 주되게 문제로 되는것은 손우관계에 있는 대상에 대한 례절표시문제라고 해야 할 것이다.", "조선어어휘 구성에는 상대편을 높여 이르는 부름말에서부터 존경어, 겸양어들이 체계적으로 갖추어져있으며 같게 대하는 관계에서 쓰이는 어휘들이 높여 이르는 자리에서 쓰이는 경우가 많다."라고 하면서 상대편을 높여 이르는 어휘를 '존경어, 겸양어, 에두름말' 세 부류로 나누어 고찰하고 있다.

그런데 기타의 저서들에서는 김수경 외(1961: 70)에서와 같이 "사용 분야에 따른 동의어의 계렬은 특히 기능적 동의어라고 하는바, 기능적 동의어는 감정적 동의어와 밀접히 련결되어 있다. 이리하여 존경의 의미 뉴앙스를 가지는 단어들은 점잖은 문장에, 속된 의미 뉴앙스를 가지는 단어들은 허물 없는 사이의 문장 또는 비속한 문장에 쓰인다."라고 하면서 '동의어'에서 '존경의 뜻으로 쓰이는 어휘, 속된 뜻으로 쓰이는 어휘, 중립적인 뜻으로 쓰이는 어휘' 등을 다루고 있다.[16]

## 요약

지금까지의 고찰에서 볼 수 있는 바와 같이 어휘의 화용론적 부류와 관련하여서는 다음과 같은 문제들이 좀 더 논의되어야 할 것 같다.

첫째, 어휘의 화용론적 부류를 단순히 화자와 청자 사이에서 설정되는 이른바 '대우법'이나 '언어예절'과만 관련되는 어휘 부류냐 아니면 표현 의도나 효과와도 관련되는 어휘 부류냐 하는 것이다. 김광해(1993)을 제외한 저서들에서는 모두 '대우법'이나 '언어예절'과 관련되는 어휘 부류만을 어휘의 화용론적 부류로 다루고 있는데, 이야기하는 사람이 어떤 표현적 의도로, 어떤 표현적 효과를 목적으로 이야기를 전개하느냐 하는 것도 화용론적 범주에 속하는 것만큼 이와 관련된 어휘 부류도 어휘의 화용론적 부류에서 논의되어야 할 것이다. 따라서 많은 저서들에서 언급하지 않았거나 어휘의 기타 부류에서 언급된 금기어와 완곡어, 속어 등도 마땅히 어휘의 화용론적 부류에서 언급되어야 할 것이다.

둘째, 어휘의 화용론적 부류에서 화자와 청자 사이에서 설정되는 이른바 '대우법'이나 '언어예절'과 관련된 어휘 부류를 어떻게 하

---

16　최완호 외(1980: 46-47), 김길성(1992: 37-39)에서 이와 유사한 견해를 보이고 있다.

위분류하는 것이 타당하냐가 좀 더 논의되어야 할 것이다. 앞에서 고찰한 바와 같이 일부 김종택(1992), 김수경 외(1961), 최완호 외(1980), 김길성(1992) 등에서와 같이 공대어(존대어), 하대어, 평어의 삼분법을 취하기도 하고 심재기 외(2011)에서처럼 존칭어, 비칭어, 겸칭어, 평칭어의 사분법을 취하기도 하며, 김광해(1993)에서처럼 공대어와 하대어의 이분법을 취하기도 하는데 어떤 분류 체계가 가장 타당한 것인지에 대한 문제는 어휘의 화용론적 부류의 제 유형들에 대한 고찰에서 좀 더 논의하기로 한다.

### 3.4.2. 공대어, 겸양어, 평어, 하대어

이희승(1955: 296)에서는 "國語의 語彙 中에는 一般的인 意味를 表示하는 말 外에, 同一한 意味 內容으로서 相對者(말을 받는 사람)나 또는 第三者(이야기 속에 나오는 사람)에 對하여 尊敬하는 뜻을 나타낼 때에 쓰이는 말이 따로 있는 경우가 있으니, 그 一般的인 意味만을 表示하는 말을 平語(예사말)라 이르고, 一般的 意味에 尊敬하는 뜻이 添附된 말을 敬語(공대말)라 이른다."라고 평어와 공대어의 개념을 정립하면서 '밥-진지, 술-약주; 먹는다-자시다, 잡수시다; 있다-계시다' 등의 예시를 보이고 있다.

그리고 '비어'에 대해서는 "國語의 語彙 中에는, 前節의 경우와는 正反對로, 一般的인 意味에 相對者나 또는 第三者를 下待(恭待의 反對)하거나 輕蔑하는 뜻을 더하여 쓰는 말이 있으니, 一般的 意味만을 表示하는 말은 勿論 平語요, 下待 或은 輕蔑하는 뜻이 添加된 말은 卑語(속된말)라 이른다."(p. 297)라고 비어의 개념을 정립하

면서 '머리-대가리, 입-아가리, 눈-눈깔; 먹는다-처먹는다, 처박
질르ㄴ다' 등의 예시를 보이고 있다.

　김광해(1993: 155-156)에서는 "국어의 어휘는 대인(對人) 상황에
따라 변이를 보이는 것이 중요한 특질이라고 지적되고 있다. 국어
를 사용하는 사람들은 그가 지금 말하고 있는 사람이 자신과 어
떤 관계 하에 놓여 있는 사람이냐에 따라서 적절한 어휘를 선택하
여 사용하지 않으면 안 된다.", "황적륜(1975)에 의하면 국어의 화계
(話階)는 화자와 청자간의 힘(power), 친소(solidarity), 격식(formal)/비
격식(informal)의 세 차원을 중심으로 하여 성립하며, 이에 따라 실
제 사용에 있어서는 4가지의 화계로 존재한다고 본다. 국어의 사용
자들은 화자와 청자 사이에 개재되어 있는 사회적 지위, 연령, 성
별, 친족, 직업 등의 요인과 친소 관계, 상호 작용 등, 사회적 심리
적으로 복잡한 여러 가지 요인들이 작용하여 이 화계의 선택을 결
정하게 된다.(황적륜, 1975: 39) 일단 화계가 선택되면 그것은 기본적
으로 어말 어미, 선어말 어미 등의 통사적 요소의 선택과 함께 어
휘소의 선택에 영향을 미치게 된다."라고 하면서 '대인 상황'에 따
라 어휘를 '공대어'와 '하대어'로 나누고 이에 해당하는 어휘소의 변
이형들로 '일인칭 대명사: 나/저/본인/이 사람, 우리/저희(들); 이인
칭 대명사: 너/자네/당신/댁/제군/이 사람/이 새끼, 이 자식, 이년,
너희(들); 삼인칭 대명사: 이, 그, 저, 어느, 어떤(분/이/사람/여자/놈
/년/자식/새끼); 하십시오/하오/하게/해라/해요/해; 자다/주무시다;
밥/진지; 주다/드리다/올리다; 받다/받으시다; 말/말씀; 보다/뵙다/
알현하다; 결재/재가; 허가/윤허; 이름/성명/성함, 존함, 함자; 오
다/오시다/내방하다/왕림하다; 얼굴/존안(尊顏); 몸/옥체(玉體); 이/

치아(齒牙); 딸/영애(令愛); 아들/영식(令息); 남편/부군(夫君); 아버지/춘부장(春府丈)' 등을 들어 보이고 있다.

심재기 외(2011: 241)에서는 앞에서 이미 고찰한 바와 같이 '어휘적 대우'를 '존칭어, 비칭어, 겸칭어, 평칭어'로 나누고 "이 넷에 해당하는 어휘를 모두 갖춘 어휘적 대우의 예는 많지 않은 편이다. '진지-밥'에서는 존칭어-평칭어의 짝만 있고, '우리-저희'에서는 평칭어-겸칭어의 짝만 존재한다. 절을 바꾸어 존칭어와 겸칭어에 대해 살펴보기로 한다."라고 하면서 주로 존칭어와 평칭어에 대해 구체적으로 논의하고 있다.

존칭어에 대해서는 "'존칭어'는 대우를 받아야 하는 어떤 대상, 또는 그 대상과 관련한 말을 높이는 언어 표현으로 '아버님, 어머님, 아드님, 진지, 말씀, 어르신, 귀하, 잡수시다' 등이 이에 속한다."라고 그 개념을 정립하고 "존칭어와 상대되는 개념은 '평칭어'인데 평칭어에는 어떤 대상을 높이거나 낮추는 의미가 없다. '아버지'는 자신을 낳아주신 남자인 어버이를 가리키는 말로 일반적으로 쓰이며 높임의 뜻이나 낮춤의 뜻이 없으므로 평칭어이다."라고 평칭어의 개념도 정립하면서 존칭어의 실례들을 몇 가지 유형으로 나누어 설명하고 있다.(p. 241-247)

그리고 겸칭어(謙稱語)에 대해서는 "겸칭어는 어떤 대상을 낮추어 표현하는 어휘를 말하는데, 주로 자신이나 자신과 관련한 대상을 낮출 때 쓰인다. 자신과 관련한 것을 낮추어 표현함으로써 결과적으로 상대를 대우하게 되는 것이다."(p. 247)라고 그 개념을 정립하고 "겸칭어는 크게 자신에 대한 겸칭어, 자신과 관련한 사람에 대한 겸칭어, 자신의 물건이나 일 등에 대한 겸칭어 등으로 나눌 수 있다."라고 겸칭어를 세 가지로 분류하고 '자신에 대한 겸칭어'의 실례로 '저, 저희, 소녀(小女), 소자(小子), 우생(優生), 천생(賤生), 하생(下生)' 등을 들고, '자신과 관련한 사람에 대한 겸칭어'의 실례로 '아들놈, 딸년, 가아(家兒), 우제(愚弟), 우처(愚妻), 천솔(賤率), 천식(賤息)' 등을 들고, '자신의 물건이나 일 등에 대한 겸칭어'의 실례로 '관견(管見), 단견(短見), 우견(愚見), 졸견(拙見), 우고(愚稿), 졸고(拙稿), 견마(犬馬), 누거(陋居), 폐교(弊校), 폐사(弊社)' 등을 들고 있다.

그런데 이른바 '비칭어'는 앞의 고찰에서 살펴본 바와 같이 '대우적 어휘'의 한 부류로 설정은 했지만 구체적인 논의는 전개하지 않고 있다.[17]

다른 한편 김종택(1992: 151)에서는 이미 앞에서 살펴본 바와 같이 "어휘적 차원에서는 평대를 중심으로 하여 존대와 하대가 양극적으로 대립하고 있어서 결과적으로 삼원적 대립을 보이게 된다."라고 하면서 '높임말'(잡수시다), '예사말'(먹다), '낮춤말'(처먹다)로 분류하고 있다.

어휘의 화용론적 부류와 관련하여 북에서 출간된 저서들에서는 어떻게 다루고 있는가를 살펴보기로 하자.

김수경 외(1961: 67-70)에서는 앞에서 간단히 살펴본 바와 같이 화자와 청자 사이의 관계에 따른 어휘 부류에 대해서는 전문적인 논의를 진행하지 않고 '동의어'를 논하는 자리에서 "《얼굴》, 《신관》, 《낯바닥》, 《상판》 등의 단어들을 비교하여 본다면 이들 사이의 차

---

17  242쪽의 논의를 살펴보면 '비칭어'란 "상대를 낮추는 경우"의 어휘 부류를 가리키는 것 같은데 구체적인 예시가 없어 '평칭어'와의 관계 등은 파악되지 않는다.

이는 상당히 크다고 말할 수 있다. 《얼굴》이 중립적이라면, 《신관》은 옛스러운 맛과 함께 남의 얼굴에 대한 존경의 뜻을 포함하며, 《낯바닥》, 《상판》은 경멸의 의미 뉴앙스가 포함되어 있다. 그러나 이 단어들은 동일한 대상을 가리키며 동일한 개념을 나타내는 만큼 동의어라고 말할 수 있다."라고 하면서 이런 동의어를 '문체론적 동의어'라 부르면서 '문체론적 동의어'에는 '존경하는 뜻의 색채를 띤 동의어'(말—말씀, 밥—진지, 병—병환, 먹다—잡수시다, 고프다—시장하다, 자다—주무시다), '속된 뜻의 색채를 띤 동의어'(골—골통, 머리—대가리, 대갈통, 대갈빼기, 입—주둥이, 아가리, 맛—맛대가리, 멋—멋대가리, 철—철딱서니) 등이 중립적인 단어와 함께 많이 존재한다고 지적하고 있다. 김길성(1992: 37-39)에서도 이와 유사한 설명을 하고 있다.

그런데 최완호(2005: 59)에서는 '언어례절' 즉 '대우적 어휘'와 관련하여 전문적인 논의는 진행하고 있지만 "여기서는 이야기를 듣는 손우사람과 이야기에 오른 손우사람에 대한 언어례절문제를 기본으로 삼으며 따라서 어휘수단에서도 그 대상들에 대하여 존경의 뜻을 표시하는 어휘수단문제에 기본을 두게 된다."라고 하면서 언어례절과 관련된 어휘 부류에 대한 고찰 범위를 존경의 뜻을 표시하는 어휘에 한정시키고 이들 어휘를 '존경어, 겸양어, 에두름' 세 가지로 나누어 서술하고 있다.

'존경어'와 관련해서는 "존경어에는 대상을 높여 이를 때 쓰는 말과 높여 이를 대상에 속해있거나 그의 언행, 상태와 관련하여 쓰이는 말이 있다."(p. 60)고 하면서 '대상을 직접 높여 이르는 어휘'로 '아버님, 어머님, 할아버님, 할머님, 형님, 어르신(네), 선생님' 등을 들고, '높여 이를 대상에게 소속되었거나 그의 언행, 상태와 관련된 어휘'로 '존함(명함, 성함), 말씀, 병환, 자제(분), 댁(저택), 손수, 탄생(탄신); 걱정, 꾸중(꾸지람, 책망, 꾸짖다), 근력, 정정하다; 계시다, 잡숫다, 주무시다, 쉬다, (키가) 크시다, (귀가) 밝으시다, (빨리) 걸으시다' 등을 들고 있다.(p. 60-62 참고)

'겸양어'와 관련해서는 "겸양어는 말하는 행동에 웃사람을 존경하는 뜻을 담아 이르는 말이다."(p. 62)라고 하면서 그 실례로 '아뢰다, 여쭈다(여쭙다, 여쭈옵다)[말씀드리다], 뵈다(뵙다, 뵈옵다)[웃사람을 대해 보다]; 드리다, 올리다, 바치다, 받들다, 모시다, 우러르다' 등을 들고 "겸양어라고 부르는 이 부류의 어휘는 자기와 자신의 행동을 낮추고 상대편을 높여 이르는 존경어 부류이다."(p. 62)라고 설명하고 있다.

'에두름'과 관련해서는 "에두름이란 직접 드러내여 표현하지 않고 에둘러서 표현하는 말을 이른다. 에두름말은 나이나 사회적 관계를 고려하여 직접 로골적으로 드러내어 표현하지 않으려는 의도에서 하는 말이므로 많은 경우 상대편을 존경하여 이르는 말 즉 응당한 례절을 갖춘 말로 된다."(p. 63)라고 하면서 '서거하다, 돌아가시다, 들다(드시다), (많이) 들다(드십시오)' 등과 같은 예시를 보이고 있다.

## 요약

지금까지의 고찰에서 볼 수 있는 바와 같이 '대우법', 즉 화자와 청자 사이의 관계에 따라 설정되는 어휘의 화용론적 부류에서는 다음과 같은 문제들이 더 논의되어야 할 것이다.

우선 논의되어야 할 문제가 이 부류의 어휘를 김광해(1993)에서
와 같이 '공대어'와 '하대어'의 이원대립으로 이루어진 것으로 볼 것
이냐 아니면 이희승(1955), 김종택(1992)에서처럼 '경어(높임말)', '평
어(예사말)', '비어(낮춤말)'의 삼원대립으로 볼 것이냐 하는 문제이
다. 이 문제의 해결을 위해서는 무엇보다 문법적 차원에서 실현되
는 '대우법'과 어휘적 차원에서 실현되는 '대우법'이 꼭 같은 성질의
것이냐가 밝혀져야 할 것이다. 일반적으로 문법론의 경우에는 '대
우법'을 '존대'와 '비존대'의 이원대립으로 이루어진 것으로 보기도
하고,[18] '존대'(하십시오/해요), '평대'(하오/하게), '하대'(해라/해)의 삼원
대립으로 보기도 하는데 이는 어미의 체계를 어떻게 설정하느냐와
관계되는 문제로서 어미를 '대우' 관계에 따라 '존대'와 '비존대'의
이분체계로 분류할 수도 있고 '존대', '평대', '하대'의 삼분체계로 분
류할 수도 있는바, 문법적 차원에서의 '대우법'은 이분체계와 삼분
체계의 설정이 모두 가능하다. 그러나 어휘적 차원에서의 '대우법'
의 경우는 그 사정이 다르다. 어휘론에서 논의되는 '대우법'은 아무
런 감정색채도 동반하지 않는 중립성을 띤 어휘를 중심으로 존경,
경멸 등의 감정색채를 동반한 어휘들의 대립에 의해 이루어지는 것
만큼 어휘적 차원에서의 '대우법'은 이희승(1955: 296-297), 김종택
(1992: 151) 등에서도 지적한 것처럼 '경어(높임말)'(잡수시다), '평어(예
사말)'(먹다), '비어(낮춤말)'(처먹다)의 삼분체계를 이루게 된다. 그러
나 이런 삼분체계의 어휘를 모두 갖춘 어휘적 대우의 예는 심재기
외(2011: 241)에서 지적한 것처럼 많지 않다. '주무시다-자다'에서는

---

**18** 김종택(1992: 151)에서는 '대우법'을 문법적 차원에서는 '평대'와 '존대'의
이원체계로 되어 있다고 보고 있다.

'존경-평어', '머리-대가리'에서는 '평어-비어'의 짝만 존재한다. 그러나 그렇다 하여 김광해(1993)에서처럼 '존대-하대'로 이분해도 된다는 것은 아니다. 그것은 '존대'가 '하대'를 상대로, '하대'는 '존대'를 상대로 성립되는 개념이 아니기 때문이다. 만약 문제를 이렇게 보지 않는다면 '잡수시다-먹다-처먹다'의 경우나 '아버님-아버지-아비' 등의 경우를 설명할 수 없게 된다. 이들의 논리에 따라 '잡수시다'와 '아버님'을 '존대'로 본다면 나머지 '먹다, 처먹다'와 '아버지, 아비'는 모두 '하대'로 처리되어야 할 것인데 그 누구도 '먹다'와 '처먹다' 사이, '아버지'와 '아비' 사이에 존재하는 '대우' 차이는 부정하지 못할 것이다. 또 위에서 예시한 '주무시다-자다'의 경우에는 '주무시다'가 '존대어'이기에 '자다'는 '하대어'라 할 수 있다 치더라도 '머리-대가리'의 경우에는 '존대어'의 설정이 불가능하니 '하대어'의 설정도 자연 불가능할 것이니 이 두 어휘는 '대우법'의 측면에서는 아무런 차이도 없다고 해야 할 것인데 과연 이 두 어휘가 실제 사용에서 그 어느 것을 선택해도 무방한 어휘란 말인가? 이와 같은 제 사실들은 '공대'와 '하대'라는 범주는 서로를 상대로 성립되는 범주가 아니라 '평대'를 기준으로 설정되는 범주라는 것을 설명해 준다. 따라서 어휘적 차원에서의 '대우법'은 삼원체계를 이루게 된다고 봐야 할 것이다.

결과적으로 김종택(1992)의 삼원체계와 같게 되었지만 우리는 어휘에 의해 실현되는 '대우법'은 어휘가 갖고 있는 의미적 제 특성으로 문법적 형태에 의해 실현되는 '대우법'의 삼원체계와는 달리 설정되어야 한다고 보면서 이희승(1955)에서와 같은 '공대어'(또는 '경어', '존칭어'), '평어'(또는 '평칭어', '예사말', '중립어'), '비어'(또는 '비속어','비칭어', '경멸어')의 삼원체계를 이룬다고 본다. 결국은 '처먹다'와 같은 부류의 어휘를 '하대어(낮춤말)'로 보느냐 '비어(또는 '비속어', '비칭어', '경멸어')로 보느냐 하는 점에서 서로 차이를 보이는데 '처먹다'와 같은 어휘는 '경멸'의 감정색채가 아주 짙은 어휘로서 이런 어휘에 의해 실현되는 어휘적 '대우'를 문법론에서와 같이 '하대'라는 개념으로 명명한다는 것은 타당치 못하다고 생각된다.

다음으로 논의되어야 할 문제는 '겸칭어'(또는 '겸양어')의 설정 문제이다.

심재기 외(2011)에서는 어휘적 차원에서의 '대우법'을 사원체계로 이루어진 것으로 보고 있는데 이 사원체계와 위에서 고찰한 삼원체계는 '겸칭어'를 독자적인 부류로 설정하느냐 설정하지 않느냐 하는 점에서 서로 차이를 보이고 있다. 삼원체계로 주장하는 학자들은 이른바 '겸칭어'를 '공대어'에 포함시키고 있고, 사원체계로 보는 학자들은 '겸칭어'를 '공대어'에서 갈라내어 독자적인 부류로 설정하고 있다. '겸칭' 또는 '겸양'은 자신이나 자신과 관련된 대상을 낮추어 표현함으로써 상대방을 공대하는 어휘 부류를 가리키는바 산생 동기의 측면에서는 '공대어'와 크게 다를 바 없는바, 하나로 크게 묶어 처리해도 별로 문제시될 것은 없다. 단 외국어 교육의 경우, 특히 중국어권 학습자를 상대로 한 외국어 교육의 경우를 고려할 때에는 '공대어'와 '겸칭어'를 따로 설정하는 것이 더 바람직할 것 같다. 그것은 중국어와 같은 경우에는 어휘론에서 '경어(敬語)'와 '겸어(謙語)'를 나누어 설명하고 있기 때문이다.

### 3.4.3. 속어

이른바 '속어'의 사전적 개념은 "민간에서 통속적으로 쓰이는 속된 말"로 정의되고 있는데 김광해(1993)에서만 이 '속어'를 어휘의 화용론적 부류로 전문 다루고 있다.

김광해(1993: 157)에서는 "어휘소의 한 변이형으로 분류할 수 있는 것으로 속어가 있다."라고 한 다음 '속어'와 유사한 특성을 갖고 있는 '은어', '유행어' 등과의 차이를 설명하면서 '속어'의 기본 개념을 정립하고 있다.

우선 은어와의 구별 점에 대해서는 "속어로 분류되는 어휘소들은 은어와 같은 隱秘性이 존재하지 않을 것을 전제로 가진다."(p. 157) "따라서 은어는 특수한 집단에서 발달하며 속어는 좀 더 광범위하고 덜 폐쇄적인 경계가 희미한 집단, 가령 청소년층이나 군대 집단 같은 곳에서 사용되는 것이다."(p. 158)

유행어와의 구별 점에 대해서는 "속어는 신선한 맛이 생명이다." "이런 점에서 속어는 다음 장에서 기술할 유행어와 교차되는 영역에 있으나 이는 또한 그것이 어휘소의 변이냐 아니냐 하는 점에 따라 구별된다." "유행어는 신어와 마찬가지로 기존 어휘소와의 대응이 존재하지 않는 경우, 즉 변이에 해당하지 않는 표현들을 가리키는 것으로 사용하게 된다."(p. 158 참고)

공대어, 하대어 등과의 차이에 대해서는 "속어는 화계 등을 고려하는 대우 표현과 관련이 없으므로 공대어, 하대어들과도 구별하여 처리하여야 한다."(p. 157)

그리고 속어의 발생동기와 관련하여서는 우선 강신항(1991; 126)

의 "속어의 사용은 흉허물이 없는 사이의 사람들 사이에서 장난끼 어린 표현이나 사람의 주목을 끌기 위한 표현을 구사함으로써, 회화에 신선한 느낌을 주기 위한 언어의 유희에 해당하는 것이라고 볼 수가 있다."라고 한 견해를 인용하면서 "정상적인 어구가 너무 진부하게 느껴져서 만족을 느끼지 못하는 경우 유머러스하게 말을 하고자 할 때, 단정한(예의 바른) 표현이나 권위에 반항하고자 하는 심리에서, 신기한 표현을 사용하여 타인을 놀라게 하고자 하는 의도가 있는 경우, 사실적인 표현을 해서 구체성을 강하게 반영하고자 하는 욕망이 있을 때, 회화를 쉽고 정답게 해서 친밀감을 더 강하게 나타내고자 할 때 등이 그것인데 이를 종합하면 결국은 표현효과와 심리적인 효과 등을 노리고 발생하는 것이 속어라고 볼 수 있다."(p. 158-159)라고 지적하고 이런 속어의 실례로 강신항(1991)에서 다룬 '저능아/저력있고 능력있는 아이, 우등생/우겨서 등수를 올린 학생, 돈키호테/돈 많고 키 크고 호감가고 테크닉 좋은 사람, 나이키/나 이쁘면 키스해 줘, 권총/F학점, 기관총/F가 여러 개인 성적표…' 등을 들고 있다.

## 요약

이상의 고찰에서 볼 수 있는 바와 같이 강신항(1991)이나 김광해(1993)에서 다루고 있는 이른바 '속어'라고 하는 어휘 부류는 어느 정도 다른 부류의 어휘들과는 다른 자체의 일정한 특성을 갖고 있는 것만은 사실이다. 그러나 이 부류의 어휘들을 어휘의 화용론적 부류에서 다루는 것이 더 타당한지, 아니면 어휘의 시대적 부류에

서 '신어'의 일종으로 다루는 것이 더 타당한지는 좀 더 논의되어야
할 것 같다. 그것은 이른바 '속어'도 시대적인 차원에서 볼 때에는
'유행어'와 마찬가지로 '신어'에 속하기 때문이다.

### 3.4.4. 금기어와 완곡어

심재기(1982: 292)에서는 "言語禁忌는 크게 두 가지로 갈라진다.
그 하나는 어떤 사실 전반을 도무지 언어로 표출시키지 못하는 것
이고, 다른 하나는 사물의 명칭을 언표하지 않는 것이다. 전자는
'S는 P다'하는 식의 금기담이 될 수 있겠고, 후자는 단어의 言表禁
忌이므로 이 단어를 명실공히 禁忌語(禁忌된 單語)라고 불러야 할
것이다."라고 '금기담'과 '금기어'라는 개념을 구별하여 사용하고 있
는데 이에 따르면 '금기어'란 "사물의 명칭을 언표하지 않는" 어휘를
가리킨다고 할 수 있을 것이다.

그리고 이런 금기어의 실례로 '동물명 금기어'로 '호랑이 → 꽃/산신
령/사또/영감, 뱀 → 업/지킴/긴짐승/용님, 노래기 → 망나니/노랑각
시/香娘閣氏, 구데기 → 가시/거시, 쥐 → 아기네/며느리/액씨님/서
생원' 등을 들고, '우아한 표현을 위한 금기어'로 '질병, 죽음, 性 및 범
죄에 관한 단어'('천연두 → 손님媽媽/時痘손님/큰손님/고운마님' 등)를 들
고, '다분히 현학적이고 예의적인 표현이 요구되는 금기어'로 '조상이
나 손위 어른의 본명' 등을 들고 있다.(p. 292–294 참조)

심재기 외(2011: 272)에서도 "'금기어(禁忌語)'는 한 언어 공동체 내
에서 사용하기를 꺼리는 말을 뜻한다." "금기어는 보통 다른 말로
바꾸어 표현하는데 이처럼 금기어를 에둘러서 우회적으로 하는 말

을 '완곡어(婉曲語)'라고 한다."고 금기어와 완곡어의 개념을 정립
하고 그 실례로 '산삼 → 심, 천연두(天然痘) → 마마, 죽다 → 떠나
다/ 뜨다/ 잠들다, 쥐 → 서생원; 변소(便所) → 먼데/화장실, 용변
(用便) → 볼일/일, 월경(月經) → 몸엣것, 음부(陰部) → 아래' 등을
들고 있다.

　김종택(1992: 288)에서는 "금기어는 항상 이것을 대신 나타내는
완곡표현을 동시에 가지고 있는 것이다. 즉 금기어란 어떤 대상에
대한 신성감, 경외감이나 혹은 불쾌감, 수치감을 덜기 위하여 그
대상을 직접 부르지 않고 완곡표현을 하는 경우에 나타나는데, 이
때 직접 부르기를 꺼리는 대상, 즉 신이나 어른의 이름, 혹은 무서
운 동물이나 질병의 이름 등이 금기의 대상이 되며, 이와 같이 금
기의 대상이 되는 사실의 직접적인 명칭이 금기어가 되는 것이다.
가령 천연두를 '손님'이나 '마마', 호랑이를 '산신령'이라고 하는 경우
'손님'이나 '산신령'이 금기어가 아니라, '천연두'나 '호랑이'가 그 사회
의 금기어가 되는 것이다. '마마', '산신령' 등은 완곡표현으로서 사
회가 그 말들을 부르기를 원하여 채택한 것이므로 금기어가 아닌
것이다."라고 그 개념을 정립하면서 일부 학자들이 이와 유사한 개
념으로 '금기담'이란 한 어휘 유형을 설정하고 있는 문제의 부당성
을 다음과 같이 비판하고 있다.

　"자료를 수집, 정리하는 전통적인 연구태도에서 흔히 보듯 이러
한 일련의 말들을 내용을 중심으로 하여 분류하는 것은 전체를
망라, 체계화하려는 본래의 목적에도 불구하고 소기의 성과를 거
둘 수 없는 경우가 적지 않다. 꼭 같은 언어적 기능을 가진 일련
의 말들을 그 내용에 따라 금기어(禁忌語), 길흉담(吉凶談), 길조어

(吉兆語), 덕담(德談) 등과 같이 구별하여 부른다면 그 분류는 무한 정할 것이며, 예컨대, 권장담(勸獎談), 저주담(詛呪談), 유희담(遊戲談), 시류담(時流談) 등등과 같은 명칭과 한계 설정은 아무도 거부하지 못하게 될 것이다. 따라서 이러한 내용중심의 분류는 전체를 체계화하여 파악하려는 본래의 목적에 비추어 적당하지 않음을 알 수 있다. 우선 이 가운데서 가장 널리 쓰이고 있는 금기어(tabu), 혹은 금기담이라는 말의 부당성을 지적하지 않을 수 없다. 이것은 역시 위의 일련의 말들이 표시하고 있는 대상이나 행위의 금기성에 바탕하여 명명된 것으로 보인다." "따라서 '쌀 먹으면 에미 죽는다'는 그 행위 자체(referent)가 금기일 뿐 그것을 나타내는 위의 말은 금기어가 아닌 것이다. 금기어는 사회가 그 말의 사용을 도덕적으로 용납하지 않는 것인데, 사회는 쌀 먹는 행위는 도덕적으로 용납하지 않을지언정 이 말을 하는 것을 금하지는 않으므로 위의 말을 금기어라 할 수는 없다. 금기어라기는커녕 이런 말들은 오히려 대중성과 관용성을 가지고 언중의 편이 되어 쓰이고 있는 것이다. 이런 말들을 통하여 그 사회가 금제하고 기위하는 행위나 대상을 알 수 있되, 이 말들 자체가 결코 금기어나 금기담이 될 수는 없는 것이다."(p. 287-288 참고)

김광해(1993: 160)에서는 "언어의 유희, 표현의 참신성, 사용자 간에 느낄 수 있는 동류 의식 등을 동인으로 하여 속어가 활발하게 발생하는 반면에, 그와는 오히려 상반되는 목적을 가지고 발생하는 어휘소의 변이들이 존재한다. 이는 주로 기본이 되는 어휘들이 여러 가지로 부정적인 느낌을 주는 연상을 동반하는 경우에 그같은 연상을 삭감하는 수단으로 사용되게 된다. 이러한 일군의 어휘소들을 완곡어라고 부르는데, 주로 공개적인 자리에서 드러내어 말하기 어려운 신체의 명칭, 성행위, 배설 행위 등을 표현하는 어휘소들에 대응하여 널리 분포하며, 나아가서는 죽음, 질병, 형벌 등 인생에서 일어날 수 있는 각종 불행한 상황들과 관련될 경우에 그것에 대한 심리적 경외감에서 비롯하는 완곡한 표현의 필요를 위하여 발생한다. 이러한 완곡어에 대응하는 기본이 되는 어휘소들은 다분히 禁忌語로서의 성격을 가지는 것이 된다."라고 완곡어와 금기어의 개념을 정립하면서 그 실례로 '천연두/마마, 손님, 손님마마, 時痘손님, 큰손님, 고운 마님; 변소/화장실, 측간, 작은집, 먼데, W.C., rest room; 죽다/사망하다, 세상을 뜨다, 최후를 마치다, 영면하다, 작고하다, 운명하다; 호랑이/꽃, 산신령, 사또, 영감; 뱀/업, 지킴, 긴짐승, 용님; 노래기/망나니, 노랑각시, 향랑각시(香娘閣氏); 구데기/가시, 거시; 식초/단것; 쥐/아기네, 며느리, 액씨님, 서생원' 등을 들고 있다.

남의 경우와는 달리 북에서 출간된 어휘론 저서들에서는 '금기어'와 '완곡어'를 어휘의 화용론적 부류의 하나로 전문적으로 다루지 않고 있다.

김수경 외(1961: 75)에서는 '동의어의 산생 원인'에 대해 설명하면서 "완곡 어법에 의해 동의어가 생기게 된다. 듣는 사람에게 너무 자극이나 충격을 주지 않기 위하여 또는 실례가 되지 않기 위하여 어떤 대상이나 현상을 직접적으로 부르지 않고 다른, 듣기 좋은 말로 바꾸어 놓는 일이 있는바, 완곡 어법으로 쓰이던 단어가 빈번히 사용되는 결과는 원 말과 아주 동의어의 쌍을 이루게 되는 일이 가끔 있다."라고 하면서 '죽다—돌아가다; 먹다, 마시다—들다; 천연두—손님;

변소–화장실; 초(식초)–단것(서울 지방에서)' 등을 들고 있다.

김길성(1992: 42)에서도 "뜻같은말은 또한 에두름법에 의하여 발생한다. 이것은 듣는 사람에게 너무 자극이나 충격을 주지 않기 위하여, 또는 실례가 되지 않게 하기 위하여 어떤 대상이나 현상을 직접적으로 부르지 않고 다른 듣기 좋은 말로 바꾸어 놓은 것으로 하여 에두름법으로 쓰이던 단어가 빈번히 사용되는 결과 본래의 말과 뜻같은말이 쌍을 이루게 되는 일이 있다."라고 하면서 '죽다–돌아 가다; 천연두–마마; 먹다–마시다–들다; 변소–위생실, 화장실' 등을 들고 있는데 김수경 외(1961)에서의 '완곡 어법'이 '에두름법'으로 바뀐 외에는 다른 차이를 발견할 수 없다.

그런데 최완호(2005: 63)에서도 이미 앞에서 고찰한 바와 같이 '에두름말'이란 용어 사용을 찾아볼 수는 있지만 위의 두 저서에서와는 달리 "상대편을 존경하여 이르는 말"('서거하다, 돌아가시다, 들다')로 그 개념을 정립하고 있어 이른바 '금기어'와의 상대적 개념으로서의 '에두름말'로 보기는 어렵다.

## 요약

지금까지의 고찰에서 볼 수 있는 바와 같이 남에서 출간된 저서들에서는 '금기어'와 '완곡어'를 어휘의 화용론적 부류의 하나로 전문적인 논의를 진행하고 있지만 북에서 출간된 저서들에서는 이 부류의 어휘를 독자적인 한 부류로 다루지 않고 있는데 비록 '금기'가 인간의 원시신앙으로부터 기원된 것이기에 '금기'의 변화 발전은 사회의 진보에 의해 크게 좌우될 수 있는 것만은 사실이다. 그러나 "애초에는 종교적 원인에 의해 禁忌가 발생하였으나 그것이 점차 사회적 인간관계에까지 확대되면서 사회적·윤리적인 이유에 의해서도 발생하게 되었기에"(심재기, 1982: 260) 그 어떤 인간 사회에든 '금기'의 대상은 존재하기 마련이며 따라서 '금기'의 언어적 표현도 불가피하게 존재하게 된다. 그러므로 이 부류의 어휘도 마땅히 어휘 독자적인 한 부류로 다루어져야 할 것이다.

'금기어'와 '완곡어'를 마땅히 어휘의 화용론적 부류로 다루어야한다고 할 때 앞으로 좀 더 논의되어야 할 문제는 '완곡어'와 '공대어'의 한계를 어떻게 명확히 긋느냐 하는 것이다. 김광해(1993)에서는 금기어와 완곡어의 한 예로 '죽다/사망하다, 세상을 뜨다, 최후를 마치다, 영면하다, 작고하다, 운명하다' 등을 들고 있고 심재기(1982)에서는 '금기어'와 '완곡어'의 예로 '조상이나 손위 어른의 본명' 대신 '家親', '慈堂', '春府丈' 등을 들고 있는데, 이는 본질적으로 '완곡어'의 개념을 어떻게 정립하느냐와 관계되는 문제로서 '완곡어'를 '금기어'와 상대되는 개념으로 이해할 경우에는 '사망하다, 세상을 뜨다, 최후를 마치다, 영면하다, 작고하다, 운명하다'나 '家親', '慈堂', '春府丈' 등은 '완곡어'로 될 수 없을 것이다. 그것은 이런 어휘들이 '완곡어'로 되기 위해서는 이들과 상대되는 '죽다'가 '금기어'로 되어야 할 것이나 사실은 그렇지 못하기 때문이다. '금기어'란 "한 언어 공동체 내에서 사용하기를 꺼리는 말"을 가리키는데 이 '죽다'를 우리 민족 언어 공동체 내에서 사용하기를 꺼리는 말이라고 주장할 사람은 아무도 없지 않은가?

사실상 위에서 든 '죽다' 대신 사용되는 '사망하다, 세상을 뜨다, 최후를 마치다, 영면하다, 작고하다, 운명하다' 등은 "대우를 받아야 할 어떤 대상, 또는 그 대상과 관련된 말을 높이는 언어 표현"
(심재기 외 2011: 242), 즉 '공대'의 표현으로서 '어휘적 대우'에서의
'평대어'('죽다')에 상대되는 '공대어'들이다. 그렇기 때문에 김종택
(1992), 심재기 외(2011) 등에서는 위의 표현들과 유사한 '자시다'나
'드리다, 모시다, 주무시다' 등을 '완곡어'로 처리한 것이 아니라 '존
대어' 혹은 '존칭어'로 다루고 있다.

## 3.5. 어휘의 시대적 부류

### 3.5.1. 어휘의 시대적 부류에 대한 일반적 이해

어휘의 시대적 부류란 어휘를 그것들이 산생된 시대에 따라 일
정한 유형으로 분류하여 놓은 부류를 가리킨다.

어휘의 시대적 부류와 관련하여 이희승(1955: 211)에서는 "單語를
그 使用되는 時代에 依하여 分類하는 方法"이라고 정의하고 어휘
는 사용되는 시대에 의하여 '고어', '현대어', '신어', '유행어' 등으로
분류될 수 있음을 지적하고 있다.

다른 한편 최완호(2005: 17)에서는 "어휘라는 용어는 한 나라 안
에서 일정한 시대를 포괄하는 범위를 념두에 두고서도 쓰인다. 이
때는 국가통치기구의 교체와는 별개로 민족어발전의 일정한 시대
를 두고 그 시기에 쓰였거나 그때에 일어난 어휘의 변화를 고찰하
는 경우에 쓰인다. 례컨대 우리나라에서 고려 때에 주로 쓰인 어휘
를 말하는 경우 '고려시대의 조선어의 어휘'라고 하며 리조때에 일
어난 어휘의 변화를 두고 말하는 경우에도 '리조시대의 조선어의
어휘' 등과 같이 말한다."(p. 17)라고 그 개념을 정립하고 있다.

그런데 기타의 일부 저서들에서는 어휘의 시대적 부류를 어휘의 변화 발전의 측면에서 본 어휘의 부류로 다루기도 한다.

김일성종합대학 조선어학강좌(1981: 44)에서는 "어휘 구성은 끊임없이 풍부화되고 발전한다. 어휘 구성의 변화는 새로운 단어들이 끊임없이 생겨나고 낡은 말들이 소극화되거나 없어지는 것에 의하여 진행된다. 새말과 낡은 말은 이러한 어휘 구성의 변화 발전의 측면에서 나눈 단어들의 갈래이다."라고 '새말'과 '낡은 말'은 어휘 구성의 변화 발전의 측면에서 설정되는 어휘의 부류로 다루고 있다.

김길성(1992: 76)에서도 "세상만물이 다 변화하듯이 언어도 변한다. 언어에서 가장 가변적인 부분은 어휘 구성이다. 어휘 구성은 새것의 보충과 낡은것의 소극화로 끊임없이 변화 발전한다. 변화 발전의 측면에서 어휘 구성은 새말과 낡은 말로 구분된다."라고 지적하고 있다. 최완호 외(1980: 17)에서도 이와 꼭 같은 입장을 보이고 있다.

그리고 김광해(1993: 169-170)에서는 '신어'와 '유행어'를 '어휘의 팽창'에서 다루고 있는데,[19] 이는 어휘의 변화 발전에서의 어휘의 증가와 관련되는 문제로서 사실상 북의 학자들의 견해와 기본상 동일하다고 볼 수 있다.

---

19  김광해(1993)에서는 '신어'와 '유행어' 외에 '전문어'도 '어휘의 팽창'으로 다루고 있는데 '전문어'를 '어휘의 팽창'으로 다루는 문제점에 대해서는 이미 앞에서 지적한 바 있다.

# 요약

이상의 고찰에서 볼 수 있는 바와 같이 이른바 '신어(새말)', '유행어', '고어(낡은 말)' 등의 어휘 부류에 대해서는 남과 북의 많은 학자들이 모두 언급하고 있지만 동일한 이 부류의 어휘들을 놓고서도 그것을 어휘의 시대적 부류로 보느냐 아니면 '변화 발전의 측면' 또는 '어휘의 팽창'과 관련된 어휘의 부류로 보느냐 하는 점에서는 현저한 차이를 보이고 있다.

그럼 먼저 이 부류의 어휘들이 '변화 발전의 측면에서 본 어휘 부류'로 정립될 수 있는가 하는 문제부터 살펴보기로 하자.

이 문제를 정확히 풀어나가기 위해서는 무엇보다 먼저 어휘의 변화 발전이 어떤 요인에 의해, 어떻게 진행되느냐를 명확히 할 필요가 있다. 일반언어학의 견지에서 볼 때, 어휘의 변화 발전은 무엇보다도 '신어(새말)'의 부단한 증가와 '고어(낡은 말)'의 소실 등에 의해 부단히 변화 발전한다. 이런 의미에서 볼 때, '신어(새말)'와 '고어(낡은 말)'은 어휘의 변화 발전과 관련되는 어휘의 부류임은 틀림없다. 그러나 어휘의 변화 발전은 '신어(새말)'의 증가나 '고어(낡은 말)'의 소실에 의해서만 진행되는 것이 아니다. 어휘의 변화 발전은 다음으로 어휘들의 의미의 변화, 즉 의미의 확대와 축소에 의해서도 진행된다. 많은 실례를 들 것 없이 모두가 잘 알고 있는 바와 같이 우리말에서는 학술용어(전문어)를 제외한 기타의 어휘들은 거의가 다의어로 되어 있다는 사실이 의미의 확대에 의한 어휘의 변화를 잘 입증해 준다. 여기서 볼 수 있는 바와 같이 '신어(새말)'나 '고어(낡은 말)'가 어휘의 변화 발전과 관련되는 것은 사실이지만 어휘 변화 발전의 전부는 아니다. 어휘는 새로운 어휘의 부단한 증가와 낡은 어휘의 소실, 그리고 새로운 의미의 부단한 증가(혹은 증대)와 낡은 의미의 소실에 의해서 변화 발전하고 있다. 이와 같은 사실들은 '신어(새말)'나 '고어(낡은 말)'를 변화 발전의 측면에서 본 어휘의 부류로 다루는 것은 타당하지 못하다고 생각한다.

　다음 이 부류의 어휘를 '어휘의 팽창'에서 다루고 있는 문제에 대해 살펴보기로 하자. 김광해(1993)에서는 '신어'('유행어'도 포함)를 '어휘의 팽창'에서 다루고 있는데, 그 어떤 언어에서나 새로운 대상, 새로운 개념을 나타내는 '신어'가 부단히 산생됨으로 해서 어휘가 부단히 증가되고 있는 것만큼 '신어'를 '어휘의 팽창'으로 이해할 수 있는 것만은 사실이다. 그러나 그렇다 해서 '신어'가 마땅히 '어휘의 팽창'에서 다루어져야 한다는 것은 아니다. 이 문제를 옳게 풀어나가기 위해서는 우선 이 '신어'라는 개념이 어떻게 정립되는 개념인가를 규명할 필요가 있다. 만약 우리가 '신어'를 어휘 부류의 일종임을 시인한다고 할 때, 이른바 '부류'가 "서로 구별되는 특성에 따라 나뉜 갈래"를 의미하는 것만큼 '신어'도 마땅히 그것과 구별되는 특성을 가진 다른 한 '부류'의 어휘를 상대로 성립되는 어휘의 부류여야 함은 말치 않아도 너무나 자명한 사실이다. 이리하여 우리가 어떤 어휘의 부류를 '신어'라고 명명했다는 것은 벌써 '신어'가 아닌 어휘적 부류, 즉 '신어'가 산생되기 이전의 '기존어휘'(엄밀한 의미에서는 '현대어'임)를 염두에 두고 있다는 사실을 자인해야 할 것이다. 이렇게 '신어'는 '기존어휘'를 상대로 성립되는 어휘의 부류인 것만큼 마땅히 '기존어휘'와의 상호 관계 속에서 논의되어야 할 것이다. 물론 이른바 '기존어휘'는 '신어'를 제외한 나머지 어휘를 가리키기에, '방언'을 논하는 자리에서 '표준어'를 전문적으로 논하지 않는 경우에서와 같이 전문적인 논의는 전개하지 않더라도 함께 다루어져야 할 어휘의 부류임을 잊지 말아야 할 것이다. 우리가 만약이와 같은 사실을 인정한다고 할 때, '기존어휘'도 '어휘의 팽창'으로 다룰 수 있다면 몰라도('기존어휘'를 '어휘의 팽창'에서 다룰 수 있다고 주장하는 학자는 한 사람도 없을 것이다.) '기존어휘'와의 상호 관계 속에서 논의되어야 할 '신어'를 독자적으로 갈라내어 '어휘의 팽창'에서 다루는 것은 타당치 못하다고 생각된다. '신어(새말)'는 '어휘의 팽창'에서 다룰 것이 아니라 마땅히 '고어(낡은 말)' 등과 함께 어휘의 사회적 부류로 다루는 것이 더 타당할 것이다.

지금까지 우리는 이른바 '신어(새말)', '고어(낡은 말)' 등을 '변화 발전의 측면에서 본 어휘적 부류'로 다루거나 '어휘의 팽창'에서 다룸에 있어서의 문제점들에 대해 분석하면서 이 부류의 어휘들은 사용된 시대에 따라 분류되는 어휘의 시대적 부류로 다루어야 함을 지적하였다.

그런데 여기서 한 가지 더 명확히 해 둘 것은 이 부류의 어휘들은 '현대어'[20]를 축으로 해서 '고어(낡은 말)'–'현대어'–'신어(새말)'의 삼원체계를 형성하고 있는바 '고어(낡은 말)'와 '신어(새말)'('유행어'를 포함)[21]만을 전문적으로 다룰 경우에도 반드시 '현대어'를 전제로

---

**20** 이희승(1955: 211)에서도 "當代 人口에 膾炙되어 日常 活躍하고 있는 말을 現代語(modern word)라 이른다."라고 하면서 '고어'와 상대되는 개념으로서 '현대어'란 용어를 사용한 바 있다.

**21** '유행어'도 어휘의 시대적 부류의 하나로 볼 경우에는 광의적으로는 '신어'에 포함된다고 할 수 있을 것이다.

해야 한다는 사실이다.[22]

## 3.5.2. 신어와 유행어

이희승(1955: 211)에서는 "새로 誕生하여 그다지 時日이 經過하지 않은 말을 新語(new coined word; neo logism)라 부르며, 新語 中에서 그 生命이 길지 못하고 곧 消滅되었거나, 되어 가는 말을 流行語 (vogue word)라 이른다."라고 유행어를 신어의 일종으로 보면서 그 개념들을 간단히 정립하고 있다.

김광해(1993: 177)에서는 신어에 대하여 "언어 사회의 물질적 사회적 변동에 따라 새로운 개념이 등장하였을 때, 이를 표현해야 할 필요성에 의하여 만들어진 어휘를 新語라고 한다."(p. 177)라고 좀 더 구체적으로 그 개념을 정립하고 있다.

'신어'는 산생 원인에 대해서는 "새로운 개념을 표현해야 할 필요성" 외에도 "이미 존재하는 개념이나 사물이라고 하더라도 그것을 표현하던 어휘의 표현력이 감소됐을 때 그것을 보강하거나 신선한 새 맛을 가진 말로 바꾸기 위한 대중적인 욕구에 의해서도 새말은 생겨난다."(p. 177-178)라고 한 남기심(1983: 193)의 견해를 그대로

---

**22** 일부 학자들은 '신어(새말)'와 '고어(낡은 말)'를 서로 상대되는 개념으로 인식하기도 하는데 '신어(새말)'는 위에서 논의한 바와 같이 '기존어휘'와 상대되는 개념인데, '기존어휘'라 할 경우에 광의적으로 보면 '고어(낡은 말)'도 물론 여기에 포함된다고 할 수는 있지만 '고어(낡은 말)'는 어디까지나 '현대어'를 상대로 성립되는 개념이므로 여기서 말하는 '기존어휘'는 주로 '현대어'를 가리키게 된다. 이리하여 어휘의 시대적 부류는 '고어-현대어-신어'의 삼원체계를 이루게 된다고 하는 것이다.

인용하면서 신어는 두 가지 부동한 동기에 의해 산생된다고 지적하고 있다.

그리고 신어의 유형에 대해서는 "1. 전적으로 새로운 어형을 창조하는 경우('쌕쌕이, 똑딱선, 대한민국, 한국, 이남, 이북, 3.8선, 새마을 운동' 등)", "2. 계획 조어로 만들어진 고유어의 경우('한글, 어린이날, 도시락, 건널목, 제곱' 등)", "3. 외래어를 차용해 들여오는 경우(직접 수용: '유엔, 프락치, 소총, 소련, 텔레비전, 컴퓨터', 번역 수용: '민주주의, 공산주의, 냉장고, 원자탄, 밀월, 출력, 전자계산기' 등)", "4. 기존 단어들을 복합하여 사용하는 경우('통조림, 불고기, 가락국수, 과도정부, 임시정부, 남북통일, 휴전회담' 등)", "5. 기존의 형태는 그대로 두고 의미만 바꾸어 사용하는 경우('아저씨, 아주머니, 영감, 귀찮다, 선생님, 방송, 도서, 발명, 자연, 중심' 등)" 등 다섯 가지를 들고 있다.(p. 180-181 참조)

다음 유행어와 관련해서는 "신어와 함께 어휘의 팽창에 관련되는 또 다른 하나의 어휘 집합으로서 유행어라는 부류가 있다."(p. 186)라고 하면서 유행어를 신어와 동일한 차원에서 독자적인 한 부류로 설정하고 "이 책에서는 유행어를 '한 언어 사회에서 사회심리적 요인에 의하여 일시적으로 유행하는 표현'이라는 정도로 포괄적으로 규정하여 두기로 한다."(p. 186)라고 그 개념을 정립하고 있다.

그리고 유행어와 신어의 차이에 대해서는 "그러나 실제에 있어서 유행어와 신어와 엄밀하게 구분되지 않는다. 이 두 부류의 어휘군은 발생의 동기가 기본적으로는 동일하다고 볼 수가 있다. 단지 신어가 새로운 사물이나 제도, 기구 등의 등장과 관련하여 발생하는 반면 유행어는 사회적인 요인으로 발생하였다는 차이를 지적할 수

있고 나아가서는 사용되는 시간이 항구적이냐 그렇지 않으냐 하는
정도의 기준에 따라 어느 정도 더 구별할 수가 있다."(p. 186)라고
지적하고 있다.

유행어의 산생 이유에 대해서는 강신항(1991: 99-100)에서 지적
한 "유행어는 기발한 표현, 신기한 맛, 해학성, 기이하고도 구미에
당기는 어형과 발음 형식, 쌓였던 민심의 표출, 울화의 표현, 하고
싶은 말을 토로하고 싶은 욕구, 날카로운 풍자, 반발을 해학적으
로 표현하는 기지, 상호간의 대화를 좀 더 유머러스하게 이끌어가
려는 욕구 등을 동기로 하여 발생한다."란 견해를 그대로 인용하고
있다.(p. 187 참조)

한편 심재기 외(2011: 275)에서도 "우리가 사는 사회는 복잡다단
하며 새로운 개념과 물건이 끊임없이 생겨난다. 이것을 표현하기
위해 새로 생기는 단어를 '신어(新語)'라 한다."라고 그 개념을 정립
하고 신어의 산생 원인에 대해서도 김광해(1993)에서와 비슷하게
"신어의 생성 원인으로 중요하게 꼽을 수 있는 것은 위에서 지적했
듯이 새로운 개념이나 물건이 등장하여 이를 가리킬 말이 필요한
것을 들 수 있다. 그렇지만 이미 있는 말이 진부하다고 느껴지거나
차별적인 표현이거나 하는 등의 이유로 거부감을 느낄 때도 이를
대체할 새로운 말이 등장하기도 한다."라고 지적하고 있다.

그리고 유행어에 대해서는 "'유행어'는 어느 한 시기 유행처럼 널
리 쓰이는 말을 가리킨다."(p. 275)라고 그 개념을 정립하면서 유행
어와 신어의 차이에 대해서는 "신어와 유행어라는 용어를 구분하
여 사용하기는 하지만 개별 단어를 두고 신어와 유행어를 구분하
기는 쉽지 않다. 신어나 유행어 모두 새롭게 주목을 받는 말들이기

때문이다. 일시적으로 쓰이면 유행어이고 단어로 정착을 하면 신어로 구분해 볼 수 있으나 새롭게 주목을 받는 말이 일시적으로 쓰일 것인지 계속 쓰일지는 다소 극단적으로 표현하면 아무도 모른다." "신어인지 유행어인지는 시간이 흐른 뒤에야 판단할 수 있다고 할 수 있다. 굳이 신어와 유행어를 구분하지 않고 새로 생긴 말은 모두 폭넓게 신어로 보는 것이 더 나을 수도 있다. 여기에서도 신어를 유행어와 구분하지 않는 태도를 취하도록 한다."라고 지적하고 있다.

이상의 고찰에서 볼 수 있는 바와 같이 남의 경우 신어와 관련해서는 그 개념 정립에서부터 산생 원인에 이르기까지 거의 비슷한 견해를 보이고 있지만 유행어를 독자적인 어휘의 부류로 설정하느냐 아니면 신어의 한 부분으로 다루느냐 하는 점에서는 일정한 차이를 보이고 있다.

그럼 이제부터는 북에서 출간된 저서들에서는 이 부류의 어휘들을 어떻게 다루고 있는가를 살펴보기로 하자.

김수경 외(1961: 140)에서는 "신어-이것은 언어의 일정한 발달 단계에서 과학기술의 발전, 새로운 생활 조건의 발생, 사회 정치적 변화 등등의 결과 발생하게 된 새로운 개념을 나타내거나, 또는 이미 존재하고 있는 개념을 표현-문체론적 목적 밑에서 새롭게 나타내고저 하여 발생하게 된 새로운 단어들로서, 아직도 언어의 적극적 어휘 가운데에 들어가지 못한 그러한 단어들을 의미한다."라고 그 개념을 정립하면서 그 발생 동기에 대해서도 두 가지로 갈라 지적하고 있다.

김수경 외(1961: 141)에서는 신어를 "신어는 그가 어떠한 대상, 현상들의 단순한 이름에 지나지 않는가, 또는 일정한 예술-표현적 과업, 일정한 문체론적 목적에도 복무하는가에 따라"(p. 141) '명명적 신어'와 '개인-문체론적 신어'로 나누어 설명하고 있다.

최완호 외(1980)에서는 '신어'를 '새말'이란 용어로 바꾸어 부르면서 "새말이란 과학기술의 발전과 사회의 전진, 사회정치적변혁 등의 결과 생기게 된 새로운 대상, 새로운 개념을 나타내거나 또는 이미 있는 개념을 새롭게 나타내기 위하여 어휘 구성 속에 들어오게 된 어휘 부류를 말한다."라고 그 개념을 정립하고 있는데 김수경 외(1961)의 견해와 거의 일치하다고 할 수 있다. 그런데 그 분류와 관련해서는 좀 다른 견해를 보이고 있다.

"새말 가운데서 전형적인 류형은 개념이 새로울 뿐 아니라 그의 형태구조적 형식까지도 새로운 부류이다."(예: 기계모)(p. 24)

"새말 가운데는 가리키는 대상은 새로운 것이지만 그 형태구조적 형식은 이미 있는 말마디와 같은 것이 있다. 이때는 이미 있는 말마디와 뜻의 련계가 완전히 끊어진 것만이 새말로 되고 그렇지 못한것은 같은 말마디의 새뜻으로 된다."(p. 25)

"새말의 류형에는 또한 그 대상이나 현상은 이미 주어져 있으면서 다만 그것을 이르는 말마디의 말소리와 그 구조형식만이 새로운 것이 있다. 다듬은 말이 바로 이 류형에 속한다."(예: 쪽잎[소엽])(p. 25)

여기서 볼 수 있는 바와 같이 최완호 외(1980)에서는 '개인-문체론적 신어'를 설정하지 않은 대신 '명명적 신어'를 세 가지로 다시 하위분류하고 있다는 점에서 좀 다른 특색을 보이고 있다.

김길성(1992: 76)에서도 '새말'이란 용어를 사용하고 있는데 그 개념 정립에 있어서는 위의 두 저서와 별 다른 차이를 보이지 않는데 그 분류에 있어서는 위의 두 저서와는 일정한 차이를 보이고 있는 바 대분류에서는 김수경 외(1961)의 분류법에 따라 "새말은 그것이 어떠한 대상, 현상의 단순한 이름에 지나지 않는가 또는 일정한 문체론적 목적에 복무하는가에 따라" '명명적 새말'과 '문체론적 새말'로 분류하고(p. 77 참조) 하위분류에서는 최완호 외(1980)의 분류법에 따라 '명명적 새말'을 "명명적 특성에 따라" 다시 '어휘론적 새말', '의미론적 새말', '정리된 새말'로 하위분류하고 있다.(p. 78 참조)

"어휘론적 새말이란 새로 출현된 대상, 현상 등을 명명하는 단어를 말한다."(예: 광명성1호[인공지구위성], 단군릉, 조국해방전쟁승리기념탑)

"의미론적 새말이란 단어에 새로운 뜻이 출현하여 이루어진 단어를 말한다. 어휘론적 새말은 단어자체의 발생을 의미한다면 의미론적새말은 이미 있던 단어에 새로운 뜻이 출현함으로써 새말로 되는 현상을 말한다."(예: '심부름꾼'['남의 집에 고용되어 여러 가지 잔심부름을 하는 사람' → '인민의 대표로서 인민의 리익에 맞게 충실히 복무하는 사람'])

"정리된 새말이란 어휘정리과정에 새롭게 이름 지어 부르게 된 단어를 말한다."

위의 저서들에서와는 달리 김일성종합대학 조선어학강좌(1981)과 최완호(2005)에서는 '신어'를 독자적인 어휘의 한 부류로 설정하지는 않고 '단어체계(어휘 구성)의 변화 발전'에서 '신어'의 산생과 관련된 내용들을 얼마간 언급하고 있다.

그런데 북에서 출간된 저서들에서는 그 어디에서도 유행어와 관련된 논의는 찾아볼 수 없다.

## 요약

지금까지의 고찰에서 볼 수 있는 바와 같이 '신어'와 관련된 연구에서는 신어의 개념 정립, 신어의 산생동기 등 문제와 관련하여서는 거의 모든 학자들의 견해가 기본상 일치하다고 할 수 있다.

그런데 신어와 관련된 연구에서도 신어의 개념 정립과 결부하여 신어의 판정 기준에 대해 좀 더 논의되어야 할 것 같다.

지금 많은 학자들은 신어는 새로운 대상, 새로운 개념이 산생될 때마다 그것을 표현하기 위해 끊임없이 산생되는 어휘의 부류로서 '시대성'을 그 주요한 특징으로 하고 있다고 보면서 강신항(1991)에서처럼 시대별로(엄격한 의미에서는 연도별로) 신어를 제시하고 있다.

그런데 김수경 외(1961: 140)에서는 "신어는 그것이 최종적으로 언어 가운데에 흡수되고 적극적 어휘 가운데에 합류되기 전까지는, 즉 아직도 새로운 느낌, 색다른 느낌을 가진 단어로서 접수되는 한, 여전히 신어로 남아 있다." "그러나 언어 발달의 일정한 시기에는 신어였던 것이 뒤에 와서는 본래부터의 단어들과 뒤섞여 신어로 따로 구별되지 않게 되는 례가 많다." "따라서 최근에 와서 나타난 단어라 할지라도 전 인민적으로 널리 사용되어 특별한 문체론적 색채를 잃게 되고 언어의 적극적 어휘 가운데에 들어간 것은 이미 신어라 말할 수 없다."라고 하면서 신어의 판정 기준을 '시대성'과는 관계없이 '적극적 어휘에 합류되느냐 못하느냐'에 두고 있다. 그리고 그 실례로 '학습회, 벽보, 교양망, 현물세' 등등은 이미 적극적 어휘 가운데 들어왔기에 신어로 볼 수 없다고 주장하고 있다.

신어의 판정 기준과 관련하여 좀 더 논의되어야 할 문제는 만약 우리가 '시대성'을 신어의 주요한 특징으로 한다고 할 때, 시대적으로는 신어의 산생이 언제부터냐 하는 것이다. 강신항(1991)에서는 1945년부터 1990년 사이에 산생된 신어를 연도별로 제시하고 있는데 1945년을 그 계선으로 하고 있다는 표현인지는 잘 모르겠지만 어휘는 끊임없이 산생되고 소실되는 과정을 통해 부단히 변화 발전한다는 사실을 인정한다고 할 때, 1945년 이전의 시기에도 새로운 어휘들이 부단히 산생되었을 터인데 그럼 이런 어휘들도 신어로 보아야 할 것인지? 만약 '시대성'을 이렇게 인식한다면 고어('고어'의 설정을 인정한다면) 이외의 어휘는 모두 부동한 시기의 신어로 보아야 할 것인데 이렇게 처리하는 것이 과연 타당한지? '신어'가 어휘의 시대적 부류인 것만큼 신어에 대한 논의도 일정한 시대적 계선을 명확히 그은 전제에서 진행하는 것이 더 타당한 것은 아닌지?

'유행어'와 관련된 연구에서는 남의 학자들과 북의 학자들 사이에서는 물론, 남의 학자들 사이에서도 서로 다른 견해를 갖고 있다.

북의 경우에는 앞의 고찰에서 이미 살펴본 바와 같이 전혀 언급도 하지 않고 있는데 유행어라는 어휘 부류가 자체의 일정한 특성을 갖고 있는 것만큼 반드시 논의되어야 한다고 생각한다.

남의 경우에는 이미 앞에서 살펴본 바와 같이 '유행어'를 '신어'와 나란히 놓이는 하나의 독자적인 어휘의 부류로 다룰 것이냐 아니면 신어의 하위 부류로 다룰 것이냐 하는 견해가 서로 대립되고 있는데 유행어가 표현적 특성과 구조적 특성 등 면에서 일반적인 신어들과는 구별되는 자체의 특성을 갖고 있는 것만큼 어휘의 시대적 부류에서 반드시 다루어야 할 어휘의 부류인 것만은 틀림없다. 그러나 유행어는 발생 동기가 신어와 기본상 동일하며, 또 그 계선이 분명하지 않아 구체적인 어휘를 놓고 유행어로 처리할지 아니면 신어로 처리해야 할지 판단하기가 어렵다는 사정을 고려할 때, 유행어를 신어와 동등한 대접을 하여 독자적인 어휘 부류로 설정하는 것은 타당치 못하다고 생각하며 앞 장에서 이미 논의된 '속어'와 함께 신어의 일종으로 다루는 것이 더 바람직한 것이 아닐까 생각한다.

### 3.5.3. 고어

이희승(1955: 211)에서는 "古代에 使用되고 至今은 그 生命이 存續되지 못하는 말을 古語(archaic word) 或은 廢語(obsolete word)·死語(dead word)"라 이른다고 그 개념을 정립하고 있다.

그런데 남에서 출간된 기타의 저서들에서는 어휘의 시대적 부류로 고어를 다루지 않고 있다.

반면 북에서 출간된 저서들에서는 '낡은 어휘', '낡은 말'이란 용어를 사용하면서 거의 모든 저서들에서 이 부류의 어휘를 다루고 있다.

김수경 외(1961: 133)에서는 '낡은 어휘'란 용어를 사용하면서 "언어에서 빠져나갔거나 또는 빠져 나가는 단어들"로 간단히 '낡은 어휘'의 개념을 정립하고 "낡은 어휘로 된 원인의 측면"에서 '낡은 어휘'를 '시대어(時代語)'와 '고어(古語)'로 나누어 고찰하고 있다.

'시대어'에 대해서는 "시대어란, 오늘날에 와서는 이미 없어진 물건 또는 현상을 나타내는 단어이며, 바로 없어진 물건이나 현상을 오늘날 가리킬 필요가 생길 경우에는 부득불 이 단어를 사용하지 않을 수 없다. 왜냐하면 현대의 표준어에는 그에 대한 동의어가 없기 때문이다."(p. 136)라고 그 개념을 정립하면서 '륙조(六曹), 령의정(領議政), 판서(判書), 암행어사(暗行御史)' 등 어휘를 예시하고 있다.

'고어'에 대해서는 "고어에 관하여 말한다면, 현대 조선어 표준어 가운데에 그와 의미를 같이 하는 동의어가 적극적 어휘로서 반드시 존재하고 있다."(p. 136)라고 그 개념을 정립하면서 '노고지리-종달새, 시위-큰물, 홍수, ᄀᆞ름-강, 호수, 뮈다-움직이다, 바ᄃᆞ롭다-위태롭다' 등 어휘를 예시하고 있다.

그리고 '고어'는 또 "일정한 의미를 가진 일정한 어음 복합체로서의 단어가 완전히 없어지게 되었는가, 또는 단지 그 의미적 측면만 낡은 것으로 되었는가에 따라" '어휘론적 고어'와 '의미론적 고어'로 나누어 설명하고 있다.

'어휘론적 고어'는 "단어가 완전히 없어지게 된 고어"를 가리키는데 이를 다시 "그 고어와 이를 대신하여 새로 등장하게 된 단어와의 관점에서 다음과 같이 세 가지 부류로 나누어 설명하고 있다.

"첫 번째 부류는 소극적 어휘로 들어간 단어와 그 대신 새로 등장한 단어가 전혀 다른 어근으로 구성되어 있는 경우다."(예: '격지-나막신, 디새-기와, 빗올-원앙새, 녀다-간다' 등)

"두 번째 부류는, 고어와 그 대신 등장한 단어와의 사이에서 어근은 같으나 그 나머지 접사는 다르게 되어 있는 경우다."(예: '다리우리-다리미, 낟-낚시, 도랏-도라지, 긷-기둥' 등)

"세 번째 부류는 고어와 그 대신에 등장한 단어가 서로 다른 단어인 것은 아니라 동일한 단어로서 다만 어음론적으로만 변모한 경우다."(예: 'ᄀᆞᆯ-가을, 바롤-바다, 거붑-거북, 가히-개' 등)

의미론적 고어에 대해서는 "의미론적 고어란 그 단어는 계속 오늘날의 표준어에 존재하고 있으나 과거에는 다른 의미를 가지고 있었던 단어를 말한다."라고 그 개념을 정립하면서 '노릇'('유희', '희롱'의 의미를 가졌었다), '사랑하다'('생각하다'의 의미를 가졌었다.), '스승'(무당'의 의미를 가졌었다.) 등을 들고 있다.

최완호 외(1980: 27)에서는 "낡은 말이란 이러저러한 요인으로 하여 문화어 어휘 구성에서 빠져나가게 된 어휘 부류를 말한다."라고 그 개념을 정립한 다음 '낡은 말'을 '시대말', '옛날말', '본래말' 세 가지 유형으로 나누어 설명하고 있다.

'시대말'에 대해서는 "시대말은 낡은 사회제도나 낡은 생활양식과 풍습 등을 나타내는 어휘 부류이다." "시대말 가운데서 사회제도와 관련하여 쓰는 말을 따로 제도어라고 하며 역사와 관련된 말을 따로 역사어라고도 한다."(p. 27)라고 그 개념을 정립하면서 '령의정, 감사, 판서, 도포, 마름, 군수' 등의 예시를 보이고 있다.

'옛날말'에 대해서는 "옛날말은 그것을 이르는 딴 이름이 생겨 그전에 쓰던 말이 쓰이지 않게 됨으로써 이미 오랜 옛날에 어휘 구성에서 빠져나간 어휘 부류이다."(p. 28)라고 그 개념을 정립하고 "낡은 말로 된 정도에 따라" 다음과 같은 두 가지 부류로 나누어 그 예시를 보이고 있다.

"ㄱ. 오늘날 완전히 쓰이지 않으며 많은 사람들이 그 뜻을 전혀 알 수 없게 된 어휘 부류: 모로미(모름지기), 날회여(천천히),

힘힘이(한가로이), 즈믄(천)"

"ㄴ. 오늘날 쓰이지 않으나 아직 일부 사람들이 그 말을 알고
있는 어휘 부류: 활동사진(영화), 류성기(축음기), 륙혈포(권
총)"(p. 28)

'본래말'에 대해서는 "본래말(안쓸말)은 지금까지 쓰이던 외래적인
말을 고유어로 다듬은 결과 밀려나게 된 낡은 말이다."(p. 28)라고
그 개념을 정립하면서 '가축(집짐승), 사료(먹이), 입장권(나들표)' 등
의 예시를 보이고 있다.

김길성(1992: 79)에서는 위의 두 저서에서와는 좀 달리 "낡은 말
이란 오늘날에 와서 없어진 대상을 가리키면서 소극화되어 드물게
쓰이거나 또는 대상에 대한 다른 이름이 생겨 남과 함께 쓰이지 않
게 되었거나 특수하게 쓰이는 단어들을 말한다."라고 그 개념을 정
립하고 있다.

'낡은 말'의 분류는 "단어가 낡아진 원인의 측면에서" '시대어, 고
어, '정리 당한 말' 세 가지로 하위분류하고 있는데 최완호 외(1980)
의 분류와 기본상 일치하다고 할 수 있다. '시대어'와 '시대말', '고어'
와 '예날말'은 꼭 같은 뜻으로 쓰이는 말임은 물론, 좀 특이한 '정리
당한 말'도 다루고 있는 어휘들을 보면 '본래말'에서 다룬 어휘들과
꼭 같다. 아마 어휘 정리에서 이미 정리된 '상전(뽕밭)'과 같은 어휘
를 '본래말'이라고 명명하는 것이 타당치 않다는 생각에서 새로운
용어로 명명한 것이 아닌가 생각된다.(p. 80-82 참조)

김일성종합대학 조선어학강좌(1981)에서도 그 개념 정립에 있어
서는 상기의 저서들과 비슷한 견해를 보이고 있고 그 분류에서만

은 '낡은 말'을 '시대말'과 '예날말' 두 가지로만 나누고 있다.(p. 44-45 참조)

## 요약

　지금까지의 고찰에서 볼 수 있는 바와 같이 북에서 출간된 저서들에서는 '낡은 말' 또는 '낡은 어휘'라는 개념으로 '고어(옛날말)'와 '시대어(시대말)'을 모두 다루고 있지만 남에서 출간된 저서들에서는 '신어'에 대해서는 많이 언급하면서도 '고어'나 '시대어'에 대해서는 거의 언급하지 않고 있는데 어휘의 시대적 부류를 설정한다고 할 경우에는 이 부류의 어휘들에 대해서도 마땅히 논의되어야 할 것 같다.

　만약 우리가 어휘의 시대적 부류에서 이 부류의 어휘들이 마땅히 다루어져야 한다는 것을 전제로 할 때, 다음과 같은 문제들이 좀 더 논의되어야 할 것 같다.

　우선 논의되어야 할 문제가 이른바 '고어(옛날말)'과 '시대어(시대말)'을 '낡은 말'의 하위범주로 설정할 수 있느냐 하는 것이다. 주지하는 바와 같이 '고어'와 '시대어'란 어휘 부류가 '낡은 말'이란 어휘 부류의 하위범주로 묶이기 위해서는 이 두 부류의 어휘 사이에 그 어떤 공통성이 존재한다는 것을 전제로 해야 할 것이다. 그렇다면 북의 학자들은 이 두 부류의 어휘를 '낡은 말'이란 상위범주로 묶을 때, 이 두 부류의 어휘 사이에 존재하는 공통성을 무엇으로 보고 있는가를 다시 검토해 볼 필요가 있을 것이다. 앞에서 우리는 '낡은 말'의 개념 정립과 관련된 북의 학자들의 견해를 비교적 상세히 고찰한 바 있는데 이들의 견해에 따르면 이 두 부류의 어휘들은 모두 "소극화되어 쓰이지 않게 된 어휘" 또는 "문화어 어휘 구성에서 빠져나가게 된 어휘"라는 것이다. 만약 이 두 부류의 어휘가 이런 공통성을 갖고 있다고 할 경우에는 이 두 부류의 어휘를 하나로 묶을 수 있을 것이다. 그러나 문제는 이 두 부류의 어휘가 과연 이런 공통된 특성을 갖고 있느냐 하는 것이다. 물론 '고어'의 경우만을 놓고 볼 때에는 "소극화되어 쓰이지 않게 된 어휘", "문화어 어휘 구성에서 빠져나가게 된 어휘"라 할 수 있을 것이다. 그것은 이 부류의 어휘는 고전이나 고전을 다룬 간행물을 제외하고는 거의 찾아볼 수 없기에 '현대어(문화어)'의 어휘 구성에서 빠져나간 어휘라고 할 수 있을 것이다. 그러나 '시대어'는 그 사정이 완전히 다르다. 이 문제와 관련하여 '고어(옛날말)'과 '시대어(시대말)'을 '낡은말'의 하위 부류로 설정하고 있는 최완호 외(1980: 27-28)에서도 "시대말은 지난날의 역사적사실을 가리키는 경우에는 오늘날도 그대로 쓰이며 또한 계급교양을 위한 필요에서도 오늘날 필요한 정도에서 쓰인다."라고 지적하고 있다. 김길성(1992: 82)에서도 "시대어는 회상실기, 역사적 저술, 지난날의 기록 등에 많이 쓰이고 있다."라고 했으며, 김수경 외(1961: 139)에서도 "시대어는 일정한 문체론적 조건 없이도 사용될 수 있다. 그것은 이미 없어진 개념, 현상, 물건 등을 나타내기 위하여는 바로 이러한 단어들이 필요하기 때문이다. 따라서 시대어는 역사적 저술, 지난 일의 기록, 회상기 등에 많이 사용되고 있다."라고 사용의 측면에서의 '고어'와의 차이를 논하고 있다. 그러니 '시대어(시대말)'을 어떻게 '소극화되어 쓰이지 않게 된 어휘", "문화어 어휘 구성에서 빠져나가게 된 어휘"라 할 수 있겠는가? 그러니 '낡은 말"의 정의에 비추어 보면 결과적으로는 '고어(옛날말)'와 '시대어(시대말)' 사이에서는 아무런 공통성도 갖고 있지 않는 것으로 된다. 따라서 이 두 부류의 어휘는 하나로 묶일 것이 아니라 어휘의 시대적 부류에서 독자적인 부류로 설정되어야 마땅할 것이다. '시대어'는 사실상 사회가 부단히 진보하고 발전한다는 사정을 감안할 때, 또 앞에서 고찰한 '신어'나 '유행어' 중에도 언젠가는 이 '시대어'에 합류될 어휘들이 적지 않을 것이라는 점 등으로 미루어 보아 "현대어에서 특수한 역사 시기를 반영하는 어휘 부류" 정도로 이해하는 것이 비교적 무난할 것 같다.

그 다음으로 좀 더 논의되어야 할 문제는 최완호 외(1980)과 김길성(1992)에서 다루고 있는 이른바 '본래말'이나 '정리 당한 말' 설정의 이론적인 타당성 문제이다. 이들이 이른바 '본래말', '정리 당한 말'이라고 예로 든 '가축', '사료', '입장권', '석교' 등은 '집짐승', '먹이', '나들표', '돌다리'로 다듬어 놓았으니 이들의 '낡은 말'의 정의에 따르면 당연히 본래말, 정리 당한 말로 처리되어야 할 것이다. 그런데 문제는 김수경 외(1961)에서 사용하던 '고어', '시대어'를 최완호 외(1980)에서는 '옛날말', '시대말'로 바꾸어 부르고 있는 것으로 보아 '본래말', '정리 당한 말'이 분명한 것 같은데 왜 뒤늦게 출간된 김길성(1992)에서는 의연히 '고어', '시대어'를 사용하고 있는가 하는 것이다. 이에 대해서는 단 한 가지 해석만이 가능한데, 그것이 바로 이들 어휘의 경우에는 '복수표준'을 적용한다는 것이다. 그렇다면 여기서 또 하나의 다른 문제가 제기되는바, 어느 한 기존의 어휘를 다른 말로 다듬은 경우, 어떤 경우에는 기존의 어휘를 '낡은 말'로 처리하고 어떤 경우에는 '복수표준'을 적용하여 '낡은 말'로 처리하지 않아도 되느냐 하는 것이다. 물론 이른바 '복수표준'의 적용 기준에 대해서는 '맞춤법' 등에서 구체적인 설명은 하겠지만 그 이론적 근거의 타당성에 대해서는 다시 한번 검토해 볼 필요가 있을 것이다.

이 문제와 관련하여 제기되는 다른 한 문제는 북에서 '낡은 말'로 처리하고 있는 '가축', '사료', '입장권', '석교' 등의 어휘를 북을 제외한 기타의 더 광범위한 언어 사회 집단에서는 여전히 사용하고 있다는 사실이다. 그러므로 이런 어휘들의 처리에서는 신중성을 기할 필요가 있다. 하나의 통일 민족어의 차원에서 볼 때, 이런 어휘들을 '낡은 말'로 처리하는 것은 지나친 무리라 생각된다. 물론 언어의 규범화는 부동한 국가나 지역의 언어 정책에 의해 달리 실시될 수는 있겠지만 규범화의 원칙을 제정할 때에는 언제나 민족어 전반을 고려해야 할 것인바, 이런 어휘의 경우에는 적어도 이른바 '복수표준'은 적용해야 할 것이다. 불완전한 통계에 의하더라도 북에서 실시한 '말다듬기'에 의해 다듬어진 말이 3만을 넘어선다니 이에 대응되는 3만을 넘어서는 기존의 어휘가 '낡은 말'이나 '방언' 등으로 처리될 것인데 계속 이 상태로 발전해 나간다면 민족어의 이질화는 점점 더 가심해질 수밖에 없을 것이다.

## 3.6. 어휘의 의미적 부류

### 3.6.1. 어휘의 의미적 부류에 대한 일반적 이해

어휘의 의미적 부류란 어휘를 그것들이 갖고 있는 어휘 의미적 특성의 공통성에 따라 분류하여 놓은 어휘의 부류를 가리킨다.

어휘의 의미적 부류와 관련된 연구는 어휘론 연구에서 매우 중요한 자리를 차지하고 있는 분야로서 줄곧 학계의 주관심사로 부동한 각도에서 이러저러하게 많이 논의되고 있으며, 또 그런 것만큼 아직 많은 연구 과제들을 안고 있는 분야이기도 하다. 그럼 먼저 남에서 출간된 저서들에서는 어휘의 의미적 부류에 대해 어떻게 이해하고 있는가를 살펴보기로 하자.

김종택(1992: 245)에서는 "어휘는 특정한 어휘장(lexical field) 속에 놓이기 때문에 언제나 다른 어휘와 일정한 관계를 가지게 된다. 그것은 크게 의미적 상관관계와 형태적 상관관계로 구별되는데, 의미적 상관관계는 동위관계와 상하관계에서, 형태적 상관관계는 동음관계와 유음(類音)관계에서 나타난다.""그 관계는 더욱 직접적인 것으로 긴밀할 수도 있고 그렇지 않을 수도 있는데, 의미적으로는 동의관계에서, 형태적으로는 동음관계에서 긴밀한 상관관계를 가지기 때문에 어휘 의미를 논하는 자리에서 동의어, 반의어, 다의어, 동음어의 의미·형태관계를 집중적으로 논하게 되는 것이다."라고 하면서 의미적 측면에서 어휘는 '긴밀성'의 정도에 따라 주로 '동의어', '반의어', '다의어', 동음어'의 네 부류를 설정하고 있다.

심재기 외(2011: 181)에서는 "개별 단어들이 지니는 의미는 독자적으로 존재하는 듯이 보이지만, 실제로는 의미 속성에 따라 상호 관련되어 존재한다. 곧 '관계 속성'에 따라 무리를 지어 존재하는 것이다." "상이한 단어들이 지니는 의미들 사이의 관계 속성은 다음의 네 가지 유형으로 분류할 수 있다."

"①의 포함 관계는 의미 영역의 넓고 좁음에 따른 하의 관계(下

義關係), ②의 중첩 관계는 의미 영역의 겹침에 따른 유의 관계(類義關係), ③의 상보 관계는 유표적 대조에 의한 반의 관계(反義關係), ④의 연접 관계는 의미의 근접에 따른 공의 관계(共義關係)로 이해된다."

"의미 관계는 서로 다른 단어들이 지니는 의미들 사이에서 성립하는 것이 원칙이지만, 다른 한편으로는 동일한 단어에 결부된 의미들 사이에서도 성립할 수 있다. 곧 한 단어가 중심 의미와 여기에 결부될 수 있는 다수의 파생 의미를 거느리게 될 때, 그 중심 의미와 파생 의미 사이의 관계를 '관계 속성'으로 이해할 수 있으며, 더 나아가 이들 사이의 유연성(有緣性) 상실이나 결여도 '관계 속성'으로 이해할 수 있다. 이와 같이 동일 형식의 단어가 지니는 의미들이 중심 의미와 파생 의미의 관계로 파악된다면 이들은 '다의 관계(多義關係)'로 이해되며, 이들 의미들이 유연성을 상실하거나 아예 어원적으로 무관하다면 이들은 '동음이의 관계(同音異義關係)로 이해된다."라고 하면서 어휘를 의미의 '관계 속성'에 따라 '하의어', '유의어', '반의어', '다의어', '동음이의어' 등의 부류를 설정하고 있다.[23]

그런데 김광해(1993: 196-197)에서는 이와는 좀 달리 "어휘소들을 의미 관계에 따라 정리하는 일은 어휘론 또는 의미론의 중요한 연구 목표가 된다. 이러한 관점은 특히 어휘소들의 세로 관

---

23 심재기 외(2011)에서는 '동의 관계', '반의 관계' 등을 논하는 자리에서는 해당 관계에 놓인 어휘들을 '동의어', '반의어'라 한다고 지적하고 있지만 '공의 관계'의 논의에서는 이런 관계에 놓이는 단어들을 무엇이라 명명하지 않고 있다. 다시 말하면 '공의 관계'의 경우에는 해당 어휘 부류를 설정하지 않고 있다는 것이다.

계(paradigmatic relation)를 중심으로 관찰할 경우 중요하다. 어휘 의미론이라는 분야에서는 전통적으로 어떤 언어의 총어휘목록 (lexicon)을 그 하나하나의 어휘소들이 의미상으로 서로 간에 관계를 맺고 있다고 봄으로써 그것의 체계화를 모색하여 왔다. 이러한 생각에 따라서 어휘소들 간에 맺어지고 있는 관계는 가령, 類意관계(synonymy, 同意관계 포함), 反意관계(antonymy), 上下意관계(hyponymy) 등을 필두로 하여, 多義 현상(polysemy), 同音異義 현상(homonymy), 부분−전체관계(part−whole relation), 共有관계 (overlapping or sharing), 동일 지시 관계(co−conference), 含意 관계 (entailment), 前提 관계(presupposition) 등의 다양한 술어들에 의하여 분류되고 기술되어 왔다."라고 하면서 어휘의 의미적 부류를 어휘소 간의 의미 관계에 따른 분류로 설명하고 있다.

그리고 어휘소간의 의미 관계의 성립 요인으로 의미 삼각이론의 '개념', '기호', '지시 대상'을 들면서 "이러한 전제에 따르면 어휘소간의 의미관계는 결국 기호와 기호 사이의 관계(S1: S2), 개념과 개념 사이의 관계(C1: C2), 지시 대상과 지시 대상 사이의 관계(R1: R2)의 세 가지 유형으로 나뉜다."(p. 200)라고 하면서 '유의 관계', '반대 관계', '하의 관계', '부분−전체 관계', '공유 관계'로 분류하고 있다.

그럼 이제부터는 북에서 출간된 저서들에서는 이 문제를 어떻게 다루고 있는가를 살펴보기로 하자.

김일성종합대학 조선어학강좌(1981: 300에서는 "모든 단어들은 다 뜻을 가지고 있으며 이 뜻에 의해서도 서로 복잡한 련계를 맺고 있다. 뜻의 측면에서 단어들의 련계의 기초에 놓이는 것은 무엇이며 그 련계의 성격은 어떠한가. 그 련계에 의하여 단어들은 어떻게 나누어지는가 하는 것을 밝히는 것은 단어체계의 성격을 정확히 리해하는 데서뿐만이 아니라 단어체계를 옳게 발전시키고 단어를 정확히 쓰도록 하는 데서 커다란 의의를 가진다."라고 하면서 단어들의 의미적 갈래로 '뜻같은말', '뜻반대말', '소리같은말' 세 부류를 설정하고 있다.

김길성(1992: 31)에서는 "단어는 그 구성요소로 보아 말소리와 뜻으로 이루어지는데 그 호상관계를 보면 어떤 단어들은 말소리구성은 같으나 뜻이 전혀 다른가 하면 일부 단어들은 반대로 말소리구성은 다르지만 뜻이 같거나 비슷하며 또 말소리구성도 다르고 뜻도 정반대되는 단어들도 있다.'라고 하면서 '소리같은말', '뜻같은말', '뜻반대말'을 설정하고 있다.

그리고 김수경 외(1961: 61~79)에서도 어휘의 의미적 부류에 대해서는 구체적인 논의는 진행하지 않았지만 이 부류의 어휘를 '동음이의어', '동의어', '반의어'로 나누어 설명하고 있다.

## 요약

지금까지의 고찰에서 볼 수 있는 바와 같이 어휘의 의미적 부류와 관련하여서는 학자들 사이에 적지 않은 견해상의 차이를 보이고 있는데 주요하게는 의미적 측면에서 어휘를 분류하면 어떤 부류의 어휘들이 설정될 수 있으며 또 마땅히 설정되어야 하느냐 하는 문제가 좀 더 논의되어야 할 것 같다.

그런데 이 문제를 옳게 해명하기 위해서 우선 논의되어야 할 문제가 어휘의 '의미 관계'를 어떻게 이해하느냐 하는 것이다. 그것은

'의미 관계'에 대한 이해에 따라 일부의 어휘 부류들은 의미 관계에 관한 논의에서 제외되기도 하고 포함되기도 하기 때문이다.

앞의 고찰에서도 보아온 바와 같이 '의미의 관계'를 둘러싸고 학계에서는 두 가지 부동한 견해가 서로 대립되고 있다.

김광해(1993)에서는 '어휘소 간의 의미 관계'만을 '의미의 관계'로 보면서 '의미삼각이론'에 따라 어휘소 간의 기호와 기호 사이의 관계, 개념과 개념 사이의 관계, 지시 대상과 지시 대상 사이의 관계로 한정시키고, "위에서 확보된 전제에 따르면, 동음이의(homonymy) 현상은 두 개 이상의 어휘소들이 우연히 같은 음운이기 때문에 맺어지는 관계에 불과하다는 점에서 의미 관계가 아니며, 또 다의(polysemy) 현상 같은 것은 단일한 어휘소 하나에 관련되는 의미 현상이라는 점에서 '어휘소 간의 의미 관계'를 논하는 자리에서는 제외되어야 함이 마땅하다는 점을 주장할 수가 있게 되는 것이다."라고 주장하고 있는데, 심재기 외(2011: 181-182)에서는 이미 앞에서 살펴본 바와 같이 의미의 관계는 "동일한 단어에 결부된 의미들 사이에서도 성립할 수 있다."(p. 181-182 참조)라고 하면서 '동음이의 관계', '다의 관계'도 의미의 관계에서 논의되어야 한다고 주장하고 있다.

그런데 여기서 더 흥미로운 것은 '심재기(1982)에서도 '의미삼각이론'으로 어휘의 의미 관계를 설명하고 있지만 김광해(1993)에서와는 달리 '동의어'는 물론 '다의어'와 '동음어'도 '명칭(즉 기호)'과 '의미(즉 '개념')의 상호 관계에서 설정되는 어휘의 부류로 설명하고 있다는 것이다.

"근래에 언어외적 요소인 지시물을 포함시켜 의미관계의 총괄적인 설명을 가능케 하는 '意味의 基本三角形'을 만들어내기에 이르렀다." "그러나 언어학적 意味論의 견지에서 보면 역시 記標, 記義

에 해당되는 symbol과 reference만을 필요로 하므로 위의 삼각형에서 기호와 개념을 연결하는 좌변만 유용하다고 하여 S. Ullmann은 이것을 다시 name(symbol), sense(reference) 및 thing(referent)이라고 改稱하고 name(sound)과 sense 간의 相互順行關係와 相互逆行關係를 단어의 의미로 규정하고 있다."(p. 130) "우리가 앞에서 名稱(name)과 意味(sense)의 상호관계에서 빚어지는 동의어, 다의어, 동음어에 대해 언급한 바를 도식화 하면 다음과 같다."(p. 131)

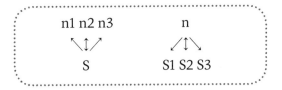

여기서 볼 수 있는 바와 같이 심재기(1982)나 심재기 외(2011)에서는 어휘의 '의미 관계'를 보다 폭넓게 잡아 동일한 하나의 단어 내에서도 성립될 수 있다고 보고 있는 데 반해 김광해(1993)에서는 서로 다른 어휘소 간에서만 '의미 관계'가 성립될 수 있다고 보고 있다. 물론 어휘의 '의미 관계'를 김광해(1993)에서와 같이 서로 다른 어휘소 간의 관계로 한정할 수도 있겠지만 그러나 그렇다 하여 '동음이의 관계', '다의 관계' 등을 '의미 관계'의 논의에서 제외하는 데 대해서는 좀 더 논의할 필요가 있을 것 같다. 김광해(1993: 200)에서는 "위에서 확보된 전제에 따르면 동음이의(homonymy) 현상은 두 개 이상의 어휘소들이 우연히 같은 음운이기 때문에 맺어지는 관계에 불과하다는 점에서 의미 관계가 아니며, 또 다의(polysemy) 현상 같은 것은 단일한 어휘소 하나에 관련되는 의미 현상의 하나라는 점에서 '어휘소간의 의미 관계'를 논하는 자리에서는 제외되어야 함이 마땅하다는 점을 주장할 수가 있게 되는 것이다."(p. 200)라고 주장하고 있는데 '다의 관계'는 동일한 한 어휘소 내에서의 의미 관계와 관련되는 것이므로 '의미 관계'의 논의에서 제외시킨다 하더라도 '동음이의 관계'마저 '의미 관계'의 논의에서 제외시켜야 한다는 주장은 그대로 받아들이기 어려울 것 같다. 그것은 첫째, '동음이의 관계'는 동일한 어휘소 간의 '의미 관계'가 아니라 서로 다른 어휘소 간의 '의미 관계'에 의해 맺어지는 관계라는 것이다. 둘째, "동음어는 언어 기호의 자의성으로 말미암아 자연스럽게 생겨나기도 하지만, 다의어의 의미 분화, 음운의 변화 결과, 외래어의 증가 등과 같은 언어의 이차적 특성이 원인이 되어 발생하기도 한다."(심재기 외(2011: 208-209) 그러므로 '동음이의 현상'은 단순한 음운의 우연한 일치에 의해 맺어지는 관계로 볼 수 없다는 것이다. 셋째, 보다 더 중요한 것은 '다의 관계'는 서로 다른 '기호'(또는 '어휘소')가 같거나 유사한 '개념'(또는 '의미')을 나타내기에 성립되는 '의미 관계'라고 할 경우, 반대로 서로 다른 '개념'(또는 '의미')를 같거나 유사한 '기호(또는 '어휘소)로 나타내는[24] '동음이의 관계'는 무엇 때문에 어휘소의 의미 관계로 볼 수 없느냐 하는 것이다. 이러한 이유로 우리는 '동음이의 관계'도 어휘소 간의 '의미 관계'를 논하는 자리에서 논의되어야 한다고 본다.

---

[24] 우리가 여기서 '같거나 유사한 기호'라는 개념을 사용하게 되는 것은 동음이의어에는 '말(言)-말(馬)-말(斗)'과 같이 발음도 같고 표기도 같은 것들과 '낫(鎌)-낮(晝)-낯(脸)'과 같이 발음은 같지만 표기가 좀 다른 것들이 있다는 사정을 고려해서이다.

다음 '다의 관계' 문제인데 '다의 관계'도 어휘의 '의미 관계'를 심재기 외(2011)에서처럼 동일한 단어에 결부된 의미들 사이에서도 성립될 수 있다는 입장에서 볼 경우, 심재기(1982)의 분석법에 따라 어휘의 '의미 관계'에서 다루는 것이 보다 타당하리라 생각된다. 그런데 여기서 한 가지 더 언급할 것은 이 '다의 관계'에 의해 설정되는 '다의어'라는 것도 실제상에서는 '단의어'를 상대로 성립되는 개념이라는 것이다. 우리가 만약 문제를 이렇게 이해한다고 할 때, 만약 어떤 두 어휘소가 '하의 관계'를 맺고 있다 할 경우, 이 '하의 관계'에 의해 설정되는 '하의어'라는 어휘 부류도 '상의어'라는 어휘 부류를 상대로 성립되는 개념으로서 그 전제는 우리가 '상의-하의'라는 분석 기준을 먼저 정했기 때문에 이런 분석이 가능한 것이지 본래 이 두 어휘가 이런 관계만을 맺고 있는 것은 아니다. 예를 들어 일부 학자들은 '먹다'와 '처먹다'의 관계를 '먹다'는 '상위어'로, '처먹다'는 '하위어'로 분석하기도 하는데,[25] 실은 '먹다'와 '처먹다'가 '상의-하의' 관계로만 분석될 수 있는 것이 아니라 앞 절에서 살펴본 바와 같이 '평어-비어'의 관계로도 분석될 수 있다. 또 예를 들어 '아버님'과 '아비'의 경우, 이것들을 '동의 관계'로 분석할 것이냐 아니면 '공대어-비어'의 관계로 분석할 것이냐는 전적으로 그 분석의 기준을 어떻게 설정하느냐에 의해 결정되는 것이다. 즉 그 분석의 기준을 무엇으로 정하느냐에 따라 결과도 달라진다는 것이다. 같은 도리로 우리가 만약 먼저 '다의-단의'라는 표준을 정하고 두 어휘소를 분석한다면 이 두 어휘소가 '다의 관계'를 맺고 있다는

---

25  이와 관련된 구체적인 논의는 심재기 외(2011: 184)를 참조하라.

분석도 가능할 것이다. 그렇다면 '하의 관계' 등은 어휘소 간의 '의미 관계'에서 논의될 수 있는데 '다의 관계'만은 꼭 제외되어야 한다는 이유도 없는 것이 아닌가?

### 3.6.2. 유의어(동의어)

김종택(1992: 245)에서는 "동의관계(synonymy)는 둘 이상의 어휘가 동일한 의미를 지녔을 때 성립되는데, 그 짝이 되는 말들을 동의어라고 한다. 그런데 동일한 어휘장 속에 완전히 같은 의미를 지닌 어휘가 둘 이상 있을 수 없으며, 만약 있다면 그것은 같은 어휘의 다른 명칭에 지나지 않으므로 관계의 개념으로 파악될 수 없는 것이다." "그렇기 때문에 어휘의미론에서 동의관계나 동의어라고 하는 것은 의미가 완전히 같지 않다는 것을 전제로 하여 출발하는 것이며, 그럴 때라야 비로소 관계를 논할 수 있게 되는 것이다. 따라서 그것은 엄밀한 의미에서 유의관계(類義關係)이며, 유의어의 성격인데, 그것을 유의어라 부르지 않고 동의어로 부르는 것은 그들의 관계가 '동일함'으로 인하여 맺어진 관계이기 때문이다."라고 그 개념을 정립하고 있다.

심재기(2000: 37)에서는 "하나의 사물을 지시하는 낱말이 두 개 이상 존재하는 것은 모두 자연 언어의 보편적인 현상이다. 이러한 두 낱말의 관계를 同義 關係라고 한다."라고 그 개념을 정립하고 있다.

한편 심재기 외(2011: 186)에서는 "유의관계(類義關係)는 두 개 이상의 단어가 지니는 의미들이 상호 동질 관계에 놓일 때 논의할 수 있다. 의미상의 동질 관계가 유지되려면 적어도 관련된 의미들이 동일한 의미 영역이나 중첩된 의미 영역을 공유할 것을 요구한다. 그런데 특정 단어를 제외하고 그 의미 영역이 엄격히 동일한 단어들은 자연언어에 존재하지 않으므로 의미의 동질 관계는 부분적인 의미의 중첩 관계로 이해된다. 두 개 이상의 의미들이 상호 중첩되는 부분은 개념적 의미이고, 그 외의 중첩되지 않는 부분은 연상적 의미이다. 이렇듯 개념적 의미는 동일하나 연상적 의미에서 차이를 보이는 의미 관계가 유의 관계이고, 이와 같은 의미 관계에 있는 단어가 유의어이다."라고 그 개념을 정립하고 있다.

이상의 개념 정립과는 좀 달리 김광해(1993: 200-201)에서는 '기호 사이의 관계-유의 관계'를 논하는 자리에서 "이 유형은 형식 부분을 이루는 기호(symbol)들, 즉 S1과 S2가 서로 관계를 맺음으로써 궁극적으로는 어휘소들이 의미 관계를 형성하게 되는 유형이다. 이 관계를 형성하는 어휘소들은 형식 부문인 기호를 제외한 나머지 부문들이 같거나 혹은 유사함으로 말미암아 類義 관계(synonymy)라는 중요한 의미 관계를 형성하게 된다. 나머지 부문들이 완전히 같다면 그것은 동의 관계라 불러야 되겠지만, 아직 이 분야의 연구에서 그처럼 완전히 의미가 같은 동의 관계는 존재하지 않는다고 보는 것이 일반적이다."라고 그 개념을 정립하고 있다.

이상의 고찰에서 볼 수 있는 바와 같이 남에서 출간된 저서들에서는 어떤 각도로부터 그 개념을 정립하든 모두 개념적 의미가 동일하나 기타의 의미가 부동한 부류의 어휘를 유의어(혹은 '동의어')로 보고 있다.

그렇다면 북에서 출간된 저서들에서는 유의어(동의어)의 개념을 어떻게 정립하고 있는가를 살펴보기로 하자.

김수경 외(1961: 66)에서는 "동의어란, 동음이의어와 정반대되는 현상으로서, 그 소리는 다르나 의미에 있어서는 서로 일치하거나 또는 비슷한 단어들을 말한다."라고 하면서 그 개념을 보다 명확히 정립하기 위해 "동의어의 유일한 기준으로 되는 것은 그 단어들이 가지고 있는 의미이다. 두 개의 단어 사이에 감정적 측면에서나 사용 분야의 측면에서나 커다란 차이가 있다 하더라도 그들이 동일한 대상 또는 현상을 나타낼 때에는 동의어라고 할 수 있다."(p. 67)라는 설명을 덧붙이고 있다.

김일성종합대학 조선어학강좌(1981: 31)에서는 이와는 좀 달리 "뜻같은말이란 소리는 다르나 뜻이 서로 같거나 비슷한 단어들을 말한다. 뜻같은말은 언제나 대상론리적 뜻의 공통성에 의하여 이루어진다."라고 그 개념을 정립하고 있다.

김길성(1992: 35-36)에서는 '동의어'를 '뜻같은말'이란 용어로 바꾸어 사용했을 뿐 개념정립에서는 김수경 외(1961)의 것을 그대로 옮겨 쓰고 있다.

이상의 고찰에서 볼 수 있는 바와 같이 북에서 출간된 저서들에서는 언어 표현에서는 약간의 차이를 보이기는 하지만 모두 의미가 서로 같거나 비슷한 단어들을 동의어로 보고 있다.

'동의어(유의어)'의 하위분류와 관련해서는 남의 학자들 사이에서도 그 기준 설정이 다름으로 해서 분류 결과도 달리되고 있다.

심재기(1982: 120-124)에서는 "국어는 대체로 앞절 어휘 구조의 체계표에서 보인 바와 같이 일곱 가지의 同義語群을 생각할 수 있다. 그러나 고유어와 외래어의 대립관계는 앞으로의 경향이므로 우리는 주로 ① 固有語간의 同義語群 ② 고유어와 한자어의 同義語群 ③ 漢字語간의 同義語群 그리고 이들 각각의 同義語群끼리의 복합 관계에 대하여 생각하고자 한다."라고 하면서 '고유어간의 동의어군'은 다시 "① 同一語幹의 동의어군 ② 相異語의 동의어군으로 나누어 생각하는 방법과, ① 객관적 意味差가 있느냐 ② 감정적 意味差가 있느냐 하는 것을 따라 분류할 수 있는 방법이 있다. 同一語幹으로부터의 동의어군이 감정적 의미차를 나타내고 相異語의 동의어군이 객관적 의미차를 드러내는 것이 보통이지만 반드시 그렇지는 않다."라고 하면서 '동일어간의 동의어군'('의성의태어; 조오다 조아리다/조올다 졸다/쫄다, 가(邊)/끝(端); 살/설, 마리/머리' 등)과 '상이어의 동의어군'('꾸중/걱정, 죽다/돌아가다' 등)으로 나누어 설명하고 있다. 그리고 '同義語群간의 복합관계'의 측면에서는 "① 고유어와 漢字同義語群 (前述) ② 고유 동의어군과 한자 동의어군 ③ 한자어와 고유 동의어군의 세 가지 유형이 가능하다."고 하면서도 "그러나 한자어 한 개와 고유 동의어군은 한자어의 한정성 때문에 불가능하며, 고유 동의어군과 한자 동의어군의 대응으로 아버지, 아빠, 아비, 아버님, 아범…/父親, 嚴親, 先親, 春府丈… 같은 예를 생각할 수 있겠으나 구조상으로 이와 같은 것이 존재할 뿐이며, 이 동의어군 간의 대응은 의미변화에 별로 기여하는 바가 없는 것으로 보인다."라고 설명하고 있다.

김광해(1993)에서는 '동의어(유의어)'를 '유의 관계가 형성되는 과정에서의 차이'에 따라 다음과 같은 3가지 유형으로 나누고 있다.

첫째 부류: "여기에 해당하는 어휘소들은 기본적으로 상이한 기호들이 동일한 지시 대상을 가리키지만 그 개념들이 각각 상이함

으로 말미암아 유의 관계를 형성하는 예가 된다.”(a. 金星[중립적 의미]; b. 샛별, 새벽별, 明星, 曉星, 辰星, 啓明星, 啓星 [아침에 뜬 금성]; c. 개밥바라기, 太白星, 太白, 長庚星, 長庚, 昏中星 [저녁에 뜬 금성]…)(p. 201 참고)

둘째 부류: “이 어휘소들은 역시 상이한 지시 대상과 개념을 가지지만, 그 지시 대상 사이의 거리가 매우 가까워서 유사성을 획득한 예들이다. 유의 관계를 형성하는 대부분의 어휘소들이 이 유형에 해당하는데, 이는 결국 지시 대상, 즉 기호가 가리키는 사물들 사이의 관계가 모호하고 불확실하기 때문에 결국은 어휘소들까지도 뚜렷한 의미 구분이 어려워져 버린 것이라고 말할 수 있다.”(a. 가끔, 더러, 이따금, 가다가, 드문드문, 때로, 때때로, 間或, 或間, 間間이, 往往; b. 종종, 자주, 隨時로, 時時로, 頻繁히…)(p. 201-202 참고)

셋째 부류: “이 어휘소들은 대개 그 사용의 장면이 지시 대상의 본질적인 성격과는 무관하게 가벼운 농이나 조롱 또는 약간 심한 멸시를 나타내는 의미로 사용되어, 이른바 우스개 상황(resourse situation)에서 사용되는 것이 보통이다. 이러한 상황에서는 어떤 어휘소가 그것의 기본적인 의미와는 달리 해석될 수도 있다는 사실이 논리학자들에 의하여 지적된 바 있기 때문에(강낙중, 1981; 4), 우리는 이러한 어휘소(L)들에 대하여 동일한 개념(C)과 지시대상(R)을 가지는 기호(S)들이라고 말할 수 있다.”(바보, 멍텅구리, 멍청이, 맹추, 맹꽁이, 멀건이, 먹통, 머저리, 어리보기, 얼간이, 얼뜨기, 쑥, 밥통…)(p. 202 참고)

그리고 또 ‘유의어 쌍을 그 구체적인 의미 관계에 따라’ 다음과 같이 분류하고 있다.(p. 203-204 참조)

가. 높임말: 한 쪽이 높이는 의미를 지니는 말로 공대어 또는 경어

　　밥: 진지, 아버지: 부친, 춘부장

나. 낮춤말: 한 쪽이 낮추는 의미를 지니는 말로 하대어

　　할머니: 할멈, 할미, 할망구, 노파(老婆)

다. 비유적 표현: 한 쪽이 의미를 비유적으로 표현하는 경우

　　예쁘다: 꽃답다, 꽃같다, 깍쟁이: 여우

라. 속어: 한 쪽이 속된 용법으로 사용되는 말

　　화나다: 붓다, 골오르다, 화딱지나다, 골통나다, 골틀리다

마. 완곡어: 한 쪽이 의미를 완곡하게 전달하는 경우

　　변소: 작은집, 먼데

바. 특수어: 한 쪽이 특수한 언어 사회나 계층에서 사용되는 말, 전문어 등도 여기에 포함된다.

　　호랑이: 취도, 도루발이, 도리바리〈심마니 말〉

사. 유아어: 유아들이 사용하거나 유아들을 대상으로 할 때 사용되는 말

　　밥: 맘마, 과자: 까까

아. 준말: 한 쪽이 줄어든 말인 경우

　　보증수표(保證手票): 보수(保手), 아파트먼트: 아파트

자. 방언: 방언에서 사용되는 어휘인 경우

　　호주머니: 개아주머니[경북], 개아주무이, 개야줌치, 개줌치, 개쭘치, 갬치, 개무치[경남], 개주머니, 개주멍이, 개쭈멍이, 개쭈무니, 개쭈무이[경상도], 개비[전남] 흥보, 흥복, 갯집[경북] 거르마니[함북] 거르만, 거르마우[함경], 거르망[함남] 염주머니[강원]

차. 정감적 표현: 한 쪽이 정서적 감정을 전달하는 표현인 경우

달: 상아(嫦娥), 소아(素娥), 옥륜(玉輪)… 등

   카. 외래어: 한 쪽이 외국에서 들어온 말인 경우

     흑연(黑鉛): 그래파이트(graphite), 모눈종이: 그래프용지

심재기 외(2011: 187)에서는 "유의어를 논리적 관점에서 '완전 유의어'와 '부분 유의어'로 나눌 수 있다면, 경험적 관점에서는 '위상적 유의어', '방언적 유의어', '문체적 유의어', '차용적 유의어' 등으로 나눌 수 있다."고 하면서 이 각각의 유형들에 대해서는 다음과 같이 설명하고 있다.

"위상적 유의어는 서로 다른 사회 계층 내지 특정 부류 집단에서 사용되면서 유의 관계를 유지하는 단어들이다."('맹장염(盲腸炎)-충수염(蟲垂炎), 충양돌기염(蟲樣突起炎)')(p. 187)

"방언적 유의어는 서로 다른 방언권에 속하면서 유의 관계를 유지하는 단어들이다."('싸리문-삽짝') "이들 방언적 유의어는 단지 [지역성]이라는 보충적 성분에서만 의미 차이를 보이기 때문에 유의 관계를 논의할 때 보통 제외한다."(p. 187)

"문체적 유의어는 문체적 양상을 달리하지만 유의 관계를 유지하는 단어들이다. 문체적 양상에는 '표현의 격식성', '표현의 의미 가치', '표현의 언어적 성격' 등이 관련된다."('술-약주(藥酒), 불구자(不具者)-병신(病身), 죽다, 돌아가다(구어체)-서거하다, 영면하다(문어체)')(p. 187)

"차용적 유의어는 외래 요소가 새롭게 가세함으로써 유의 관계를 이루는 단어들이다. 국어에 수용된 외래 요소는 한자어, 일본어, 서구어들이 주류를 이루어, 자연히 차용적 유의어는 한자어, 일본어, 서구어 계통의 세 종류가 된다. 고유어와 이들 사이의 유

의적 성층은 다음의 예에서 볼 수 있듯이 이중 내지 삼중의 대립 구조이다."('가을걷이/추수, 알맹이/핵심; 모임/미팅, 짝/파트너; 경기/게임; 젓가락/와라바시, 가락국수/우동; 익살/해학/유머')(p. 188)

그럼 북의 경우에는 '동의어(유의어)'를 어떤 분류 기준에 따라 구체적으로 어떻게 분류하고 있는가를 살펴보기로 하자.

김수경 외(1961: 68)에서는 "동일한 개념을 나타내면서 그 차이가 단지 감정적 또는 기능적인 것에 지나지 않는 동의어들을 문체론적 동의어라고 부르며, 매우 가까우면서도 서로 다른 개념을 나타내는 동의어들을 의미 분화적 동의어라고 부른다."라고 하면서 '문체론적 동의어'의 실례로 '골-골통, 머리-대가리, 대갈통, 대갈빼기; 말-말씀, 먹다-잡수시다; 아버님-아버지-아비-아범; 이-요, 이다지-요다지' 등을 들고, '의미 분화적 동의어'로 '용감하다-용맹하다-대담하다-과감하다-영용하다, 고소하다-구수하다, 노리다-누리다' 등을 들면서 "의미 분화적 동의어는 다양하게 나타나는 현실 세계의 대상 또는 현상을 그 측면의 세밀한 차이를 밝히면서 묘사하려 할 때 쓰인다."고 설명을 덧붙이고 있다.

그리고 다의어에서 생기는 동의어와 관련하여 "일정한 단어들과의 결합 속에서만 동의어로 될 수 있고 다른 단어들과의 결합 속에서는 동의어로 될 수 없는 동의어를 부분적 동의어라고 부른다."(p)라고 하면서 '깊이'와 '신중히'를 실례로 '깊이 생각하다'의 경우에는 '깊이'는 '신중히'와 동의어로 되지만, '깊이 자다'의 경우에는 '신중히'와 동의어로 될 수 없다고 했다.

김일성종합대학 조선어학강좌(1981: 32-34)에서는 '뜻같은말'을

'뜻이 완전히 같은 뜻같은말'(《뽕밭》과 《상전》, 《돌다리》와 《석교》 등), '뜻의 폭이 다른 뜻같은말'(《염통》과 《심장》, 《땅속》과 《지하》 등), '다른 단어들과의 결합관계가 다른 뜻같은말'(《날씨》와 《일기》 등), '쓰이는 분야와 관련한 뜻같은말'(《기관단총》과 《뚜르레시》, 《따발총》 등), '감 정정서적인 뜻이 다른 뜻같은말'(《자다》와 《주무시다》, 《있다》와 《계시 다》 등), 이외에 김수경 외(1961)에서와 같이 '부분적 뜻같은말'을 설 정하고 있다.

다른 한편 김길성(1992: 35-41)에서는 '뜻같은말'을 우선 '절대적 뜻같은말'과 '상대적 뜻같은말'로 나누고, '상대적 뜻같은말'은 김수 경 외(1961)에서와 같이 다시 '문체론적 뜻같은말'('골-골통, 맛-맛대 가리, 말-말씀' 등)과 '의미분화적 뜻같은말'('용감하다-용맹하다-대담 하다-과감하다-영용하다, 고소하다-구수하다' 등), 이외에 위의 두 저 서들에서와 같이 '부분적뜻같은말'도 설정하고 있다.

'동의어(유의어)'의 산생 원인과 관련하여서는 심재기(2000: 37-38) 에서는 "동의어가 존재하는 양상은 매우 다양하다. 방언 차이에 의한 것일 수도 있고 專門性에 말미암을 수도 있으며 修辭的 기교 에 의한 것일 수도 있다. 그러나 동의어가 존재하는 가장 원천적인 이유는 한 언어에 계열을 달리하는 어휘군이 존재하기 때문이다. 국어의 경우 고유어, 한자어, 서구외래어라고 하는 세 가지 계열의 어휘군은 동의어를 풍부하게 하는 가장 큰 원천이다."라고 설명하 고 있다.

심재기 외(2011)에서도 '동의어(유의어)'의 산생 원인에 대해서는 전문적으로 논의하지는 않았지만 그 유형 설정을 살펴보면 역시 '전문성'(위상적 유의어), 방언적(방언적 유의어), 수사적(문체적 유의어), 외래어의 차용(차용적 유의어) 등을 원인으로 보고 있음을 알수 있다.

김광해(1993)의 경우도 그 의미적 유형을 좀 더 개괄해 보면 '동의어(유의어)'의 산생 원인이 위의 두 저서와 다를 바 없음을 알 수있다.

그럼 아래 북에서 출간된 저서들에서는 '동의어(유의어)'의 산생원인에 대해 어떻게 설명하고 있는가를 살펴보기로 하자.

김수경 외(1961: 74-76)에서는 첫째, 한자어의 유입으로 고유어와의 사이에서 동의어가 생기는 경우('높이다-제고하다, 보태다-첨가하다, 자라다-장성하다, 고르다-선택하다' 등), 둘째, 방언의 어휘가 표준어에 침투되면서 동의어가 생기는 경우('부시다-마스다, 썰매-발구(소발구), 용솟음치다-솟구치다' 등), 셋째, 완곡어법에 의해 동의어가생기게 되는 경우('죽다-돌아가다, 먹다, 마시다-들다, 천연두-손님' 등), 넷째, 어원적으로 보아 쌍둥이말로 된 것이 의미 상 일종의 공통성을 유지하고 있음으로 하여 동의어가 생기게 되는 경우('넓이-너비(종이, 피륙 따위의 넓이), 갈비-가리(식용으로 한 소의 갈비)' 등), 다섯째, 낡은 단어를 새로운 단어로 바꿈으로 말미암아 동의어가생기게 되는 경우('륜선-기선, 류성기-축음기, 활동 사진-영화' 등) 등을 들고 있다.

김길성(1992: 41-43)에서는 '뜻같은말'의 산생 원인에 대해 다음과같은 몇 가지를 들고 있다. 첫째, "우선 동일한 대상에 대하여 그론리적 의미의 미세한 차이를 보여주려는데로부터 발생한다."('낯-얼굴, 낯보다-깔보다-얕보다, 용감하다-대담하다-용맹하다' 등), 둘째, "한 대상에 대하여 보충적인 의미색채의 차이를 보여 주려는데

로부터 발생한다."('낮-낮짝-낮판-낮판대기-상판' 등), 셋째, "방언적
어휘가 문화어에 침투되면서 발생하게 된다."('연기-내굴, 부시다-마
스다, 썰매-발구(소발구)' 등), 넷째, "에두름법에 의해 발생한다."('죽
다-돌아 가다, 천연두-마마' 등), 다섯째, "낡은 말이 새로운 말로 바
뀌어짐에 따라 발생한다."('누리-세상, 노고지리-종달새' 등), 여섯째,
"일상생활용어와 학술용어가 병존하여 사용되는 것과 관련하여
발생한다."('재물-양재물-가성소다-수산화나트륨, 소금-염화나트리움'
등), 일곱째, "외래어의 차용에 의해서도 발생한다."('공-뽈, 철필-펜'
등)라고 지적하고 있다.

'동의어(유의어)'의 '검증 방법(또는 절차)'와 관련하여 김종택(1992:
247)에서는 "한 어휘체계 내에서 어떤 어휘의 짝들이 동의관계
에 서는가를 찾아내는 것도 중요하지만, 의미에 대한 관심은 '분
별함'에 있기 때문에 동의어 간의 의미 대립 기제를 찾는 일이 보
다 근본적인 일이다." "동의어 간의 의미 차이를 찾아내는 방법으
로 흔히 쓰이는 것이 동일 문맥에서의 어휘 교체법인 치환음미법
(substitution test)이다. 치환음미법은 어휘의 의미를 문맥 속에서 찾
는 것으로 의미 용법설을 딛고 있는데, 동의어의 의미차이를 식별
하는 가장 손쉬운 방법이다."라고 설명하고 있다.

한편 심재기 외(2011: 188)에서는 "의미의 유의 관계를 보다 분명
히 인식하고, 더 나아가 유의 관계를 보다 객관화하기 위해서는 일
정한 검증 절차가 필요하다. 전통적으로 유의 관계를 검증하는 방
법으로 '교체 검증법', '대립 검증법', '배열 검증법'의 세 가지가 있어
왔다."라고 하면서 이 세 가지 방법에 대해 아래와 같이 구체적으
로 소개하고 있다.

"교체 검증법은 유의어들을 특정 문맥 속에서 상호 교체해 보는 방법이다. 이를 '대치법' 또는 '치환 음미법'이라고도 한다. 일정 문맥에서 상호 교체가 가능하다면 유의 관계가 인정된다."(p. 188-189)

"대립 검증법은 유의어 개개에 대한 반의를 제시함으로써 유의 관계를 확인하고 이들 사이의 의미 차이를 밝히는 방법이다. 이 방법에 따르면 같은 반의어를 공유하는 두 단어 이상은 유의어로 간주된다."(p. 189)

"배열 검증법은 의미상 이웃하여 나타나는 관련어들을 하나의 의미 계열체로 나열하여 이들 사이에 드러나는 의미 차이를 대비에 의해 밝히는 방법이다." "그런데 이런 대비 방법은 그 방법론이 특별히 있지 않거나 기준이 없다면 인상적인 단어 구별법에 불과하다는 비판을 받기 쉽다."(p. 189-190)

그런데 북에서 출간된 저서들에서는 이와는 좀 다른 견해를 보이고 있다.

김수경 외(1961: 67)에서는 "어떤 문장에서 그중 한 단어를 다른 단어로 바꾸어 놓아도 전체 진술의 의미에 변화를 가져 오지 않는 경우 그 단어들을 서로 동의어로 된다고 말들을 한다. 처음 볼 때 이러한 규정은 옳은 것 같다. 예를 들어, 단어 《고요하다》와 《잠잠하다》는 거의 의미가 같으므로 서로 교체할 수 있다. 《주위는 고요하였다.》, 《주위는 잠잠하였다.》, 따라서 《고요하다》와 《잠잠하다》는 동의어라고 말할 수 있다. 그러나 이 문제를 좀 더 자세히 검토하여 보면 사태는 그리 단순하지 않다. 두 개의 단어가 동일한 문맥에서 의미 상의 차이를 가져 오지 않고 서로 교체될 수 있으면서도 그 단어들은 동의어가 아닌 경우들이 있다."(예: "개 발에 편자"와 "개 발에 버선"에서의 '편자'와 '버선'의 경우) "이와 반대로 단어들의 의미는 거의 같으면서도 서로 교체하여 사용될 수 없는 경우들도 있다."(예: 단어 '땅'과 '토지'의 경우, "땅에 떨어졌다."라는 표현을 "토지에 떨어졌다."라고 바꿀 수 없는 경우.) "그렇기 때문에 단어들을 서로 교체할 수 있는가 없는가 하는 것은 그 단어들을 동의어라고 규정할 수 있는 기준으로는 될 수 없다. 동의어의 유일한 기준으로 되는 것은 그 단어들이 가지고 있는 의미다. 두 개의 단어 사이에 감정적 측면에서나 사용 분야의 측면에서나 커다란 차이가 있다 하더라도 그들이 동일한 대상 또는 현상을 나타낼 때에는 동의어라고 할 수 있다."라고 주장하고 있다.

김일성종합대학 조선어학강좌(1981: 31-32), 김길성(1992: 36-37)에서도 거의 꼭 같은 예문으로 동의어를 검증하는 표준으로 이른바 '교체 검증법'이 기준으로 될 수 없다고 주장하고 있다.

## 요약

지금까지의 고찰에서 볼 수 있는 바와 같이 '동의어(유의어)'와 관련해서는 적지 않은 문제들이 좀 더 논의되어야 할 것이다.

우선 논의되어야 할 문제가 '동의어(유의어)'의 개념 정립 문제이다. 이 문제와 관련하여 남과 북에서 출간된 저서들에서는 서로 다른 입장을 보이고 있는바, 남에서 출간된 저서들에서는 주로 '하나의 사물을 지시하는 두 개 이상의 낱말', '두 개 이상의 의미가 동질 관계에 놓이는 것' 등으로 '동의어(유의어)'의 개념을 정립하고 있는 반면 북에서 출간된 저서들에서는 거의 '뜻이 서로 같거나 비슷한 것'으로 그 개념을 정립하고 있는데, 남의 경우를 보면 '의미의 동질 관계'란 결국은 '대상, 현상'이 같다는 것을 의미하는바, 결과적으로는 어떤 '기호'가 가리키는 '지시대상'이 같다는 데 초점을 두고 있는데 북의 경우에는 '의미' 그 자체에 초점을 맞추고 있다. 물론 일반적으로 '동의어(유의어)'라고 할 경우 그 술어 자체에 '의미'란 말이 들어 있어 흔히 '의미'의 측면에서 그 정의를 내리려고 생각하고 있지만 '의미'라는 것도 실은 어떤 대상이나 현상에 대한 인간의 인식을 토대로, 또 그것을 반영한 것인 것만큼 '동의어(유의어)'란 결국 어떤 동일한 대상이나 현상을 두 개 이상의 어휘(또는 단어)로 표현한 것을 가리키게 되는 것이다. 우리가 '아버님'과 '아비'를 '동의어(유의어)', 또는 '동의 관계'에 놓이는 두 단어라 말하게 되는 것은 이 두 단어가 가리키는 대상이 같아서이지 결코 이 두 단어의 의미가 같아서가 아니다. 의미적 측면에서 볼 때, 이 두 단어 사이에는 엄연한 차이가 있음은 누구나 다 인정할 것이다. 그러므로 '동의어(유의어)'의 개념 정립에 있어서는 그 '기호(명칭)', 즉 '동의어' 혹은 '유의어'라는 술어 자체에 내포된 '義'라는 '기호'에 지나치게 현혹되어 본질을 포착하지 못해서는 안 될 것이다.

다음으로 좀 더 논의되어야 할 문제는 이른바 '절대적 동의어'의 설정 문제이다. 남의 학자들의 경우에는 의미가 완전히 같은 '동의어'가 존재하지 않는다고 보는 반면 북의 일부 학자들, 예컨대 김일성종합대학 조선어학강좌(1981)이나 김길성(1992)에서는 '절대적 동의어'를 설정하고 그 실례로 '뽕밭−상전', '돌다리−석교' 등을 들면서 이른바 '절대적 동의어'는 고유어와 외래어 사이에서 주로 산생되는 것으로 설명하고 있다. 그렇다면 이런 문제들을 어떻게 보아야 하는가? 위의 두 쌍의 단어가 완전히 꼭 같은 대상을 나타내는 것만큼 '절대적 동의어'로 보아야 하지 않는가? 우리가 생각할 경우 외래어의 차용으로 현실 언어 사용에서는 일정 기간 한 쌍의 꼭 같은 대상, 꼭 같은 의미를 나타내는 어휘가 생길 수 있다는 것은 의심할 바 없다. 그러나 언어는 정보 전달의 수단이라는 점을 인정할 경우 이런 현상은 잠시적일 수밖에 없다. 즉 이 한 쌍의 어휘들 중 어느 하나는 그 어떤 이유로든(어휘 규범화에 의한 것일 수도 있고, 자연적 도태에 의한 것일 수도 있다.) 기필코 표준어에서 사라지게 될 것이다. 위의 '뽕밭–상전', '돌다리–석교'의 경우 '상전'과 '석교'는 북의 경우에는 이미 '말다듬기'에 의해 문화어 어휘 구성에서 빼버린 어휘로 전락되었다. 그러므로 이런 일시적으로 잠깐 존재하는 어휘의 쌍들을 놓고 '절대적 동의어'를 설정할 필요는 없을 것 같다. 이와 관련하여 좀 더 논의되어야 할 문제는 '준말'과 '본래 말'의 경우를 어떻게 처리해야 하느냐 하는 문제이다. 일부에서는 이른바 '준말'이 '본래 말'과 아무런 의미 차이도 갖고 있지 않기에 이런 것들도 '절대적 동의어'로 보아야 한다고 하는데, '준말'과 '본래 말' 사이에서는 그 어떤 의미적 차이를 발견하기 어려운 것만은 사실이다. 그러나 필자가 보기에는 '준말'과 '본래 말' 사이에는 문체적 차이가 있는 것만큼 '절대적 동의어로 보기 어렵다고 생각한다. 예컨대 나라 이름으로서의 '대한민국'과 '한국' 사이에 얼핏 보기에는 아무런 차이도 없는 것 같지만, 준말인 '한국'은 구두어에, 비 격식적인 문체에 사용되는 반면에 '대한민국'은 서사어에, 격식적인 문체에 주로 사용된다는 문체론적 차원에서 차이를 보인다. 나라 지간 주고받는 각서의 경우에는 '대한민국'이라고 쓰지 '한국'이라고는 절대 쓰지 못하지 않는가? 이와 마찬가지의 이유로 남과 북이 서로 다른 언어 규범화를 실시한 결과 산생된 꼭 같은 대상이나 현상을 가리키며 또 각자 꼭 같은 의미로 사용하고 있는 많은 어휘들도 하나의 민족어의 차원에서 볼 때에는 지역적 차이라는 측면에서 의미가 일정한 차이를 갖고 있다고 볼 수 있으며 따라서 이런 것들도 '절대적 동의어'로 처리될 수 없을 것이다.

이외에도 다의어에서 어느 한 파생적 의미와 다른 한 어휘가 서로 교체 가능할 경우 이런 어휘의 쌍도 '유의 관계', 즉 '동의어(유의어)'로 처리해야 하느냐 하는 문제도 좀 더 논의되어야 할 것이다. 예를 들어 "점심 먹으러 갑시다."란 표현은 점심 식사 시간이 되면 우리가 흔히 사용하는 말인데 이 말에서 '점심'을 '밥'으로 교체해서 "밥 먹으러 갑시다."라고 할 수 있으며 그 의미에 있어서도 큰 차이는 보이지 않는데, 그것은 '점심'이란 단어가 '점심밥'의 의미를 내포하고 있기 때문이다. 그렇다면 이런 경우 '점심'과 '밥'을 유의어로 볼 수 있느냐 하는 문제인데 이 문제는 결국 '동의어(유의어)'의 검증 방법과 관련된 문제로서 좀 더 깊이 있는 논의를 요한다.

### 3.6.3. 반의어

반의어의 개념 정립과 관련하여 심재기(1982: 234)에서는 "언어와 경험 간의 對立關係에 나타난 양분된 단어들"을 反義語(antonyms)라고 한다고 간단히 그 개념을 정립하고 있다.

　그런데 심재기 외(2011: 195)에 이르러서는 "반의 관계는 공통된 의미 성분을 공유함으로써 하나의 의미 영역을 형성하고 하나의 유표적 의미 성분에서만 반대 가치를 지니는 의미 관계로 설명된다. 그리고 이런 의미 관계에 놓이는 단어들을 '반의어(antonym)'라 한다."라고 그 개념을 보다 구체적으로 정립하고 있다.

　한편 김종택(1992: 247)에서는 '상대관계', '상대어'라는 술어를 사용하면서 "두 말의 의미가 같은 차원에서 특정한 자질을 중심으로 서로 맞서는 관계에 서는 것을 상대관계라 하고 상대관계에 서 있는 짝을 상대어라 한다."라고 그 개념을 정립하고 있다.

　다른 한편 김광해(1993: 204-205)에서는 "반의 및 대립 관계는 기본적으로 그 의미 자질상으로 동질성과 이질성이라는 양면성을 바탕으로 하여 성립된다. 따라서 반의 대립 관계에 놓이는 어휘소 상호간에는 동질성을 기반으로 하는 의미상의 공통성과 더불어 하나의 매개 변수를 따라 양극으로 대립되는 이질성이 존재하며 이러한 성질을 가지는 것이 바로 반대어라는 어휘소 쌍이다."라고 그 개념을 정립하고 있다.

　그럼 이제부터는 북에서 출간된 저서들에서는 반의어의 개념을 어떻게 정립하고 있는가를 살펴보기로 하자.

　김수경 외(1961: 76)에서는 "반의어란 서로 반대되는 의미를 가지고서 배타적인 현상을 나타내기 위하여 사용되는 단어들을 말한다."라고 그 개념을 정립하고 있다.

　한편 김일성종합대학 조선어학강좌(1981: 34)에서는 "뜻반대말이란 뜻이 서로 반대되는 단어들을 말한다." "뜻반대말은 공간적으로나 시간적으로, 량적으로 또는 질적으로 두 개 사물들 사이의 반대나 대립에 기초하여 이루어지는 단어들의 갈래다."라고 그 개념을 정립하고 있다.

다른 한편 김길성(1992: 43)에서는 "뜻반대말이란 뜻이 서로 반대되는 단어들을 말한다." "뜻반대말은 서로 동시에 존재할 수 없으면서도 그 하나가 없으면 다른 하나가 있을수 없는 통일체를 이루는 두 대상, 현상의 대립이다."라고 그 개념을 정립하고 있다.

반의어의 검증 기준, 또는 반의어의 성립 요소와 관련해서는 다음의 네 가지로 비교적 간단 명료하게 정리된 심재기(2000)의 견해를 들어 보이면 다음과 같다.

"첫째, 반의어는 동질성의 조건으로서, 한 언어 사회 안에서 심리적으로 동시 연상이 가능한 한 쌍의 단어이어야 한다. 이것을 共存雙(symbiotic pairs)이라 한다면 '金, 銀, 銅, 鐵, 錫' 등 아무리 많은 금속이 있더라도 '金, 銀'만이 공존쌍이 되며, '木, 火, 土, 金, 水'의 五行에서도 '火, 水'만 공존쌍을 이룬다. '過去, 現在, 未來' '陸軍, 海軍, 空軍'은 임의의 어떤 쌍이나 공존쌍이 될 수 있다."(p. 45)

"둘째, 반의어는 동질성의 또 하나의 조건으로, 연상된 공존쌍이 논리학적으로 동일한 유개념에 묶이는 동위 개념으로 파악될 수 있어야 한다. 예컨대, '기쁨, 슬프다'는 의미상으로는 反義性을 가졌으나, 하나는 명사형이고 다른 하나는 형용사의 기본형이기 때문에 그러한 문법 범주의 차이는 반의어를 만들지 못한다."(p. 45)

"셋째, 반의어는 이질성의 조건으로 공존쌍이 의미의 배타성(incompatibility 兩立不能性)을 가져야 한다. 이것을 집합론의 관점에서 보면 交集合이 생기지 말아야 한다고 할 수 있다. 그래야만 '汽

船, 帆船' '책, 책상' '밥, 진지' 등이 왜 반의 관계를 가지지 않는지를 설명할 수 있다."(p. 46)

"넷째, 반의어의 이질성을 특징 짓는 또 하나의 조건은 對稱的 相反性(symmetrical contrariness)을 가져야 한다. 가령 추상 개념의 반의어들 '전쟁, 평화', '유식, 무식' 같은 것을 인식할 때에 우리는 그들 반대되는 두 개념을 의식 속에서 位相化 (phasalization)한다고 생각할 수 있다. '죽음'을 '저승(저 세상)' '삶'을 '이승(이 세상)'이라고 표현하는 것은 이러한 위상화의 한 예이다."(p. 46)

심재기 외(2011: 195)에서는 "반의 관계(反義關係)는 일련의 의미들이 상보적 대립 관점에서 의미 관련성을 보여줄 때 논의할 수 있다. 이는 의미 대립에 의한 의미 관련성의 문제이므로 이들 의미 사이에는 이질성과 더불어 동질성이 확보되어야 한다. 이질성은 상호간 차이를 유발하는 유표적 대조점으로, 동질성은 하나의 의미 영역을 가능하게 하는 공통된 의미 성분으로 드러난다. 따라서 반의 관계는 공통된 의미 성분을 공유함으로써 하나의 의미 영역을 형성하고 하나의 유표적 의미적 성분에서만 반대 가치를 지니는 의미 관계로 설명된다." "예를 들어, '남자'와 '여자'는 [인간]이라는 공통적 성분으로 하나의 의미 영역을 형성하고, [남성]과 [여성]이라는 [성]의 측면에서 반대 가치를 지니므로 반의 관계를 보인다. '아버지'와 '딸'은 [인간]이라는 공통적 성분을 지녀 하나의 의미 영역을 형성하지만, [성]과 [세대] 양면에서 다른 가치를 보이므로 반의 관계를 이루지 못한다."라고 설명하고 있다.

김광해(1993: 205-206)에서는 "어휘소간에 의미 관계가 성립하는 요건들에 대하여 검토한 金光海(1990: 37-41)에 의하면 반대 관계에 있는 어휘소들은 그것의 의미를 결정하는 개념 부분, 즉 사물이나 세계를 인식하는 인간의 인식 패턴에 따라서 결정되는 것이며, 이때 '상황성'이 반대어 쌍의 성립에 매우 중요한 요소로 작용한다는 점을 부각시키고 있다. 이러한 주장은 실제 존재하는 반대어 쌍들의 목록에 나타나는 많은 불규칙성이나 변이들을 바탕으로 이루어진 것이다. 가령, 국어에서 '개(開)'는 '폐(閉)'와 대립하면서 開架式: 閉架式, 開館: 閉館, 開校: 閉校, 開區間: 閉區間, 開幕: 閉幕, 開門: 閉門, 開業: 閉業, 開場: 閉場 등의 일련의 규칙적인 반대어 쌍들을 산출하고 있는 것 같지만, 사실은 開墾地: 未開墾地, 開講: 終講, 開口: 緘口, 開國: 鎖國, 開戰: 終戰, 開放的階級: 封鎖的階級 등과 같이 반대어 항목에 등장하는 요소들이 매우 불규칙한 모습을 보이기도 한다."

"이 불규칙한 반대어 쌍들이 보여주고 있는 모습이 곧 반대어의 상황성인데, 반대어 쌍은 주어진 어떤 분야나 상황에서 대립 관계의 표현이 필요할 경우에 각각 그 대립적인 개념이나 인식을 적절히 표현할 수 있는 어휘들을 마련하게 되며, 그에 따라 어휘소간에도 대립적 연결성이 확보된다는 것이다. 그뿐 아니라 다음과 같은 전형적인 반대어 쌍들에서도 반대 개념이라는 것이 결국은 상황적인 요인에 크게 좌우되는 성질의 것임을 확인할 수 있다. 다음은 임지룡(1989)의 논문 여기저기에서 인용한 반대어 쌍들이다.

> a. 크다: 작다/ 길다: 짧다/ 높다: 낮다/ 얕다: 깊다
> b. 좋다: 나쁘다/ 쉽다: 어렵다/ 부지런하다: 게으르다/ 선하다: 악하다

c. 더럽다: 깨끗하다/ 옳다: 그르다/ 맞다: 틀리다

d. 앞: 뒤/ 오다: 가다/ 오르다: 내리다/ 처음: 끝

이러한 반대어 쌍들도 결국은 동일한 지시 대상을 이해하는 시각이나 관점, 즉 사물이나 세계에 대한 인식의 태도에 따라서 결정되는 것이라는 점을 지적하지 않을 수 없다. 이들은 모두 동일한 지시 대상이 주어지는 상황에 따라서 언제든지 '크다'가 '작다'로 바뀔 수도 있으며, '좋다'가 '나쁘다'로, '더럽다'가 '깨끗하다'로, '앞'이 '뒤'로, '오다'가 '가다'로 바뀌어 지칭될 수 있는 것이다. 이는 이 같은 반대어 쌍의 성립이 지시 대상 자체의 성질에 기인하는 것이 아니라 궁극적으로는 우리가 그 지시 대상을 인식하는 태도, 즉 개념(C)에 의거하는 것이라는 점을 말해 주는 것이다."(p. 205-206 참고)라고 설명하고 있다.

김수경 외(1961: 76-77)에서는 "반대된다는 것은 언제나 서로 일종의 통일체를 이루고 있는 것으로서 공통적인 것을 조금도 가지고 있지 않은 사물 사이에는 반대되는 것도 있을 수 없다. 예를 들면 《집》과 《길》, 《불》과 《뜰》은 반의어로 될 수 없고, 다만 전혀 다른 의미를 가지는 단어들에 지나지 않는다. 그러나 《선》과 《악》, 《건설》과 《파괴》, 《강하다》와 《약하다》는 반의어인바, 그것은 그들이 서로 반대되는 개념을 나타내기 때문이다. 반대된다는 것은 동질적(同質的)인 두 개의 사물 사이의 대립을 말한다. 따라서 반의어는 동질적인 측면에서의 질, 량, 행동, 상태 등을 나타내는 단어들의 부류에서 가장 많이 나타난다."라고 설명하고 있다.

김길성(1992: 43-44)에서도 "뜻반대말의 본질은 뜻의 대립성에 있

다. 객관대상에 대립적 관계가 존재하는가 존재하지 않는가에 따라 뜻반대말이 될 수도 있고 되지 않을 수도 있다. 례를 들어《나무》와 《물》은 일정한 대상을 나타내는 말이기는 하나 서로 대립적인 것을 조금도 가지고 있지 않기 때문에 뜻반대라는 문제가 이루어 질 수 없다. 그러나 《강하다》와 《약하다》, 《눅다》와 《비싸다》, 《빨리》와 《천천히》는 비교되는 공통적인 기준을 가지고 대립되어 있기때문에 뜻반대말을 이룬다. 반대관계는 일정한 공통성을 전제로 한다. 공통적인 것이 조금도 없다면 반대될 것도 없다. 례를 들어《겉》과 《속》은 《물체》라는 하나의 대상에서 바깥쪽과 안쪽을 향한 부분이라는것이며 《왼쪽》과 《오른쪽》은 맞선 《위치》에서 공통성을 나타내며 《피동》과 《능동》은 《행동》을 어떻게 수행하는가에 대한 대립이며 《가볍다》와 《무겁다》는 《무게》의 측면에서 공통성을 가지며 《얇다》와 《두껍다》는 《물체의 두께》라는 측면에서 공통성을 가진다. 뜻반대말은 가변성이 있고 정도의 차이가 정반대에까지 이를 수 있는 질적 표식을 포함한 단어들 사이에만 있을 수 있다. 구체적 대상을 나타내는 단어(모자, 우리, 다섯…)들은 뜻반대말을 이루지 않는다. 품사가 다른 단어들은 일반적으로 가리키는 범위가 다르고 동일한 개념의 외연을 가질 수 없으므로 뜻반대말이 이루어지지 않는다. 례를 들어 《희다》와 《검다》는 동일한 형용사로서 뜻반대말로 되나 《희다》와 《거매지다》는 품사가 다른 것으로 하여 뜻반대말로 될 수 없다."라고 설명하고 있다.

반의어의 유형과 관련하여서는 김광해(1993)에서는 임지룡(1989) 논문의 견해를 그대로 인용하면서 다음과 같이 제시하고 있다.

가) 상보 대립어: "어떤 개념 영역을 상호 배타적인 두 구역으로 철저히 양분하여 표현하는 어휘소의 쌍을 말한다."(p. 207)

남성: 여성, 미혼자: 기혼자, 참: 거짓, 삶: 죽음, 출석: 결석, 합격: 불합격

나) 반의 대립어: "이른바 '정도(등급) 반의어'에 해당하는 어휘소의 쌍들인데 이는 다시 다음과 같이 세 가지의 유형으로 나뉜다."(p. 207)

  1. 척도 반의어:

    ㄱ. 길다: 짧다, 높다: 낮다, 깊다: 얕다, 멀다: 가깝다, 넓다: 좁다, 굵다: 가늘다, 두껍다: 얇다, 크다: 작다

    ㄴ. 많다: 적다, 무겁다: 가볍다, 빠르다: 느리다, 세다: 여리다, 밝다: 어둡다

  2. 평가 반의어:

    좋다: 나쁘다, 쉽다: 어렵다, 부지런하다: 게으르다, 선하다: 악하다, 영리하다: 우둔하다, 아름답다: 추하다, 유능하다: 무능하다, 부유하다: 가난하다

  3. 정감 반의어:

    덥다: 춥다, 뜨겁다: 차갑다, 달다: 쓰다, 기쁘다: 슬프다, 자랑스럽다: 수치스럽다, 유쾌하다: 불쾌하다

다) 정도 상보 대립어: "정도반의 대립어와 상보 대립어의 속성을 공유하고 있는 일군의 형용사 대립어들을 가리킨다."(p. 208)

    ㄱ. 깨끗하다: 더럽다, 옳다: 그르다, 맞다: 틀리다, 익다: 설다, 곧다: 굽다, 안전하다: 위험하다

    ㄴ. 편하다: 편찮다, 성실하다: 불성실하다, 순수하다: 불순

하다, 완전하다: 불완전하다, 정직하다: 부정직하다, 정
확하다: 부정확하다, 확실하다: 불확실하다, 공평하다:
불공평하다

라) 방향 대립어

1. 대척어: "방향 대립의 극단을 나타내는 대립어로서 다음
과 같은 예가 여기에 해당한다."(p. 208)

ㄱ. 꼭대기: 밑바닥, 남극: 북극, 처음: 끝, 출발: 도착

ㄴ. 하나: 열, 머리: 발끝, 요람: 무덤, 천당: 지옥, 천재:
천치, 우등생: 낙제생, 공자: 도척, 미색: 박색

2. 대응어: "하나의 균일한 표면이나 상태에서 방향이 맞선
경우의 대립어로서 다음과 같은 예가 여기에 해당한다."
(p. 208)

언덕: 구렁, 두둑: 고랑, 암나사: 수나사, 볼록거울: 오목
거울, 양각: 음각, 외향적: 내성적

3. 역동어: "맞선 방향으로 이동이나 변화를 나타내는 대립
쌍으로 구성되는 대립어로서 다시 다음과 같은 두 가지
의 유형이 있다."(p. 208)

ㄱ. 오르다: 내리다, 올라가다: 내려오다, 전진하다: 후퇴
하다, 들어가다: 나오다, 나타나다: 사라지다

ㄴ. 열다: 닫다, 잠그다, 채우다; 벗다: 쓰다, 입다, 신다,
차다, 끼다, 두르다; 빼다: 끼우다, 꽂다, 박다

ㄷ. 길어지다: 짧아지다, 넓어지다: 좁아지다, 강해지다:
약해지다, 향상되다: 약화되다

4. 역의어(관계 대립어): "어떤 축을 중심으로 한 요소의 방

향을 다른 요소에 상대적으로 명시함으로써 두 대상 간
의 관계를 나타내는 대립어로서 다음과 같은 예가 있다."
(p. 209)

ㄱ. 조상: 후손, 부모: 자식, 형: 동생, 남편: 안해, 스승:
   제자, 주인: 하인, 상관: 부하

ㄴ. 사다: 팔다, 주다: 받다, 빌리다: 빌려주다, 가르치다:
   배우다

심재기 외(2011: 196-200)에서는 "반의 관계는 대립되는 의미들
사이의 관계 속성에 따라 등급적 반의 관계, 상보적 반의 관계, 상
관적 반의 관계로 나뉠 수 있다."라고 하면서 각 유형의 반의 관계
에 대해 다음같이 설명하고 있다.

'등급적 반의 관계'에 대해서는, "관련 의미들이 척도, 평가, 정
감 등의 기준에서 정반대의 가치로 등급화되는 반의 관계를 말한
다. 곧 길이, 속도, 무게의 척도에서, 긍정-부정의 이율적 가치 평
가에서, 화자 자신의 정감적 가치 판단에서 극과 극의 대립을 이루
는 의미 쌍의 의미 관계이다."(예: 길다/짧다, 좋다/나쁘다, 기쁘다/슬프
다)라고 설명하면서 그 특성을 "등급적 반의 관계는 극과 극이라는
두 축이 대립하지만, 양극 어디에도 속하지 않는 중립 지역이 존재
한다." "이처럼 등급적 반의 관계는 양극 사이에 중립 지역이 존재
하기 때문에 다음과 같은 통사, 의미적 특성을 보인다."라고 하면서
① 등급적 반의 관계의 어휘 항목은 동시 부정이 가능하다. ② 한
항목을 포함한 진술은 다른 항목을 포함한 부정 진술을 함의하나
그 역은 성립하지 않는다. ③ 등급적 반의 관계의 양 항목은 그 등

급 정도가 극성을 띠지만 이들 사이에 중립적 개방 지역이 존재하므로, 이와 관련하여 정도 부사의 수식을 받을 수 있고 또 비교 표현도 가능하다.”는 세 가지를 들고 있다.

“상보적 반의 관계는, 반의 관계를 이루는 의미 쌍이 참여하는 의미 영역이 배타적인 두 구역으로 나뉘는 반의 관계를 말한다. 특정 영역을 철저히 양분하므로 두 구역 중의 하나에 속하지 않는 의미는 반드시 나머지 다른 구역에 속해야 한다. 말하자면 상보적 반의 관계의 의미 영역에는 대립적 의미가 중화될 수 있는 중립 지역이 존재하지 않는다는 것이다.”(남성/여성, 총각/처녀, 신사/숙녀, 참/거짓, 있다/없다) 따라서 이들 어휘 항목 사이에는 “① 상보적 반의 관계의 어휘 항목은 동시 긍정이나 부정이 가능하지 않다.” “② 한 항목을 포함한 진술은 다른 항목을 포함한 부정 진술을 함의하며 그 역도 성립한다. 곧 단언(斷言)과 부정에 대한 함의 관계가 성립한다.” “③ 두 항목의 영역을 철저히 양분함으로써 중립 지역이 존재하지 않으므로 두 항목과 관련된 정도 표현이 불가능하고(곧 정도부사의 수식을 받을 수 없고) 또 비교 표현도 거의 불가능하다.”

“상관적 반의 관계는, 반의 관계를 이루는 의미들이 역행적 과정을 필수적으로 수반하면서 상호 의존적으로 대립되는 관계이다. 의미의 의존성은 존재 자체의 상호 의존도가 높기 때문에 부수되는 현상이다. 결국, 의미 영역을 두 쪽으로 명쾌하게 단절하되 그 영역을 이루는 대상들이 관습이나 관념상 의존적인 것으로 드러날 때 상관적 반의 관계가 성립된다고 볼 수 있다.”(스승/제자, 왼쪽/오른쪽, 부모/자식, 능동/피동, 사다/팔다, 주다/받다) “상관적 반의 관계는 상호 의존 관계를 그 절대적 기준으로 하기에 통사, 의미상 다음과 같은 특징을 보인다." "① 한 항목을 포함한 진술은 다른 항목을 포함한 진술과 상관관계를 이룰 수 있다." "② 한 항목을 포함한 부정 진술은 다른 항목을 포함한 부정 진술과 모순되지 않는다." "③ 상호 의존적이기는 하지만 그 영역을 철저히 양분하므로 정도 표현이나 비교, 대조 표현이 자연스럽지 못하다."

김수경 외(1961: 77–78)에서는 반의어를 다음과 같은 네 가지 유형으로 나누어 설명하고 있다.

"(ㄱ) 서로 배제하며 따라서 동시에 존재할 수 없는 자연 현상 또는 사회 현상들을 가리키는 단어들. 그중 한 현상의 존재는 다른 현상의 존재를 불가능하게 한다."(전쟁–평화, 운동–정지, 출석–결석, 살다–죽다, 있다–없다)

"(ㄴ) 적지 않은 반의어들은 공간적 개념과 련결되어 있다. 이 반의어들은 서로 반대되는 방향으로 향하여진 것, 공간 상 서로 대립되는 위치를 차지하는 것들을 나타낸다."(동–서, 남–북, 안–밖, 우–아래, 앞–뒤, 왼–오른)

"서로 반대되는 방향으로의 행동의 움직임을 나타내는 단어들도 역시 반의어를 이룬다."(오르다–내리다, 주다–받다, 가다–오다, 나타나다–사라지다, 가까와지다–멀어지다) "이 류형의 반의어는 서로 대립되는 두 가지의 것이 동시에 존재하면서, 반대되는 두 방향에로의 이동의 중심인, 움직이지 않는 중간점의 존재를 인정한다는 점에서 앞의 류형의 반의어와 구별된다."

"(ㄷ) 세 번째 류형의 반의어는 질적 또는 량적 대립을 나타내는 바, 이것 역시 중립적인 점의 존재를 예상한다. 대립되는 두 가지의 것은 이 중심점으로부터 똑같이 떨어져 있는바, 그 중 한 쪽 것이 없다 하여 곧 다른 쪽 것이 존재한다는 것을 의미하지 않는다."(친우-원쑤, 공격-방어, 전진-후퇴, 존경-멸시, 사랑-미움, 열성-태만, 춥다-덥다, 희다-검다, 빠르다-느리다, 어렵다-쉽다)

"(ㄹ) 수세기 동안 서로 대립하여 온 인간 사회의 불상용적인 집단 또는 현상을 가리키는 단어들은 반의어로 될 수 있다." (귀족-평민, 지주-소작인, 자본가-로동자, 사회주의-자본주의)

이외에 "동의어의 경우와 마찬가지로 반의어에도 부분적 반의어가 있을 수 있다. 여러 개의 의미를 가지는 단어들은 그 의미에 따라 여러 개의 반의어를 가질 수 있다."라고 하면서 '가볍다'가 '무게가 적다'의 의미를 가질 경우에는 그 반의어로 '무겁다'를 가지고, '침착하지 않다'의 의미를 가질 경우에는 '침착하다'란 반의어를 가지기에 '가볍다'는 형용사 '무겁다'와 '침착하다'의 부분적 반의어라고 설명하고 있다.

한편 김길성(1992: 44-45)에서는 반의어를 의미적 측면과 구조적 측면에서 나눌 수 있다고 하면서 의미적 측면에서는 "서로 배척하며 동시에 존재할 수 없는 뜻반대말"(예: 전쟁-평화, 진리-허위, 운동-정지, 있다-없다, 살다-죽다)과 "대립되는 두 가지가 함께 공존할 수 있고 중간적인 것을 예상할 수 있는 뜻반대말"(예: 친우-원쑤, 전진-후퇴, 사랑-미움, 웃음-울음, 춥다-덥다, 늙다-젊다, 기쁨-

슬픔, 무겁다-가볍다, 밝다-어둡다, 가깝다-멀다)로 나누고 구조적
측면에서는 "말뿌리가 같은 것"(혁명적-반혁명적, 인민적-반인민적,
경각성-무경각성)과 "말뿌리가 다른 것"(예: 낮-밤, 우-아래, 앞-뒤,
안-밖)으로 하위분류하고 있다.

　그리고 김수경 외(1961)에서와 같이 "뜻같은말의 경우와 마찬가지
로 뜻반대밀에도 부분적 뜻반대말이 있을수 있다"라고 하면서 그
실례로 역시 '가볍다'가 '무겁다'와 '침착하다'의 부분적 뜻반대말로
된다고 설명하고 있다.

## 요약

　지금까지의 고찰에서 볼 수 있는 바와 같이 반의어(반대어)와 관
련된 논의에서는 서술 체계나 서술 방식, 논의의 심도 등 문제들
둘러싸고는 학자들 간, 특히는 남의 학자들과 북의 학자들 사이에
서 적지 않은 차이를 보이고 있지만 내용적인 측면에서는 반의어의
개념 정립으로부터 반의어의 판정 기준 등에 이르기까지 별로 큰
견해 상의 차이를 보이지 않고 있다.

　그러나 반의어와 관련된 연구를 좀 더 심화시키기 위해서는 다
음과 같은 두 가지 문제가 진일보 논의되어야 할 것이다.

　우선 논의되어야 할 문제가 이른바 '반의어'에 속하는 어휘 부류
에 대한 명명 문제이다. 김광해(1993: 206)에 의하더라도 그 술어가
남의 경우만 하더라도 "반대말, 반의어(反意語), 반대어(反對語), 상
대어(相對語), 대조어(對照語), 대립어(對立語), 짝말, 맞섬말, 대칭어
(對稱語), 역동어(逆動語), 역의어(逆意語)" 등으로 각이하게 불리고

있는데 여기에 지금 북에서 사용하고 있는 '뜻반대말'까지 가첨하면 실로 다양하다고 하지 않을 수 없다. 그러므로 이 많은 술어 중에서 우리가 택할 수 있는 가장 타당한 술어는 무엇인지에 대해서는 좀 더 구체적으로 논의할 필요가 있을 것이라 생각한다.

이 문제와 관련하여 김종택(1992: 248)에서는 '상대어'란 술어를 사용할 것을 주장하면서 이유에 대해서는 "상대어를 의미적 대립관계(oppositeness)에 주목하여 대립어 혹은 반대어(반의어)라고도 하나, 본질적으로 모든 어휘는 어휘장 내에서 서로 대립되는 관계에 있고, 또 상대되는 두 짝은 의미 특성에 있어서 동질성을 딛고 서로 맞서는 관계에 있기 때문에 대립어나 반대어는 적절한 용어가 아닌 것으로 생각된다. 동질성을 딛고 서로 맞서서 짝이 된다는 데 주목하여 상대어(contrastive word)로 부르고자 한다."라고 설명하고 있다.

다른 한편 심재기(1982)에서는 '반대'와 '반의어'의 관계 문제에 대해 양자가 결과적으로는 동일한 대상을 지시하지만 '반대'라고 했을 경우에는 개념의 기능적 측면을 강조한 것이고, '반의어'라고 했을 경우에는 어휘의 의미적 측면을 강조한 것이라고 설명하고 있다.[26]

여기서 볼 수 있는 바와 같이 이 부류의 어휘를 포괄할 수 있는 가장 적절한 술어가 무엇인지는 김광해(1993: 206)에서도 지적하고 있는 것처럼 "이러한 술어들 가운데 어느 것이 과연 엄연히 존재하

---

**26** 이 문제와 관련하여 심재기(1982: 235)의 각주 27)에서는 "反對는 opposition을 反義語는 antonyms을 指稱하는 것이지만 前者는 槪念의 機能的 側面을 後者는 語彙의 意味的 側面을 강조할 뿐 결과적으로는 동일한 대상을 지시한다."라고 설명하고 있다.

고 있는 어휘소간의 반의 및 대립 현상을 가장 포괄적으로 나타내
주는 것인지에 관한 결정은 쉽게 내리기 어렵다."

그러나 그렇다 해서 이 많은 술어들이 언어학의 학술 용어로 자
리 매김을 하게 한다는 것도 역시 문제이다. 물론 술어의 통일이
어느 한 두 사람의 견해에 의해 좌우되는 것은 아니지만 누구나
이 부류의 어휘를 다룰 경우에는 우선 봉착하게 되는 문제가 술어
의 선택인데, 우리가 여기서 '반의어'라는 술어를 택하게 된 이유는
다음과 같은 두 가지 측면을 고려해서이다. 우선 이 부류의 어휘가
어휘의 의미적 부류, 혹은 어휘의미론 분야에서 논의되는 어휘의
부류라는 사정을 감안할 때, 심재기(1982)의 견해에 따라 어휘의
의미적 측면을 강조한 '반의어'라는 술어를 사용하는 것이 그래도
다른 술어를 사용하는 것보다는 낫겠다는 생각에서이다. 다음으로
이 부류의 어휘와 함께 다루어지는 기타의 어휘의 부류를 '동의어
(유의어)', '다의어', '동음이의어' 등의 술어로 명명하고 있다는 사정
을 고려할 때, 즉 기타의 어휘 부류들도 모두 의미적 측면을 강조
하여 명명되었다는 사정을 고려할 때, 술어 사용의 통일을 위해서
도 '반의어'라는 술어를 사용하는 것이 바람직한 일이 아닐까 생각
에서이다.

다음으로 좀 더 논의되어야 할 문제가 반의어의 검증 기준, 또는
반의어의 성립 요소와 관련된 문제이다.

앞의 고찰에서 보아온 바와 같이 반의어의 검증 기준 또는 성립
요소와 관련해서는 그 표현에 있어서는 정도상의 차이를 보이기는
하지만 거의 모든 학자들이 반의어를 의미 자질 상 동질성과 이질
성이라는 양면성을 바탕으로 성립되는 어휘 부류라는 점에서는 원

칙적인 분기를 보이지 않고 있다. 그러나 이 동질성과 이질성에 대한 이해에서는 아직 논의되어야 할 문제가 일부 남아 있는 것 같다. 여기서 가장 중요한 문제로 제기되는 것이 반의어 간에 존재하는 동질성과 이질성의 준칙을 만드는 언어 의식에 대해 어떻게 보느냐 하는 것인데 이러한 문제는 실천적으로 공존 가능한 어휘가 세 개 이상 존재할 경우에 더 첨예하게 제기된다.

　이 문제와 관련하여 심재기(1982: 240)에서는 '天·地·人' '過去·現在·未來' 등을 실례로 "이러한 단어들은 세 개의 단어 가운데서 임의의 하나를 빼어버렸을 때 나머지 두 개가 반의어의 좋은 짝이 될 수 있다. 물론 天地人에서는 '人'이 天地로부터 먼저 분리될 수 있고, 과거·현재·미래에서는 '현재'가 과거와 미래의 표준점으로 작용할 수 있기 때문에 먼저 분리될 수 있다는 가능성을 우리는 생각해야 한다. 그 때에는 그러한 판단을 하는 개개인의 의식의 범위가 反義關係에 존재하는 동질성과 이질성의 준칙을 만드는 것인데, 그것이 적어도 동일 언어사회 내에서는 객관성을 가지는 것으로 생각된다."라고 하면서 동일 언어사회 내에서의 언중의 언어 의식이 반의 관계에 존재하는 동질성과 이질성의 준칙을 만드는 결정적 요소임을 강조하고 있는데 매우 지당한 지적이라 생각된다. 그런데 문제는 이러한 이론으로 실제 문제를 풀어나가는 것이 그렇게 쉽지 않다는 것이다. 심재기(1982: 240)에서 天地人의 실례와 함께 '海軍·陸軍·空軍'도 동일한 실례로 들고 있으나 이 경우에는 어느 단어가 먼저 분리될 수 있는지에 대해서는 설명하지 않고 있는데 언중의 언어 의식을 감안할 때, 구경 어느 단어가 먼저 분리될 수 있는지 전혀 판단이 가지 않는다. '바다'와 '육지'가 반의어의 공존쌍을 이룰 수 있다는 점으로부터 미루어 보면 '海軍'과 '陸軍'이 공존쌍을 이루는 것 같기도 하고, '하늘'과 '땅'이 반의어의 공존쌍을 이룰 수 있다는 점으로부터 미루어 보면 '空軍'과 '陸軍'이 공존쌍을 이루는 것 같은데 '海軍'과 '空軍'의 경우는 어떻게 하나의 공존쌍으로 되는지, 물론 이 경우는 '陸軍'의 분리를 전제로 해야겠는데 이렇게 처리하는 것은 너무나 주관적인 처리는 아닌지? '아침·점심·저녁'의 경우도 이와 꼭 같은 상황이다. '아침'과 '저녁'이 반의어의 공존쌍을 이룬다는 데 대해서는 누구도 큰 이의를 제기하지 않을 것이지만 '아침·점심', '점심·저녁'도 반의어의 공존쌍을 이룰 수 있다는 데 대해서는 다수의 사람들이 수긍하기 어려워하는 점이 언어 실천에서 반의어의 검증 기준 적용의 어려움을 잘 말해주고 있다. 그런데 문제는 논의가 여기서 끝날 수 없다는 것이다. 심재기(1982: 241)에서는 공존 가능한 어휘가 다섯 개 이상인 경우의 실례로 오행의 木火土金水를 들고 "이때에는 임의의 두 단어가 共存雙으로 존재할 수 있는 동일 사회 내의 경험이 무엇보다도 문제된다. 공존쌍으로 나타날 수 있다는 것이 이미 그들간에 동질성과 이질성의 準則이 마련되어 있어 언어 대중의 의식 속에 들어 있음을 암시한다."라고 하면서 위의 오행의 경우에는 "水火도 우리에게 가장 보편화된 共存雙이기 때문에 반의어가 될 수 있는데 이들간의 異質性은 서로가 相對方의 特質을 빠뜨리고 있다는 결여성으로 표시할 수 있다."고 설명하고 있다. 그런데 여기서 우리가 좀 더 생각해 보아야 할 문제는 우리 언중들의 의식 속에서는 과연 오행의 경우에는 '水火'만이 공존쌍으로 자리매김하고 있느냐 하는 것이다. 우리가 이런 의문을 제기하게 되는 것은 우리에게 오행을 '수출'한 중국의 언어사회에서는 언중들이 '水火'만 공존쌍으로 인식하는 것이 아니라 '水土'도 다른 하나의 공존쌍으로 인식하고 있기 때문이다. 중국의 성어(成語)에는 "兵來將擋, 水來土掩"이란 말이 있는데 여기서는 '兵'과 '將'이, '水'와 '土'가 공존 관계에 있는 반의어의 쌍들을 이루고 있다. 그런데 왜 중국으로부터 오행을 수입한 우리말의 경우에는 '水火'는 언중들의 언어 의식 속에서 하나의 공존쌍으로 인식되나 '水土'는 공존쌍으로 인식되지 못하는지? 과연 이런 인식이 언중들의 언어 의식인지, 아니면 저자의 언어 의식이 너무 강하게 작용한 결과는 아닌지 하는 의문을 제기해 보게 된다.

반의어와 관련된 연구에서는 이외에도 반의어의 하위분류 기준의 설정과 그 분류 등도 좀 더 논의될 필요가 있을 것으로 생각된다.

### 3.6.4. 다의어

다의어의 개념 정립과 관련하여 심재기(1982: 125)에서는 "하나의 명칭에 여러 개의 의미가 연결된 것"으로 아주 간략하게만 정의되어 있고, 심재기(2000: 40–41)에서는 "하나의 낱말에 두 개 이상의 의미가 결합된 경우, 그런 낱말을 多義語라고 한다. 최소의 어휘재를 활용하여 효율적으로 다채로운 표현을 창출해 내려고 할 때, 하나의 낱말이 여러 개의 의미로 활용되는 것은 언어의 경제성이라는 측면에서 매우 자연스러운 것이다. 이와 같이 다의어는 적용의 이동(shifts in application)에서 출발하여 점차로 의미 영역을 확대하여 간다."라고 좀 더 구체적으로 그 개념을 정립하고 있다.

김종택(1992: 252)에서는 "다의관계(polysemy)는 하나의 어휘에 둘 이상의 다른 의미가 대응하는 복합적인 의미관계이다. 여기서 문제시되는 것이 '다르다'는 말의 한계 설정인데, 의미가 전혀 달라서 그 사이에 유연성이 없다면 그것은 이미 하나의 말이 될 수 없고, 또 모든 어휘가 문맥에 따라서 완전히 같은 의미로 쓰이지 않기 때문에 어느 정도의 의미들을 다의관계로 처리할 것인지는 주관적인 판단에 맡길 수밖에 없다. 분명한 것은 다의관계는 한 어휘 내부의 의미관계라는 데 초점이 있으므로 의미의 기술을 최대한 객관적으로 하여 그들의 공통된 의미자질을 딛고 서로 대립하여 따로 설 수 있는 의미특성을 명확히 밝히는 것이다."라고 그 개념을 정립하고 있다.

심재기 외(2011: 201)에서는 "다의 관계(多義關係)는 한 단어가 지니는 여러 의미들이 유연적(有緣的) 관계로 파악될 때 논의할 수 있다. 따라서 다의 관계는 '한 단어가 지니는 상이한 의미들'과 '그들 의미 사이의 의미 관련성'을 전제 조건으로 한다. 다의 관계가 있는 단어를 '다의어'라 한다."라고 그 개념을 아주 개괄적으로 명료하게 정립하고 있다.

그런데 북의 경우에는 모든 저서들에서 '다의어'를 독자적인 어휘의 한 부류로 설정하지 않았기에 '다의어'의 정의를 어떻게 내리고 있는지는 알 수 없지만 '단어의 다의성'과 관련된 논의에서 이와 관련된 내용들을 얼마간 파악할 수 있다.

김수경 외(1961: 48)에서는 "언어에는 동일한 어음 복합체를 가지는 단어로써 표식이 서로 비슷하면서도 전혀 다른 대상 또는 현상을 나타내는 경우들이 생기게 된다." "단어의 다의성-이것은 하나의 단어가 동일한 시기에 여러 가지의 의미로 사용될 수 있는 능력을 말한다."라고 단어의 다의성에 대해 설명하고 있다. 김길성(1992: 18)에서도 이 견해를 그대로 옮기면서 '다의성'을 설명하고 있다.

그런데 김일성종합대학 조선어학강좌(1981: 21)에서는 "한 단어가 각이한 대상, 현상과 련결되면서 여러 뜻을 가지게 되는 성질을 단어의 다의성이라고 한다."라고 '단어의 다의성'에 대해 비교적 명확하게 정의를 내리고 있다.

다의어의 발생 요인과 관련된 문제를 비교적 전문적으로 다룬 저서들로는 심재기(1982), 심재기(2000), 심재기 외(2011) 등을 들 수 있다.

심재기 외(2011: 205)에서는 "물론 다의는 적용상의 전의, 동음어의 재해석,[27] 의미의 특수화와 일반화, 외국어의 영향, 비유 표현 등을 통해 발생하기도 한다."라고 하면서 다의어의 발생 요인을 다섯 가지로 귀납하고 다음과 같이 구체적으로 설명하고 있다.

'적용상의 전의'와 관련하여서는 "다양한 문맥적 의미가 중심적 의미의 범위를 벗어나지 않고 그 안에 존재하는 단계를 '적용상의 전이'라 하고, 그것이 중심 의미에 벗어나 독자성을 얻는 단계를 '다의'라고 앞에서 지적한 바 있다. '적용상의 전의'와 '다의'는 의미 분화상의 선후 단계이므로, '적용상의 전의' 단계가 확대되면 '다의' 단계로 이행한다."라고 설명하고 있다.

'동음어의 재해석'과 관련하여서는 "동일한 형태의 단어가 지니는 의미들이 본래 무관한 것이라 하더라도 잘못 해석되어 관련이 있는 것으로 파악되면 그 의미들은 다의 관계로 발전해 간다. 곧

---

27 '동음어의 재해석'을 심재기(1982: 126)에서는 "민간어원의 형식을 통하여 발생하는 재번역의 방법"이라고 했었다.

동음어를 재해석함에 따라 다의가 발생하는 것이다."라고 설명하면서 그 실례로 중세국어의 '녀름(夏)'과 '여름(實)'의 민간어원 해석을 들고 있다.

'의미의 특수화와 일반화'와 관련하여서는 "일반 사회에서 사용되던 단어가 특수 사회에 한정되어 사용되거나 그 반대로 특수 사회에서 제한적으로 사용되던 단어가 일반 사회에서 제한 없이 사용되면, 이들 단어에 본래 의미 이외에 또 다른 의미가 부여된다. 전자의 경우를 의미의 특수화, 후자의 경우를 의미의 일반화라 말하는데, 이들 특수화된 의미나 일반화된 의미가 본래의 의미와 공존한다면 이들 사이에는 다의 관계가 성립된다."(p. 206)

'외국어의 영향'(의미의 차용)과 관련하여서는 "기존의 단어가 외국어의 의미를 차용하게 되면 본래의 의미와 새로 들어온 의미는 다의 관계를 이루게 된다."(p. 206)라고 하면서 '애매하다'란 형용사의 변화를 실례로 들고 있다.

'비유 표현'('은유'와 '환유')과 관련하여서는 "한 단어는 본래 의미 이외에 사물의 유사성 내지 인접성에 바탕하여 파생된 하나 이상의 비유적 의미를 가질 수 있다. 이때 본래의 의미와 이에서 파생된 비유적 의미가 공존한다면 이들은 다의 관계를 형성한다. 사물의 유사성(곧 의미간의 상사)에 바탕을 둔 비유를 '은유', 사물의 인접성(곧 의미간의 근접성)에 바탕을 둔 비유를 '환유'라고 한다." (p. 207)

그런데 다의어 산생 요인에 대한 이와 같은 귀납은 실제상 심재기(1982: 125-126)에서 제기했던 다의어의 산생 원인 다섯 가지(즉 "1) 適用의 移動, 2) 사회적 환경의 特殊化 또는 專門化, 3) 비유적인 의미의 사용, 4) 민간어원의 형식을 통하여 발생하는 재번역, 5) 외국어의 영향")를 그대로 옮겨 놓은 것이며(물론 일부 조목에서 용어가 바뀐 것은 있지만), 또 심재기(2000: 41)에서 제기했던 다의어의 발생 요인 일곱 가지( 1) 적용의 이동, 2) 의미의 특수화, 3) 의미의 일반화, 4) 은유, 5) 환유, 6) 동음어의 재해석, 7) 의미의 차용)를 다시 다섯 가지로 귀납한 것에 불과하다고 할 수 있다.

다의어의 산생 요인과 관련하여 북에서 출간된 저서들에서도 어느 정도 언급하고는 있지만 전면적이 되지 못한다.

김수경 외(1961: 48-49)에서는 "어떤 대상 또는 현상에 이름을 지을 때에는 그 대상 또는 현상의 표식에 의거한다. 그런데 다른 대상 또는 현상도, 이미 이름을 지어놓은 대상 또는 현상의 표식과 비슷한 표식을 가질 수 있다. 따라서 두 번째 대상 또는 현상도 첫 번째 대상 또는 현상의 경우와 꼭 같은 어음 복합체로 불릴 수 있다. 그 결과 언어에는 동일한 어음 복합체를 가지는 단어로써 표식이 서로 비슷하면서도 전혀 다른 대상 또는 현상을 나타내는 경우들이 생기게 된다." "다의성은 표식의 공통성에 기초하여 한 대상 또는 현상으로부터 다른 대상 또는 현상으로 이름이 옮겨갈 수 있는 가능성에 기인한다."라고 설명하고 있는데 '적용의 전의'와 맥락을 같이 하는 것으로 볼 수 있을 것 같다. 그리고 '단어의 의미의 변화와 발달의 주요 수법들'을 논하는 자리에서 '비유'와 '환유'의 한 다의어의 산생을 언급하고 있다.(p. 55-59 참조)

김길성(1992)에서도 위의 내용과 유사한 표현으로 '적용의 전의', '은유'와 '환유' 등과 관련된 내용을 다루고 있다.(p. 18-29 참조)

# 요약

다의어와 관련된 연구에서는 '다의어의 성립 요건'과 관련된 문제가 좀 더 논의되어야 할 것 같다. 물론 앞의 고찰에서 보아 온 바와 같이 '다의어의 설립 요건'과 관련해서는 그 개념 정립에서 거의 모든 학자들이 '의미의 상이성'과 함께 '의미의 관련성(유연성)'을 지적하고 있어 이 문제가 원론적으로는 해결되었다고 보아야 할 것이다. 그럼에도 불구하고 이런 문제를 다시 제기하게 되는 것은 이 '상이성'과 '관련성(유연성)'의 판정 기준이 너무나도 모호하여 김종택(1992: 251)이나 심재기 외(2011: 204)에서 지적하고 있는 것처럼 "주관적인 판단에 맡기고 있는데,**28** 문제는 이 '주관적인 판단'이란 말을 어떻게 이해해야 하느냐가 문제시되기 때문이다. 물론 이 경우의 '주관'이란 동일 언어사회의 개개의 구체적인 그 어느 성원이 아닌 사회 성원 전체를 의미하는 것이기는 하겠지만 아무런 판정 기준, 혹은 판정 방법 같은 것이 세워지지 않는다면 한 언어사회 성원들의 의사를 무슨 수로 통일시킬 수 있느냐가 문제시되지 않을 수 없다. 물론 그 기준을 세우기가 어려운 것만은 사실이지만

---

28  이 문제와 관련하여 김종택(1992: 251)에서는 "여기서 문제되는 것이 '다르다'는 말의 한계 설정인데, 의미가 전혀 달라서 그 사이에 유연성이 없다면 그것은 이미 하나의 말이 될 수 없고, 또 모든 어휘가 문맥에 따라서 완전히 같은 의미로 쓰이지 않기 때문에 어느 정도의 의미들을 다의 관계로 처리할 것인지는 주관적인 판단에 맡길 수밖에 없다."라고 지적하고 있다.
한편 심재기 외(2011: 204)에서는 "물론 의미 관련성이라는 기준도 약점이 있기는 마찬가지이다. 그 관련성의 한계를 확정하는 일은 결국 주관적인 판단이 되기 때문이다."라고 지적하고 있다.

심재기 외(2011)에서 내놓은 '단어의 역사성'과 같은 그 어떤 기준이나 접근 방법 같은 것을 내놓을 필요는 있을 것 같다. 심재기 외(2011: 203-204)에서는 "다의 관계와 동음이의 관계는 '의미 관련성'이라는 기준뿐만 아니라 '단어의 역사성'이라는 기준에 의해서도 변별된다. 의미의 관련성이라는 기준으로 명쾌하게 그 관계가 드러나지 않는 경우 단어의 역사성이라는 기준을 활용할 수 있다."라고 하면서 '다리(脚)'와 '다리(橋)'의 관계는 역사적으로 '다리'와 '드리'의 관계여서 동음이의 관계로 파악할 수 있다는 실례를 들고 '단어의 역사성'이라는 기준 자체가 다의와 동음이의 관계를 가르는 결정적인 것이 될 수는 없지만 "의미의 관련성이라는 기준을 보강하는 측면에서는 상당히 유효하다."라고 주장하고 있다. '의미의 관련'이라는 기준의 가장 치명적인 약점이 그 관련성의 한계를 확정하는 작업이 '주관적인 판단'에 의거하고 있다는 점을 고려할 때, 그것을 보강하는 어떤 보충적인 기준 설정은 당연히 필요한 것이라 생각된다.

그리고 공시적 연구라 해서 역사적 사실은 반드시 배제되어야 한다는 이유도 사실은 성립될 수 없다. 그것은 의미의 다의성은 역사적으로 한 단어의 의미가 변화 발전 하는 과정에서 의미의 확대로 형성된 것이기에 그 의미의 변화 발전의 역사를 파악하지 못하고서는 '의미의 관련성'도 운운할 수 없게 되기에 '단어의 역사성'이라는 기준은 '의미의 관련성'이란 이 너무나도 추상적이고 주관적인 기준을 보강하는 유효하고 적절한 것이라 생각하면서 '의미의 관련성'의 기준을 보강할 수 있는 방법이라면 역사언어학의 방법만이 아니라 대조언어학의 방법 등도 모두 동원할 수 있지 않을까 생각한다. 예를 들면 심재기 외(2011: 202)에서 예로 든 "기가 죽다", "칼날이 죽다", "색깔이 죽다."에서의 '죽다'를 중국어로 바꾸어 표현하면 서로 다른 세 개의 단어로 대역된다. 말하자면 중국어로 옮겨놓았을 경우에는 '죽다'가 심재기 외(2011: 202)에서 분석한 것처럼 '적용상의 전이' 단계로 분석되는 것이 아니라 이미 '다의 관계'로 발전된 것으로 분석된다. 그렇다 해서 중국어 등 외국어와의 대조 분석 결과로 우리말의 어느 한 단어의 의미 관계를 판정하자는 것은 결코 아니다. 그러나 이러한 대조 분석도 주관적인 '의미의 관련성'의 기준을 적용함에서 어느 정도의 객관성도 보장할 수 있지 않을까 생각한다.

### 3.6.5. 동음이의어

동음이의어의 개념 정립과 관련하여 김종택(1992: 252−253)에서는 "동음관계(homonymy)는 표면상으로는 하나의 어휘에 전혀 다른 의미들이 대응하고 있어서 다의관계와 비슷해 보인다. 그러나 동음 관계에 있는 말들은 우연히 형태가 같아져 하나의 어휘처럼 보일 뿐, 본질적으로는 다른 말이기 때문에 복합적인 의미관계가 아니다. 바꾸어 말하면 전혀 다른 두 말이 우연히 형태가 같아져서 하나처럼 보이는 데 지나지 않는다."라고 그 개념을 정립하고 있다.

심재기 외(2011: 207−208)에서는 "하나의 단어가 두 개 이상의 의미들과 결합할 때 이들 의미 사이에 아무런 의미 관련성이 확인되지 않으면 동음이의 관계(同音異義關係)로 이해된다. 동음이의 관계는 그 명칭들이 갖는 동질성에 초점을 두기에 줄여서 '동음 관계(homonym)'라 한다. 결국 '동음이의 관계'는 우연히 동일한 발음을 공유하되, 아무런 의미상의 관련성을 보이지 않는 단어들 사이의 관계로 정의된다."라고 그 개념을 정립하고 있다.

김수경 외(1961: 61)에서는 "동음이의어란, 소리는 같으나 그 의미는 전혀 다른 단어들을 말한다."라고 그 개념을 간단하게 정립하고 있다.

김일성종합대학 조선어학강좌(1981: 36)에서는 '동음이의어'란 용어를 '소리같은말'로 바꾸어 "소리같은말이란 발음은 같으나 뜻이 전혀 다른 단어들을 말한다."라고 그 개념을 정립하고 있다.

김길성(1992: 31)에서도 '소리같은말'이라는 용어를 사용하면서 "소리같은말은 단어의 다의성과 구별되는 의미부류이다. 소리같은말은 일명《동음어》, 《동음이의어》라고도 한다. 소리같은말이란 말소리구성은 같으나 뜻이 전혀 다른 단어들을 말한다."라고 그 개념을 정립하고 있다.

동음이의어의 산생 요인과 관련하여서는 김종택(1992: 253)에서는 "동음어가 생성되는 요인은 음운적인 요인, 의미적인 요인, 외국어의 유입 등으로 요약될 수 있는데, 'ㆍ'음의 소멸로 '  >말'(馬)이 됨으로써 '말'(語)과 동음관계가 된다든지, 다의관계에 있던 '다리'(脚)와 '다리'(橋)가 의미적 유연성을 상실함으로써 전혀 다른 말이 되어 동음관계가 된 것, 그리고 한자어의 유입에 따라서 '비'(雨)와 '비'(碑)가 동음관계에 서게 된 것 등이 그러한 예이다."라고 설명하고 있다.

심재기(2000: 420)에서는 '동음어의 산생 요인'을 '음운변동이나 음운변화', '다의어의 의미 분화' 및 '같은 음을 갖는 한자어' 등 세 가지를 들면서 이 중에서 크게 문제시되는 동음어의 부류가 '같은

음을 갖는 한자어'라 지적하고 있다.

심재기 외(2011: 208-210)에서는 "동음어는 언어 기호의 자의성으로 말미암아 자연스럽게 생겨나기도 하지만, 다의어의 의미 분화, 음운 변화의 결과, 외래어의 증가 등과 같은 언어의 이차적 특성이 원인이 되어 발생하기도 한다."라고 하면서 각 요인에 대해 다음과 같이 구체적으로 설명하고 있다.

'다의어의 의미 분화'와 관련하여서는 "특정 단어의 의미가 분화되는 과정에서 그 분화가 극대화하면 중심 의미와 파생 의미 또는 파생 의미들 사이에 거리감이 생기고 급기야 의미 관련성이 단절되기도 한다. 그렇게 되면 다의 관계가 동음이의 관계로 발전한다." (예: '해'(太陽)와 '해'(年)의 경우)

"역사적으로 형태상 구별되던 단어 중 어떤 단어가 특정 시기 이후 음운 변화에 의해 형태가 달라지면서 동음 관계를 이루기도 한다. 곧 'ㆍ'의 소실, 어두자음군의 변화, 음운 탈락, 음운 축약, 구개음화 등에 의해 형태가 변개함으로써 동음 관계가 형성되어 왔다." (예: '솔(㪽)〉살'과 '살(矢)'의 경우) "공시적인 측면의 음운변이에 의해서도 동음 관계가 형성되기도 한다. 곧 자음동화나 말음법칙, 연음법칙 등에 의해 발음이 같아져 동음 관계를 이룬다."(예: '국민[궁민]'과 '궁민(窮民)'의 경우)

"발음이 동일한 외래어(또는 한자어)가 국어에 수용되어 이미 있던 단어와 새롭게 동음 관계를 형성하기도 한다. 특히 국어 속의 한자어의 증가는 국어의 어휘 수를 풍부하게 하였을 뿐만 아니라 고유어와 한자어, 한자어와 한자어 사이의 동음어를 양산하는 계기가 되기도 하였다."(예: '사랑'과 '사랑(舍廊)', '방화(放火)'와 '방화(防

火)' 경우 등)

이상의 견해들은 심재기(1982)에서 일찍 제기된 바 있는데 보다 특징적인 것은 '음운 변화'에 의한 동음이의어의 산생에서 고유어의 경우 '성조' 문제를 우선적으로 들고 있다는 것이다. "고유어에는 역사적으로 성조의 차이로 변별적이던 서로 다른 단어가 현대에 와서 부득이 동음어라는 관계에 떨어진 것들이 있다."(예: '밤(栗)/밤(夜); 날(刃)/날(日)' 등)

이상의 고찰에서 볼 수 있는 바와 같이 남에서 출간된 저서들에서는 동음이의어의 산생 요인에 대해 어느 정도 구체적으로 설명을 하고 있느냐 하는 측면에서는 약간의 차이를 보일 뿐 기본상 일치한 견해를 보이고 있다.

그럼 이제부터는 북에서 출간된 저서들의 견해에 대해 살펴보기로 하자.

김수경 외(1961: 62-65)에서는 동음이의어의 '산생 원인 및 기원'에는 다음과 같은 몇 가지가 있다고 했다.

"ㄱ) 처음에는 발음도 다르고 어원도 다른 단어들이 어음 변화의 결과 서로 일치하게 되어 동음 이의어로 되는 일이 있다."(예: '가위'(자르는 데 쓰는 기구)〈'ㄱ쉬'와 '가위'(음력 팔월 보름) 등)

"ㄴ) 어휘의 차용은 동음 이의어가 형성되는 데 일정한 역할을 노는바, 특히 조선어에는 한자 어휘가 들어 옴으로써 이루어진 동음 이의어의 수효는 매우 커다란 비중을 차지한다. 한자 어휘 자체 내부에서의(한자 어휘와 한자 어휘끼리의) 동음 이의어 및 한자 어휘와 고유 조선 어휘와의 사이에서의 동음 이의어는 조선어에 있는 전체 동음 이의어 중에서 약 70~80%를 차지한다."(예: '채광(採光)'/ '채광(採鑛)'; '고동(鼓動)'/ '고동(물건을 운전 또는 활동시키는 장치)' 등)

"ㄷ) 단어 조성의 과정에서, 즉 어근과 접사의 결합 또는 어근과 어근과의 합성에 의한 단어 조성의 과정에서 동음 이의어가 이루어지는바, 이때 다시 다음과 같은 세 가지 경우를 가를 수 있다. i) 완전히 동일한 어근과 어근, 또는 어근과 접사의 결합에 의하여 동음 이의어가 이루어지는 경우(예: '겨우살이(식물의 이름)'/ '겨우살이(겨울용 의복, 음식)'; '목물(목에 닿을 만큼 깊은 물)'/ '목물(몸의 웃동만을 물로 씻는 일)' 등), ii) 동음 이의적인 어근 또는 접사의 결합에 의하여 동음 이의어가 이루어지는 경우(예: '되풀이(반복하는 것)'/'되풀이(되를 단위로 하여 계산하는 일)'; '높이(명사)'/ '높이(부사)' 등), iii) 다의적인 어근 또는 접사의 결합에 의하여 동음 이의어가 이루어지는 경우"(예: '안짝(표준 범위에 달하지 못하는 범위)'/ '안짝(두 짝 있는 짝의 안에 있는 짝); '쇠물(쇠를 녹인 물)'/ '쇠물(습기가 있는 물건에 묻어 나는 쇠의 녹)' 등)

"ㄹ) 본래는 동일한 단어의 개별적 의미였던 것이 분렬되어 독립적인 단어로 됨으로 말미암아 동음 이의어가 이루어지는 일이 적지 않다."(예: '꽃(식물의 꽃)'/ '꽃(홍역을 앓을 때 몸에 빨긋빨긋 돋는 것)'; '못(뾰족한 쇠붙이)'/ '못(손이나 발에 생긴 굳은 살)' 등)

김일성종합대학 조선어학강좌(1981: 37)에서는 동음이의어의 산생요인을 다음과 같은 네 가지로 개괄하여 지적하고 있다.

"첫째로, 단어가 만들어질 때 다른 단어와의 말소리의 우연한 일치에 의하여 소리같은말이 생길 수 있다."(예: '눈(보는기관)'과 '눈(눈보라)'; '비(비눈)'과 '비(마당비)' 등)

"둘째로, 소리같은말은 단어의 어휘문법적뜻변화의 결과에 생길 수도 있다."(예: '쏘이다(바람을 쏘이다)'와 '쏘이다(쏘다'의 사역형)' 등)

"셋째로, 소리같은말은 단어의 발음의 역사적변화의 결과에 생길 수 있다."(예: '말(말과 글)'과 '말(소와 말)' 등)

"넷째로, 소리같은말은 한 단어의 여러 뜻이 갈라져 생길 수 있다."(예: '꽃(식물의 꽃)'/ '꽃(홍역을 앓을 때 몸에 빨긋빨긋 돋는것)' 등)

김길성(1992: 33-34)에서도 동음이의어의 산생 요인을 다음과 같은 네 가지로 들고 있다.

"첫째로, 처음에는 발음도 다르고 원인도 다른 단어들이 어음변화의 결과 서로 일치하게 되어 소리같은말로 된다."(예: '말(언어)〈몰'과 '말(집짐승)'; '다리(걷는)〈 ᄃ리'와 '다리(건느는)' 등)

"둘째로, 단어가 만들어 질 때 다른 단어와의 말소리의 우연한 일치에 의하여 소리같은말이 생기게 된다."(예: '눈(보는)'과 '눈(내리는)' 등)

"셋째로, 단어조성과정에 고유어와 고유어사이, 고유어와 한자어사이, 한자어와 한자어사이에 소리같은말이 생겨난다."(예: '겨우살이(식물의 이름)'/ '겨우살이(겨울용 옷, 식량); '철(계절)'/ '철(쇠)'; '지도(이끄는것)'/ '지도(지구표면을 그려 낸 도면)' 등)

"넷째로 한 단어의 다의성이 파괴되어 소리같은말이 생겨난다."

(예: '눈(감각기관의 하나)'/ '눈(식물의 싹이 나오는 자리)'; '못(뾰족한 쇠붙이)'/ '못(손발에 생긴 굳은 살)' 등)

이상의 고찰에서 볼 수 있는 바와 같이 김일성종합대학 조선어학강좌(1981)나 김길성(1992)의 견해는 그 표현 방식에서는 일정한 차이를 갖고 있지만 김수경 외(1961)의 견해를 그대로 따르고 있음을 알 수 있다.

동음이의어의 하위분류와 관련하여서는 남의 경우에는 심재기 외(2011)에서만 보다 구체적으로 다루고 있다. 심재기 외(2011: 208)에서는 "동음어는 분류 기준에 따라 '완전 동음어'와 '유사 동음어', '동철자 동음어'와 '이철자 동음어', '본원적 동음어'와 '현상적 동음어' 등 여러 가지로 나눌 수 있다."고 하면서 각이한 유형의 동음어에 대해 다음과 같이 설명하고 있다.

"완전 동음어는 장단, 고저 등 운소적(韻素的) 자질까지 일치하는 동음어를 가리키며, 유사 동음어는 운소적 자질이 달라 엄밀하게는 음이 다른 동음어를 가리킨다."(유사 동음어의 예: '눈(雪)'(장음)과 '눈(眼)'(단음) 등)

"동철자 동음어는 철자까지 일치하는 동음어를 가리키고, 이철자 동음어는 발음은 동일하나 철자는 다른 동음어를 가리킨다."(이철자 동음어의 예: '좋다(好)'와 '조타(操舵)', '반듯이'와 '반드시' 등)

"본원적 동음어는 독립된 단위로서 동음 관계를 이루고 있는 동음어이고, 현상적 동음어는 문맥이나 발음 조건에 의해 동음 관계를 이루는 동음어이다."(현상적 동음어의 예: '주는(縮)'과 '주는(與)', '같이'와 '갗이' 등)

북에서 출간된 저서들의 경우에는 거의 모두 동음이의어를 하위 분류하고 있는데 그 정형을 구체적으로 살펴보면 다음과 같다.

김수경 외(1961: 61-62)에서는 동음이의어를 다음과 같이 분류하고 있다.

"ㄱ) 절대적 동음 이의어—발음도 똑 같이 되고 철자법 상으로도 똑 같이 쓰이고 문법적 성질도 똑 같은 동음 이의어를 말한다."(예: '차다(뿔을 차다)'와 '차다(주머니를 차다)', '술어(述語)'와 '술어(術語)' 등)

"ㄴ) 발음은 똑 같이 되면서 철자법 상으로는 다르게 쓰이는 동음 이의어"(예: '거름'과 '걸음', '반드시'와 '반듯이' 등)

"ㄷ) 자법 상으로는 똑 같이 쓰이면서 발음은 약간 다르게 되는 (주로 소리의 고저 장단에서 차이가 나는) 동음 이의어"(예: '밤(저녁으로부터 새벽까지)'과 '밤(밤나무의 열매)(장음), '눈(시각 기관)'과 '눈(겨울에 내리는 결정체)(장음)' 등)

"ㄹ) 단어의 모든 형태에서(어간과 토가 어울리는 모든 경우에) 동음 이의어로 되는 것이 아니라 일부의 형태에서만 동음 이의어로 되는 경우"(예: '걷다(捲)'와 '걷다(步)')'걷어', '걷으니'-'걸어', '걸으니' 등)

김길성(1992: 32-33)에서도 이와 꼭 같은 분류를 행하면서 김수경 외(1961)에서 설정한 첫째 부류의 동음이의어를 '절대적소리같은말' 또는 '완전소리같은말'이라 하고 그 나머지 부류의 동음이의어는 '부분적소리같은말' 또는 '불완전소리같은말'이라고 명명하고 있다.

그런데 김일성종합대학 조선어학강좌(1981: 36-37)에서는 동음이의어를 다음과 같은 세 가지 유형으로 분류하고 있다.

"말소리와 맞춤법이 다 꼭 같은 소리같은말"(예: '키'(사람이 선 높이)와 '키'(곡식을 까부르는데 쓰는 도구)와 '키'(배가 가는 방향을 조종하는 장치) 등)

"맞춤법이 같고 소리가 약간 다른 소리같은말"(예: '강바람'(비는 내리지 않고 호되게 불어오는 바람)과 '강바람(강빠람)'(강하게 불어오는 바람) 등)

"소리는 같고 맞춤법이 다른 소리같은말"(예: '거름'(식물이 잘 자라게 하기 위하여 땅에 주는 물질)과 '걸음'(다리를 번갈아 옮겨놓는 동작) 등)

여기서 볼 수 있는 바와 같이 동음이의어의 분류와 관련하여 김일성종합대학 조선어학강좌(1981)에서는 '단어의 일부 형태에서만 이루어지는 동음이의어'를 설정하지 않고 있다는 점에서 위의 두 저서와는 다른 특성을 보이고 있다.

## 요약

지금까지의 고찰에서 볼 수 있는 바와 같이 동음이의어와 관련된 연구에서는 대부분의 학자들이 거의 일치한 견해를 보이고 있는바, 동음이의어의 개념 정립, 동음이의어의 산생 요인 등 문제를 둘러싸고는 학자들 사이의 견해가 기본상 통일되고 있다고 할 수 있다. 단 동음이의어의 하위분류와 관련하여 '단어의 일부 형태에서만 이루어지는 '동음이의어'를 설정할 것이냐 설정하지 말아야 하느냐 하는 문제를 둘러싸고 극히 개별적인 학자들이 견해를 달리하고 있을 뿐이다.

동음이의어와 관련된 연구에서 앞으로 좀 더 논의되어야 할 문제는 '다의어'와 관련된 연구에서 이미 제기된 의미의 '유연성'과 '상이성'의 한계를 어떻게 긋느냐 하는 것이다. 그것은 모든 학자들이 공인하고 있는 바와 같이 다의어의 의미 분화에 의해서도 동음이의어가 산생되고 있기 때문이다.

### 3.6.6. 하의 관계, 공의 관계, 부분-전체 관계

어휘의 의미적 부류 혹은 어휘의 의미 관계와 관련된 논의에서 '하의 관계', '공의 관계', '부분-전체 관계' 등을 더 설정하여 논의하는 학자들도 있는데 이 부류의 어휘들이 과연 어휘의 의미 관계, 또는 어휘의 의미적 부류에서 논의의 대상으로 되어야 하는지는 앞으로의 연구에 맡기고 여기서는 이 부류의 어휘를 다른 학자들의 견해를 간략하게 소개하는 것으로 마치려 한다.

김광해(1993: 209-211)에서는 '하의 관계', '공의 관계', '부분-전체 관계'의 성립과 관련하여 "어휘소들은 또한 지시 대상(R) 자체가 상호간에 어떤 관계를 가지고 있음으로 말미암아 의미상으로도 관계를 가지게 된다." "이 언어에 의하여 지시되거나 표현되는 세계는 자체적으로 질서를 가지고 있으며 그에 따른 관계가 설정되어 있다. 이는 곧 사물 자체의 존재 양상이라고도 말할 수 있는 것이다. 예컨대, 수많은 동물, 식물, 광물, 천체, 사건, 현상…… 들은 스스로 존재하면서 서로간에 유관한 것과 무관한 것으로 나뉘어져 있다. 또 유관한 대상들은 그 관계가 얼마나 밀접한지 밀접하지 않은지에 따라서든가, 혹은 그 관계가 類나 種 등에 의해 상하 관계를 형성하는 등에 의해 적절히 분류될 수 있을 뿐인 것이다. 이러한 사물 자체의 관계에 대하여 인간이 하는 일이란 다만 그 분류의 기준을 제공하는 일일 뿐이다. 따라서 이러한 관계는 인간이 그것을 인식하는 태도나 방법에 따라서 바뀌는 것이 아니며, 그 자체로서 독립적인 관계이다. 이러한 사물 자체의 존재 양상을 언어로 대신하였을 때, 그것의 언어 표현, 즉 어휘소들 간에 관계가 성립한다고 하더라도 그 때의 관계는 지시 대상 자체의 관계로부터 연유하는 것이지 다른 어떤 것 때문에 이루어지는 것은 아니다."라고 설명하고 "이처럼 사물 자체의 관계에 기인하여 어휘소간에 관계가 형성되는 예로서는 下意 관계(hyponymy), 부분−전체 관계(part-whole relation), 共有관계 (overlapping or sharing) 등을 들 수 있다."고 하면서 구체적인 설명이 없이 도식으로 그것들을 예시만 해주고 있다.

　이상의 의미 관계에 관한 논의는 심재기 외(2011)에서 좀 더 구체적으로 진행되고 있다.

　우선 '하의 관계'와 관련하여 심재기(2011: 182)에서는 "하의 관계(下義關係)는 상이한 단어들이 지니는 일련의 의미들이 상호 포함 관계에 놓일 때 논의할 수 있다. 의미상의 포함 관계는 넓은 의미 영역을 지니는 의미가 그보다 좁은 의미 영역을 지니는 의미를 포함하거나, 그 반대로 의미 영역이 상대적으로 좁은 의미가 그보다 넓은 의미 영역을 지니는 의미에 포함되는 관계를 말한다."라고 그 개념을 정립하고 '꽃'과 '장미', '개나리', '무궁화'의 관계를 실례로 '꽃'은 '장미', '개나리', '무궁화'를 포함하고, 그 반대로 '장미', '개나리', '무궁화'는 '꽃'에 포함되기에 이들 사이에는 '하의 관계'가 성립된다고 하면서 "따라서 하의 관계는 일련의 의미들이 상호 어떤 의미를 포함하거나 어떤 의미에 포함됨으로써 계층 구조를 형성하는 의미 관련성으로 정의된다."라고 그 개념을 재정립하고 있다. 그리고 이런 의미 관계에 놓이는 어휘를 "계층 구조상 상위에 놓이는 '꽃'은 하위에 놓이는 '장미', '개나리', '무궁화' 등에 대해 '상위어(hyperonym)'라 하고, 하위에 놓이는 '장미', '개나리', '무궁화' 등은 상위에 놓이는 '꽃'에 대해 '하의어(hyponym)' 또는 '하위어(下位語, subordinate)라 하며 두 층위의 의미 관계를 '하의 관계(hyponymy)'라 한다. 그리고 하위의 같은 층위에 놓이는 '장미', '개나리', '무궁화'를 '동위어(coordinate)' 또는 '공–하의어(co–hyponym)'라 한다."라고 설명하고 있다.

그리고 의미의 상하 관계를 형성하는 '층위 구조'와 관련해서는 "의미의 상하 관계를 형성하는 층위의 구조(곧, 층위의 수나 깊이)는 대상 의미 영역의 조정에 따라 다양해질 수 있다. '꽃'과 '장미', '개나리', '무궁화' 등은 2단계 층위 구조를 보이지만, 여기에 '꽃'의 상위어인 '식물'이 첨가되면 그림 2에서 볼 수 있듯이 '식물', '꽃', '장미, 개나리, 무궁화'의 3단계 층위 구조로 발전하며, '꽃'에 대한 '나무', 그리고 그 '나무'에 포함되는 '소나무, 참나무, 떡갈나무' 등과 같은 새로운 대비 항목이 더 늘어난다. 곧 층위의 수나 깊이는 상위 영역이나 하위 영역의 확대에 따라 더 많아지고 깊어지며, 층위에 배열되는 항목의 수는 층위의 수나 깊이에 비례함을 알 수 있다."(p. 184)라고 설명하고 있다.

'공의 관계'와 관련하여서는 심재기 외(2011: 200)에서 "공의 관계(共義關係)는 일련의 의미들이 상호 근접성이라는 관점에서 관련성을 맺고 있을 때 논의할 수 있다. 곧 공의 관계는 의미가 아주 유사하여 연접되어 있는 관계를 말한다."라고 그 개념을 정립하면서 "연접 유형의 의미들은 그 공통된 의미 성분으로써 분명한 의미 영역을 형성하고, 그러면서도 뚜렷한 대조점에 의해 상호 엄격히 구별되는 특성을 보인다. 이러한 특성으로 인해 연접 유형의 의미들은 성분 분석법의 적용을 받아 쉽게 그 의미를 드러낼 수 있다. 예컨대, '아버지, 어머니, 아저씨, 아주머니, 아들, 딸' 등은 [친족]이라는 점에서 하나의 의미 영역으로 묶인다. 그러면서 [성], [세대], [계통]이라는 시차적 성분에 의해 그 의미 차이가 드러난다. 따라서 이들이 지니는 의미는 확정된 의미 영역을 보이면서도 뚜렷한 의미 성분으로 변별되는 전형적인 연접 유형의 의미라 할 수 있다."라고 그 개념을 좀 더 명확히 해석하고 있다.

그런데 '부분-전체 관계'와 관련하여서는 심재기 외(2011)에서는 의미 관계의 부류에서 제외시키고 있다.

## 3.7. 어휘의 구조적 부류

### 3.7.1. 어휘의 구조적 부류에 대한 일반적 이해

어휘의 구조적 부류란 어휘를 그 구조적인 측면에서 나눈 어휘의 부류를 가리킨다. 지금까지 우리가 고찰한 어휘 부류들은 일반적으로 하나의 단어(또는 어휘소)로 구성되었지만 경우에 따라서는 둘 또는 그 이상의 단어(어휘소)들이 특정된 문법 구조 속에 묶이어 하나의 단어(어휘소)와 동일한 가치를 가지고 언어생활에서 쓰이기도 한다. 이리하여 우리는 일상생활에 사용되는 어휘가 하나의 단어(어휘소)로 된 것이냐 아니면 여러 개의 단어(어휘소)로 구성된 것이냐에 따라 어휘를 분류할 수 있는데 이렇게 분류되는 어휘를 어휘의 구조적 부류라 할 수 있다.

이 문제와 관련하여 김종택(1992: 254-255)에서는 "관용어란 문법론과 어휘론의 연구대상으로서 광의로는 다른 언어와의 상대적 특성에 기초하고 있는 한 언어의 전체를 말한다. 그러나 보통은 협의로 어떤 한 언어에 특유한 표현방법을 가리키는 뜻으로 쓰인다. 그 특유한 표현방법에 기초하는 하나의 의미단위로서의 어형을 관용어라 부른다. 이것이 특히 관용구라고 불릴 때에는 둘 이상의 단어가 함께 이어져서, 혹은 상응하여 쓰여서 그 결합이 전체로서 어떤 고정된 의미를 표현하는 것을 뜻한다. 이런 면에서 볼 때, 그것은 통사적 성격을 가진다. 이러한 관용어가 가지는 통사적 결합은 구성요소의 의미만으로는 관용어 전체의 의미가 이해될 수 없는 특이한 구조를 갖춘 것이라야 한다. 이 경우 특이한 구조란 주로 의미적인 제약을 가지는 것을 말하는데, 그 구성요소가 되는 어휘가 그 어휘의 결합으로서밖에 쓰일 수 없는 표현구조를 갖추고 있어야 한다."라고 하면서 '독 안에 든 쥐'라는 관용어를 실례로 들면서 "이 경우 관용어를 이루고 있는 하나 하나의 어소(morpheme)는 독립된 의미소(sememe)이면서 그것들이 결합된 덩어리인 관용어 전체로서의 의미는 구성 어소의 의미에 구속되지 않는 새로운 한 어소(이 경우는 의미소의 편이 낫다)의 성격을 가진다."

"그러므로 관용어는 형태적으로는 복수적인 의미를 가지므로 통사적인 성격을 가지고 있으나, 의미적으로는 새로운 하나의 의미소를 창조하는 입장에 선다. 따라서 관용어의 의미는 통상 어휘(word)의 의미에 대등한다." "그러므로 관용어는 통사적 외형구조를 갖추고 있는 단어라고 볼 수 있다."라고 하면서 어휘의 구조적 부류로 '관용어'라는 부류가 설정될 수 있음을 시사해주고 있다.

심재기 외(2011: 289)에서도 "'바가지를 긁다, 우물 안 개구리'와 같은 말을 특별히 관용표현이라고 하는 것은 그 말을 구성하는 단어들, 즉 '바가지, 긁다, 우물, 안, 개구리'를 안다고 의미를 이해할 수 있지 않기 때문이다. 그리하여 관용표현(慣用表現, idiomatic expression)이란 습관적으로 굳어져 익숙하게 쓰이는 표현이되 둘 이상의 언어 기호가 단순한 의미의 합으로 쓰이지 않는 것을 가리키는 용어로 사용하는 것이다."라고 하면서 '관용표현(관용어)'를 어휘의 구조적 부류에서 다루고 있다.

그런데 김광해(1993: 162)에서는 "Halliday(1961; 276)에 의하면, 문법에 있어서와 마찬가지로 어휘에 있어서도 형식적 의미(formal meaning)와 문맥적 의미(contextual meaning)를 구분한다. 일단 형식적 기술(formal description)로서 카테고리와 항목을 밝힐 수 있다고 한다면 이들은 나아가 문맥적으로도 다루어질 수 있는 것이며, 또한 그렇게 다루어져야만 하는 것이다. 여기에 해당하는 것으로 가령, 어떠한 특정의 문법구조(grammatical structure)에 묶여 있는 하나 또는 그 이상의 어휘항목 카테고리 같은 것이 있는데 우리는 이를 관용어(숙어)라 부른다." "이러한 관용 표현, 즉 숙어나 속담은 몇 개의 단어들이 결합되어 특수한 의미를 나타내는 것으로서 전통적으로 한 개의 어휘소와 동일한 가치를 가지는 것으로 수용되어 왔다."라고 하면서 '관용어'라는 어휘 부류를 설정하고는 있지만 앞의 두 저서들에서와는 달리 이 '관용어(관용 표현)'를 어휘의 구조적 부류로서가 아니라 어휘의 '화용적 변이'로 다루어야 한다고 주장하면서 그 이유를 다음과 같이 들고 있다.

"이들을 어휘소의 화용적 변이로 처리할 수 있는 이유는 이들이 역시 표현 효과라는 수단 상황과 관련되기 때문이다. 즉 숙어(idiom)나 속담 같은 관용 표현들은 같은 내용을 어떻게 하면 더 효과적으로 표현할 수 있느냐 하는 동기를 가지고 발생하는 것이기 때문인 것이다."

어휘의 구조적 부류와 관련하여 북에서 출간된 저서들에서도 정도 부동하게 모두 언급하고 있다.

김수경 외(1961: 157-158)에서는 "단어 결합에는 본질적으로 다른 두 가지의 종류가 있다. 그중 하나는 단어들의 자유로운 결합으로서, 결합 관계에 들어 오는 단어들은 완전한 자주성을 가지고, 이야기하는 사람이 그 때 말하려고 하는 사상의 내용에 따라 임의의 다른 단어와 담화의 순간 결합되게 된다. 그리고 이 결합은 담화가 끝나면 해체되고 말며, 필요한 경우에는 다시 또 다른 단어와 결합할 수 있다."

"그중 다른 하나는 단어들의 자유롭지 않은 결합으로서, 결합 관계에 들어 오는 단어들이 자주성을 가지지 않거나 또는 약하게 가지면서 그와 결합되는 단어들과 함께 통일적인 단일한 것을 나타낸다. 이 결합은 많은 경우 하나의 표상, 하나의 개념을 나타내면서 오직 그 결합 관계 안에서만 일정한 의미를 가지게 된다. 이 결합은 자유로운 결합과는 달리 담화의 순간에 처음으로 이루어지는 것이 아니라 이미 그 이전 그 언어 안에 마치 하나의 단어와도 같이 준비되어 있는 것을 그대로 언어 행위에서 리용하고 재생할 따름이다."

"단어 결합의 이 두 가지 종류 가운데서 첫 번째 자유로운 단어 결합에서는 그 매개의 요소가 본래의 자기의 어휘적 의미를 보유하면서 문장 안에서 따로따로 개별적 성분들로 되나, 두 번째 자유롭지 않은 단어 결합은 그 전체가 하나의 단어와도 같이 문장 안에서 하나의 성분으로 되는 일이 많다. 이리하여 자유로운 단어 결합은 문장론에서 연구되고, 자유롭지 않은 단어 결합은 어휘론에서 고찰된다."라고 하면서 '자유롭지 않은 단어 결합'을 어휘의 구조적 부류에서 다룰 수 있음을 시사해 주고 있다.

김길성(1992: 92-93)에서도 이와 꼭 같은 표현으로 본질적으로 다른 두 가지의 단어 결합을 논하면서 '자유롭지 않은 단어결합'을 '성구'라 명명하고 "단어결합으로서의 성구가 문법론에서가 아니라 어휘론에서 취급되는 것은 그것이 몇개의 단어들의 결합으로 이루어 져 있으나 하나의 단어처럼 의미상 통일체, 뜻의 전일체를 이루고 결합의 견고성을 띠고 있기 때문이다."라고 설명하고 있다.

김일성종합대학 조선어학강좌(1981: 47-48)에서도 위의 두 저서들에서와 비슷한 내용으로 단어 결합을 자유로운 단어결합과 자유롭지 않은 단어결합으로 나누고 '자유롭지 않은 단어결합'을 '성구'라 명명하면서 "이와 같이 성구는 비록 그것이 몇개의 단어들의 결합으로 이루어져있으나 하나의 단어처럼 의미상 통일체, 하나의 전일적인 뜻을 나타내기때문에 어휘론에서 취급된다."라고 설명하고 있다.

다른 한편 최완호 외(1980: 48-50)에서는 이 부류의 어휘를 '표현적 어휘'라 명명하고 이 '표현적 어휘'를 '단어결합으로 된 표현적 어휘'와 '문장으로 된 표현적 어휘' 두 가지로 나누고 첫 번째 부류의 '표현적 어휘'에서 '성구'를, 두 번째 부류의 '표현적 어휘'에서 '속담'을 다루고 있다.

최완호(2005: 186)에서는 "조선어어휘 구성에는 일반적인 단어형태를 가진 어휘론적단위들과 함께 관용어부류들도 풍부하다. 조선어어휘 구성에서 대표적인 관용어부류는 속담과 성구이다. 다종다양한 조선어의 속담과 성구들은 어휘 구성을 풍부히 할 뿐 아니라 우리말의 표현적 효과를 높이는 데서 특별한 자리를 차지한다. 우리의 어휘론들에서는 지금까지 흔히 성구안에 속담을 포함시켜 그 구조적류형과 그밖의 특성을 함께(넓은 의미에서의 성구라고 전제하면서) 어울려서 고찰하는 경우가 많았다."라고 하면서 어휘의 구조적 부류로 '관용어부류'(성구와 속담)를 설정하여 다루고 있다.

이상의 고찰에서 볼 수 있는 바와 같이 어휘의 구조적 부류에 대해서는 남과 북의 학자들의 견해가 비교적 일치하다. 물론 김광해(1993)에서 이 부류의 어휘들은 '어휘의 화용적 변이'로 다루어야 한다고 주장하고는 있지만 앞의 고찰에서 보아온 바와 같이 이 부류의 어휘는 다른 부류의 어휘들과는 다른 구조적인 특성을 갖고 있는 어휘의 부류라는 것은 시인하고 있다.

그런데 어휘의 구조적 부류에서 설정되는 어휘 부류와 관련하여서는 학자들 사이에 비교적 큰 분기를 보이고 있다.

우선 남의 경우를 보면 심재기(1982: 28)에서는 어휘의미론 분야의 연구에서 慣用表現에 관한 연구를 논하면서 "단어의 共時的 諸相, 즉 多義語, 同音語, 類義語에 대한 논의가 익어가자 국어학자들은 곧 이 慣用表現에 눈을 돌리게 되었다. 그 한 갈래는 어휘적 요소를 가진 숙어에 대한 것이고, 다른 한 갈래는 문장 구조를 가진 속담류로 대별할 수 있다."라고 하면서 어휘의 구조적 부류로 주로 '숙어'와 '속담'을 들고 "속담 이외에 禁忌談, 吉凶談 등에 관한 연구열까지도 일어나게 하였다."라고 지적하고 있다.

심재기(2000: 245)에서는 "俗談을 정의하기 위한 기초 작업으로, 俗談을 種槪念으로 하는 同位 槪念들과 그 위 단계의 類槪念을 먼저 선별해야 할 필요가 있다. 우선 類槪念으로는 慣用表現 (Idiomatic expression)이라는 용어가 바람직한 것으로 보인다. 그리고 이 類槪念을 語彙 項目에 속하는 것과 그 이상의 것으로 양분한다면 前者에는 熟語, 隱語, 卑語, 俗語, 比喩語, 禁忌語 등 語彙的 次元의 것들이 포함되고, 後者에는 俗談, 故事成語, 禁忌談, 吉凶談, 解夢談, 格言, 金言, 箴言, 수수께끼, 人事말 등을 포함시킬 수 있을 것이다."라고 하면서 다양한 유형을 설정하고 있다.

그런데 심재기 외(2011: 289)에서는 "관용표현은 광의의 관용표현과 협의의 관용표현으로 나눌 수 있으며, '광의의 관용표현'이란 '습관적으로 굳어져 우리에게 익숙한 표현'으로 '협의의 관용표현'이 가져야 할 여러 조건을 갖추고 있지 않더라도, 관용적 의미를 가지고 습관적으로 쓰이는 표현을 말한다. 광의의 관용표현에는 연어, 상용구절, 속담, 격언, 금기담, 간접표현 등이 포함된다."

"'협의의 관용표현'은 관용표현 중에서도 언어 내적인 조건과 외적인 조건을 갖춘 것들을 말한다." "협의의 관용표현은 형식 단위에 의해서 관용어, 관용구, 관용절, 관용문으로 나눌 수 있다. 여기서는 이것들을 묶어 지칭할 때 관용 구절이라는 용어를 사용하도록 한다."라고 하면서 또 다른 분류를 행하고 있다.

김광해(1993)에서는 관용 표현을 '숙어'와 '속담'으로 나누어 고찰하고 있다.

그럼 이제부터는 북에서 출간된 저서들에서는 어휘의 구조적 부류로 어떤 유형들을 설정하고 있는가를 살펴보기로 하자.

김수경 외(1961: 158-159)에서는 '자유롭지 않은 결합'을 우선 '공고한 단어 결합'과 '성구'로 나누고, '공고한 단어 결합'은 다시 '명사적 단어 결합'과 '동사적 단어 결합'으로 나누고, '성구'는 다시 '종합적 성구'와 '분석적 성구'로 나누고 있다.

최완호 외(1980: 48-49)에서는 어휘의 구조적 부류로 우선 '성구'와 '속담'을 설정하고 '성구'는 다시 "어휘화의 정도에 따라" '성구론적 유착', '성구론적 통일', '성구론적 결합'으로 하위분류하고 있다.

김일성종합대학 조선어학강좌(1981: 47-52)에서는 어휘의 구조적 부류로 '성구'와 속담'을 설정하고 '속담'은 다시 '격언'과 '리언'으로 하위분류하고 있다.

김길성(1992: 95-106)에서는 어휘의 구조적 부류로 우선 '속담'과 '성구'를 설정하고, '속담'은 "그 기능에 따라" 다시 '격언'과 '리언'으로 나누고, '성구'는 "단어들의 결합의 긴밀한 정도와 단어들의 뜻의 자립성의 정도에 따라" '성구의 의미가 그를 구성하는 단어들의 의미에 의존하지 않는 부류', '성구의 의미가 구성요소들의 의미에 환원될 수 있는 부류', '구성요소들의 결합은 견고하나 그 의미는 명확히 서로 구별되는 부류'로 나누고 있다.

최완호(2005: 186: 207)에서는 '관용어'를 우선 '속담'과 '성구'로 나누고, '속담'은 다시 '격언'과 '리언'으로 하위분류하고 '성구'는 다시 '성구적인 공고한 결합', '분석적 성구', '합성적 성구'로 하위분류하고 있다.

이상의 고찰에서 볼 수 있는 바와 같이 구조적인 측면에서 어휘를 분류할 경우 어떤 부류의 어휘들이 설정될 수 있는가 하는 문제를 둘러싸고는 학자들 사이에 비교적 큰 견해상의 차이를 보이고 있다.

## 요약

지금까지의 고찰에서 볼 수 있는 바와 같이 어휘의 구조적 부류, 즉 관용 표현(혹은 '관용어')의 개념 정립과 관련하여서는 비교적 일치한 견해를 보이고 있다.

그러나 어휘의 구조적 부류, 즉 관용 표현에서 다루어야 할 어휘 부류의 설정과 관련해서는 학자들 간 상당한 견해상의 차이를 보이고 있는바, 이 문제에 대해서는 여기서 좀 더 논의되어야 할 것 같다. 논의의 편의를 위해 먼저 가장 문제시되는 극히 개별적인 학자들에 의해 설정된 어휘 부류에 대한 검토로부터 시작하기로 한다.

첫째, '속언'. '속언'이란 어휘 부류는 김종택(1992) 등에서 설정하고 있는 어휘의 부류인데 김종택(1992: 289)에서는 "속언이란 물론 이전에도 쓰여왔던 말이긴 하나 속담에 대한 이칭이었을 뿐 속담과 대립되는 한 장르를 뜻하는 것은 아니었다. 그러나 여기서 저자가 부여하고자 하는 의미는 완전히 속담과 대립되는 한 류를 지칭한다. 속언은 속담과 마찬가지로 대중성과 관용성을 가지는 민간 경구로서 하나의 완벽한 구조를 가진다는 점에서 속담과 공통된다. 「俗諺」의 「俗」자는 이러한 공통성을 딛고 붙여진 명칭이거니와, 이러한 공통성이 없이는 대립되는 유개념으로 파악될 수 없다. 「諺」 역시 대중의 aporism적 성격을 나타내는 말로서 속담의 「談」과 대립되는 말로서 따로 세우기에 가장 적당하다고 생각되므로 새로운 말을 창작할 필요없이 이 「俗諺」이라는 말로써 이런 류의 경구들을 총괄하고자 한다."라고 하면서 '속언'을 '속담'과 대립되는 독자적인 어휘의 구조적 부류로 설정해야 한다고 주장하고 있다. 그런데 우리가 여기서 관심을 갖는 것은 '속언'이 '속담'과 대립되는 어휘의 구조적 부류로 될 수 있느냐 하는 문제가 아니라 이 '속언'으로 명명되는 어휘의 부류가 어떤 것들이냐 하는 것이다. 김종택 (1992)의 위의 서술에 따르면 이 부류의 어휘들은 지난날 '속담'에서 다루어왔던 어휘의 부류임을 알 수 있으며, 또 '속언'이란 명칭도 '속담'의 이칭이었음을 알 수 있다. 다시 말하면 '속언'으로 명명되는 어휘들도 지난날에는 많은 학자들에 의하여 '속담'이란 어휘부류 속에서(혹은 속담의 한 부류로) 함께 논의되어 왔다는 것이다. 이러한 사정을 감안하여 우리는 여기서는 많은 학자들의 처리 방식에 따라 '속언'을 독자적인 어휘의 구조적 부류로서가 아니라 '속담'의 이칭 또는 속담의 한 부류로 속담을 다루는 경우에 함께 언급하기로 한다.

둘째, '숙어'와 '성구', '숙어'와 '성구'는 서로 다른 어휘 부류에 붙여진 이름인 것이 아니라 동일한 부류의 어휘에 대한 부동한 명칭에 불외하다. 남의 경우에는 '숙어'라는 용어를 사용하고, 북의 경우에는 주로 '성구'라는 용어를 사용하고 있다. 물론 동일한 대상에 대한 명칭이 둘 이상 있다는 것은 어느 모로 보나 바람직한 일은 아니지만 지금의 상황에서는 두 개의 명칭을 그대로 사용하기로 한다.

셋째, '격언', '리언(이언)', '금언' 등. 이 부류의 어휘들도 적지 않은 학자들이 부동한 차원에서 어휘의 구조적 부류로 언급하고 있는데, 남의 학자들의 경우에는 독자적인 어휘의 구조적 부류로 다루고 있고 북의 학자들의 경우에는 거의 '속담'의 하위부류로 다루고 있다는 차이를 보이고 있다. 그런데 이 부류의 어휘들도 그 특성으로 보아 관용 표현(관용어)의 한 부류인 것만큼, 비교적 많이 언급하고 있는 북의 처리법에 따라 '속담'을 논의하면서 소개하기로 한다.

넷째, 그 다음으로 심재기 외(2011)에서 다루고 있는 상용 구절, 관용 구절 등은 기타의 많은 학자들은 독자적인 어휘 부류로 다룬 것이 아니라 숙어(성구)에서 종합적으로 다루고 있다. 물론 일부 학자들은 이 '숙어(성구)'를 몇 가지로 하위분류하고 있는데 이것들도 그 하위부류로 다룰 수 있을 것 같다.

다섯째, '금기담', '길흉담', '해몽담' 등. 이 부류의 어휘는 심재기

(1982), (2000)과 심재기 외(2011)에서 주로 설정되는 것들인데 이 문제와 관련하여서 김종택(1992: 287-288)에서는 "자료를 수집·정리하는 전통적인 연구태도에서 흔히 보듯 이러한 일련의 말들을 내용을 중심으로 하여 분류하는 것은 전체를 체계화하려는 본래의 목적에도 불구하고 소기의 성과를 거둘 수 없는 경우가 적지 않다. 꼭 같은 언어적 기능을 가진 일련의 말들을 그 내용에 따라 금기어(禁忌語), 길흉담(吉凶談), 길조어(吉兆語), 덕담(德談) 등과 같이 구별하여 부른다면 그 분류는 무한정할 것이며, 예컨대, 권장담(勸獎談), 저주담(詛呪談), 유희담(遊戱談), 시류담(時流談) 등등과 같은 명칭과 한계 설정을 아무도 거부하지 못하게 될 것이다. 따라서 이러한 내용중심의 분류는 전체를 체계화하여 파악하려는 본래의 목적에 비추어 적당하지 않음을 알 수 있다."고 하면서 "이에 저자는 내용중심의 명명태도를 지양하고 이러한 일련의 말들이 가지는 성격과 기능을 중심으로 하여 속언이라는 말로 포괄할 필요를 느낀다."라고 하면서 '속언'의 내용적 부류로 다룰 것을 주장하고 있다. '속언' 혹은 '속담'의 하위분류에 대해서는 앞으로 좀 더 깊이 있는 연구를 요하겠지만 이 부류의 어휘들을 구조적인 측면에서 설정되는 어휘의 부류라는 사정을 감안할 경우에는 내용적으로 분류되는 '금기담'이나 '길흉담'과 같은 부류는 적어도 독자적인 어휘의 구조적 부류로는 설정될 수 없을 것이다. '금기담'이나 '길흉담'에 속한다는 어휘 부류는 그 구조적 특성의 측면에서 볼 경우에는 '속담'과 크게 다를 바 없다. 김종택(1992)에서처럼 '속언'의 한 부류로 다루든, 속담의 한 부류로 다루는 것이 바람직할 것 같다.

여섯째, '은어', '비어', '속어', '비유어', '금기어' 등. 이 부류의 어휘에 대해서는 심재기(2000)에서 설정한 어휘 부류인데 이미 앞의 기타 장절에서 언급된바 있다. 이 부류의 어휘는 하나의 단어(어휘소)로 구성되어 있는바 구조적인 측면에서 속담이나 숙어(성구)와는 다른 질서에 놓이게 된다. 따라서 어휘의 구조적 부류에서 다룰 내용은 이니라 생각된다.

이상의 내용을 종합해 정리하면 어휘의 구조적 부류에서 설정되는 어휘 부류는 크게 숙어(성구)와 속담으로 대별된다. 기타의 어휘 부류는 이 두 부류의 어휘의 하위부류로 다루게 될 것이다.

그런데 이 관용어들은 구조적으로 볼 때 기타의 어휘소들과는 달리 한 개의 어휘소로 구성된 것이 아니라 몇 개의 어휘소들이 특정 문법구조에 묶이어 하나의 어휘소와 동일한 가치를 가지고 언어생활에서 쓰이고 있다. 그러나 속어나 완곡어, 공대어, 하대어 등은 하나의 어휘소로 구성되어 있는바 관용어와는 구조적인 측면에서 서로 다른 질서에 놓이게 된다. 즉 관용어는 그 구조적 측면에서 다른 모든 어휘소들과는 다른 하나의 질서에 놓인 그런 어휘적 단위이다. 이리하여 우리는 여기서 어휘의 구조적 부류로서 숙어와 속담을 따로 설정하여 논하기로 한다.

### 3.7.2. 숙어

심재기(2000: 53)에서는 "숙어는 관용표현의 어휘군으로서 두 개이상의 낱말이 필연적으로 결합하여 必須 共起 關係에 놓이면서 화석화된 어구인데 이때에 반드시 제3의 새로운 의미를 나타낸다."라고 그 개념을 정립하고 있다.

심재기 외(2011)에서는 앞의 고찰에서 보아온 바와 같이 '관용표현'을 '광의의 관용표현'과 '협의의 관용표현'으로 나누고 '협의의 관용표현'에서 논의되는 '관용어, 관용구, 관용절, 관용문'을 '관용 구절'이라 총칭하고 있는데 이 '관용 구절'이 '숙어'와 비슷한 개념으로 쓰인 것이 아닌가 생각된다. 심재기 외(2011: 293)에서는 "관용 구절은 두 개 이상의 단어들의 결합체인 구절 단위로 의미 전이가 일어나 하나의 단어의미로 고정된 구절을 말한다."라고 그 개념을 정립하고 있다.

김광해(1993: 163)에서는 "국어의 숙어는 아직 제대로 수집되어 정리되어 있지 않다. 따라서 숙어의 다양한 유형이라든가 형태와 의미 사이의 관계 등에 관한 사항들도 아직 정리가 되어 있지 않기 때문에 숙어의 전모가 아직은 드러나 있지 않은 상태라고 말할 수 있다. 외국어 사전에 비교할 때 국어의 정규 사전에도 이는 충분히 반영되어 있지 않으며 이것만을 수집 정리한 특수 사전 같은 것도 아직 존재하지 않는다."라고 하면서 "국어의 숙어는 신체 부위의 명칭과 결부되어 활발한 분포를 보이는데 그 예들의 일부를 제시하여 두면 다음과 같다. 이들은 문자 그대로 해석될 수도 있지만 숙어 특유의 해석을 입게 되면 전혀 다른 뜻으로 사용되는 형태들이다."(p. 163)라고 하면서 '손이 크다, 손이 작다, 손을 대다, 손을 떼다, 손에 넣다, 손을 보다, 손에 익다, 손이 모자라다, 손을 타다, 손이 재다, 손이 빠르다, 손쉽다' 등등의 신체 부위의 명칭과 관련된 숙어의 실례를 제시하는 것으로 마치고 있다.

　최완호(2005: 197)에서는 "성구란 글자 그대로 일정한 구형식을 이루고 있는 어휘적 단위를 말한다. 그것은 언어행위과정에 그때그때 이루어진 어구가 아니라 언어행위가 진행되기 이전에 이미 마련되어 있어서 임의의 장면과 환경에서 그대로 리용되는 관용적인 어구이다."라고 그 개념을 정립하면서 "성구가 그 단어결합의 총체로서 하니의 단어와 등가적인 전일적 의미를 가진다고 하는것은 례컨대 성구 '손을 들다'가 '항복하다'라는 하나의 의미를 가지는데서 더욱 명백히 알 수 있다. 그런데 이 단어결합이 이와 같은 성구적 의미를 가지기 위해서는 이 결합조건을 다른 것으로 바꾸지 말아야 한다. 즉 어느 단어를 다른 단어로 바꾸거나 그 위치를 교체하지 말아야 한다. 이러한 구조상 제약으로부터 그것은 언제나 정해진 구조형태로만 사용되어야 하며 이리하여 그것은 공고한 어휘적 단위로 되고 따라서 다른 언어행위, 다른 언어적 장면이나 환경에서도 반복하여 쓰이게 되는 것이다."(p. 197-198)라고 진일보 구체적으로 설명하고 있다.

　그리고 성구의 특성에 대해 다음과 같이 서술하고 있다.

　"결론적으로 말해서 성구론적 결합을 판별하는 기준으로는 전일적인 성구적 의미를 가지는가 가지지 못하는가 하는 것이 중요한 척도로 되어야 한다."(p. 199) "성구의 중요한 특성은 어디까지나 그 의미구조에 있다. 그러므로 성구의 특성을 리해하는 데서 그 의미적 측면을 잘 리해하는 것이 필요하다."(p. 200)

　그리고 성구가 나타내는 '성구적의미'로 '비유형상적 의미', '과장과 강조의 의미', '에두른 의미'를 들고 '비유형상적 의미'를 나타내는 성구의 실례로 "골수에 사무치다, 눈알이 돌다, 눈알이 나오게,

눈뿌리가 빠지게, 피가 끓다, 피로 물들이다, 윷짝 굴리듯, 쥐죽은 듯"(p. 201) 등을 들고, '과장과 강조의 의미'를 나타내는 성구의 실례로 "숨이 하늘에 닿다, 지축을 울리다, 죽을 짬도 없다, 쥐뿔도 없다(과장); 약사발을 안기다(올리다), 네 활개를 치다, 두볼을 적시다, 두손을 들다, 입이 얼어 붙다(강조)"(p. 202) 등을 들고; '에두른 의미'를 나타내는 성구의 실례로 "곁을 떠나다, 눈을 감다, 황천객이 되다, 국수를 먹다, 머리를 얹다, 낟알구경을 못하다, 단두대에 오르다, 손을 비비다"(p. 203) 등을 들고 있다.

최완호(2005: 204)에서는 또 "성구는 그 결합구조가 다양하고 결합의 긴밀성 정도에도 차이가 많으며 따라서 그 의미의 전일성 정도에서도 여러 가지로 구분하여 분석할 수 있는 여지가 많다. 우리말 성구는 지금까지 그 구조결합적, 의미적 전일성 정도에 따라 여러 가지로 분류되어 있다. 여기서는 조선어성구들이 가지는 결합의 구조적 특성과 단어결합의 전체적 의미와 개별적 구성요소들과의 호상관계 및 지금까지의 분류의 전통 등을 고려하여 다음과 같이 나눈다."(p. 204)라고 하면서 성구를 '성구적인 공고한 결합', '분석적 성구', '합성적 성구'로 나누고 있다.

### 1) 성구적인 공고한 결합

"성구적인 공고한 결합은 성구적인 의미와 결합의 공고성을 가지기는 하나 그 결합이 하나의 단어와 같이 붙여 쓰는 형태를 취하는 부류를 말한다."(p. 204)라고 하면서 '구슬 같다(같이), 귀신 같다(같이), 벼락 같다(같이)…; 물쓰듯(하다), 불보듯(하다), 물밀듯(이); 노루꼬리만 하다, 쥐꼬리만 하다'; 온데간데없다(없이), 간데온데없다(없이), 본체만체하다, 죽자살자하다, 죽을둥살둥, 죽으나사나, 자나깨나' 등을 들고 있다.(204-205 참고)

## 2) 분석적 성구와 합성적 성구

"분석적 성구는 두 성분의 의미를 이렇게나 저렇게나 분리하여 분석할 가능성을 가지는 성구를 말하며 합성적 성구는 그 의미론적 전일성이 긴밀하여 구성성분별로 분리하여 고찰하기 어려운 성구를 말한다."라고 그 개념을 정립하고 "분석적 성구의 중요한 특성은 그 구성요소에 성구의 의미론적 기초가 이렇게나 저렇게나 인식될 수 있다는 점에 있다. 그런 만큼 구성요소들의 결합의 긴밀성에도 일정한 여유가 있어 그 사이에 수식적인 단어표현을 삽입할 가능성을 준다."(p. 206)고 하면서 다음과 같은 예시를 보이고 있다.

- 시집(을 잘) 가다
  손을(영) 떼다

합성적 성구에 대해서는 "성구의 앞뒤성분이 구조의미적으로 긴밀히 유착되어 전일체를 이룬 성구를 말한다. 합성적 성구는 분석적성구에 비하여 량적으로는 적으나 그 결합구성의 세련성과 의미론적 합성의 긴밀성이 매우 견고하다."(p. 206)라고 하면서 다음과 같은 예시를 보이고 있다.

- 미역국을 먹다, 죽을 쓰다, 바가지를 긁다, 깨가 쏟아지다
- 아닌게아니라, 아니나다를가, 아닌밤중에, 아닌보살하다

그리고 성구의 한 형태로서의 결합적 비유를 따로 설정하고 다음과 같이 설명하고 있다.

"'결합적 비유'란 고유어규정토 '의'를 사이에 두고 그 앞뒤에 놓이는 성분들이 결합하여 비유적으로 쓰이면서 언어생활에서 그대로 반복하여 리용되는 짧은 형식의 표현형태를 말한다."(p. 207)라고 그 개념을 정립하고 그 특성을 다음과 같이 설명하고 있다.

"결합적 비유의 구조형식상에서의 특성은 그 성분들의 결합형태가 언제나 이 형식으로 고정되어 있으며 그 두 성분 가운데의 어느 하나가 비유적으로 쓰인다는 점이다. 이때 비유적으로 쓰이는 성분의 위치는 뒤에 오는 것이 일반적이나 일부 앞에 놓이는 성분이 비유의 뜻을 가지는 경우도 있다." "이 형태의 성구는 그 구조가 매우 공고하여 두 성분 사이에 어떠한 다른 성분이 끼이지 않으며 뒤 성분은 언제나 명사형태를 가진다. 그리고 리용할 때의 그 비유성분을 다른 단어로 바꿀 수 있으나 그때는 그것이 다른 의미의 성구로 된다." "결합적 비유의 내용적 특징은 그것이 주로 사회정치적 내용을 반영한다는 점이다."(p. 208)

결합적 비유의 실례로 '마음의 고향, 희망의 등대, 철의 론리' 등을 들고 있다.

## 요약

이상의 고찰에서 볼 수 있는 바와 같이 이른바 '숙어' 또는 '성구'에 대한 연구는 남보다 북이 훨씬 앞섰다고 할 수 있다.

그러나 북의 연구에서 '결합적 비유'를 성구의 일종으로 처리하고 있는 데 대해서는 좀 더 논의할 필요가 있는 것 같다. 그것은 우선 이런 성구들이 과연 하나의 단어로 개괄할 수 있는 그런 성구적 의미를 나타내느냐 하는 것과 수사학에서 논의되는 문학적 비유와는 어떻게 다른가 하는 등 문제가 진일보 천명되어야 하기 때문이다.

### 3.7.3. 속담

김광해의 『국어어휘론개설』에서는 "국어의 관용 표현들 가운데 독특한 자리를 잡고 있는 속담들은 이미 많이 수집 정리가 되어 여러 가지 속담 사전의 형태로 출간되어 있다. 속담들은 전통적으로 어휘소의 하나로 수용되고 있으며 또한 동일한 의미를 표현하는 다음과 같은 여러 가지 형태로 존재하고 있기 때문에 어휘소의 한 변이형이라고 보고 기술할 수가 있다."(p. 163)라고 하면서 "安分知足: 누울 자리를 보고 발 뻗어라. / 적게 먹고 가는 똥 누어라. / 올라가지 못할 나무는 쳐다보지도 말아라.…" 등 적지 않은 속담의 실례를 들고 있다.

그리고 현재 속담 사전의 편찬에서 제기되는 문제로 "현재 우리가 가지고 있는 속담들을 수집 정리하는 방식은 통상 사전의 형식을 취하는 것인데 현재의 그 편찬 형식에는 문제가 있다. 그 까닭은 현재의 체제가 대개 속담의 의미와는 관계없이 모든 형태를 단지 그 첫 글자의 가나다순으로 배열하고 있기 때문이다."라고 지적하고 "따라서 속담 사전도 자모순이 아니라 의미를 중심으로 분류하여 속담들을 제시함으로써 능동적 사용이라는 측면에 부응하는 재편집의 필요성이 있다. 즉 정규 사전과는 달리 속담 사전 같은 유형의 사전은 그것을 쉽게 검색할 수 있는 검색 사전의 형태로 편집될 것이 절대적으로 필요한 것이다."(p. 164-165 참고)

최완호(2005: 188)에서는 "속담이란 오랜 세월에 걸치는 풍부한 체험에 기초하여 얻은 생활적인 진리를 함축된 언어형식으로 표현한 세속적인 이야기를 말한다."라고 그 개념을 정립하고 진일보 속담의 특성에 대해 다음과 같이 서술하고 있다.

"1) 속담의 어휘적특성. 속담의 어휘적특성은 무엇보다도 그것이 안고있는 어휘 부류가 매우 다양한 데로부터 흘러 나온다. 이것은 속담이 광범한 인민대중의 각이한 생활세태를 반영하고 있는 것과 관련된다고 볼 수 있다. 우리말 속담의 어휘는 사람이름이나 고장이름 같은 고유명사 부류를 제외하고라도 가족, 친척을 이르는 말로부터 옷가지, 음식관계, 가구, 가장집물, 농쟁기 등의 이름들, 동식물, 자연, 기상, 천문, 농사, 상업, 화폐, 경제, 종교, 미신관계, 역사제도, 륜리도덕관계의 어휘들과 고어, 방언어휘 및 상말에 이르기까지 참으로 조선어어휘 구성에 포함되어 있는 고유어휘를 중심으로 하는 다양한 어휘 부류들이 거의 다 포함되어 있다." "속담의 어휘적 특성은 다음으로 인민적인 성격에 있다. 여기서 인민적이라고 하는것은 그 대부분이 고유어휘라는 점과 함께 인민대중이 창조한 어휘이고 인민대중속에서 오래동안 씌여온 인민언어라는것을 의미한다." "속담의 어휘적특성은 또한 많은 경우 축약된 형태로 쓰인다는것이다. 이것은 속담이 매우 함축된 형식을 요구하고 있는 사정과 관련된다고 할 수 있다.('뛰

도건도 못한다, 손이 들이굽지 내굽나, 굽도젖도 못하다, 뒵박팔자
…' 등)" "속담의 어휘적특성은 끝으로 방언어휘를 적지 않게
포함하고 있다는 것이다.('강생이도 골목에 들면 범을 문다[강아
지], 시어머니 역정에 개밥궁이 찬다[개밥구유]')(p. 189-193 참고)

"2) 속담의 의미내용적 특성. 속담은 어휘적 의미와 속담의 의미
를 함께 가지는 것으로 특징적이다. 예를 들면 조선속담에 '국
수는 누르고 떡은 친다.'는 말이 있다. 이 속담은 ① 국수는
분틀로 눌러서 만들고 떡은 떡구유에 놓고 떡메로 쳐서 만든
다는 뜻으로부터 ② '모든 것은 각기 제 격식이 있다는 것'과
같은 속담으로서의 기본뜻을 가지게 되는 것이다. 여기서 중
요한 것은 ②의 뜻 곧 속담의 의미이다. 이 속담의 뜻이 있음
으로 하여 이 말이 속담으로서의 가치를 가지는 것이며 속담
으로서 성립되는 것이다." "여기서 보는 바와 같이 속담의 의
미는 주로 비유의 수법으로 표현된다. 속담 가운데서 특별히
교훈적인 의미를 가지는 것을 따로 '격언'이라고 하며 이때 그
밖의 속담들을 리언이라고 한다. 속담들은 많은 것이 교훈적
인 의미를 가진다고 할 수 있으나 그것을 간접적으로 암시하
는 방법으로 나타낸 것과 직접적으로 정면으로 표현한 것이
있다. 전자를 흔히 리언(속담)이라고 하고 후자를 '격언'이라고
한다."(p. 193-194 참고)

최완호(2005)에서는 또 속담과 성구(숙어)의 본질적 차이를 다음
과 같이 밝히고 있다.

"첫째, 속담과 성구는 그 명칭에서 뚜렷한 차이를 가진다. 우리 나라에서 속담은 오래전부터 10여 가지 명칭으로 불리우고 있으나 대표적인 것은 역시 '속담'이다. 성구도 성어 등으로 불리우는 일이 있으나 대표적인 것은 '성구'이다. 속담이란 '세속적인 이야기'라는 뜻이고 성구란 '이루어져 있는 어구 또는 문구'라는 뜻으로 된다. 여기서 알 수 있는 바와 같이 속담은 일정한 줄거리를 가진 하나의 완결된 이야기 형식의 창조물이다. 그러나 성구는 어떠한 완결된 내용도 가지지 않으며 2개의 단어결합으로 이루어진 구형식을 가지는 것이 기본이다. 이런 데로부터 속담은 사전올림말을 포함하여 언제나 시칭관계를 완전히 보여주는 형태로 존재하며 성구는 언어행위가 진행되는 과정을 제외하면 사전올림말을 비롯하여 미정형이 기본 존재형태로 된다."

"둘째, 속담과 성구는 창조된 과정이 완전히 다르다. 알려진 바와 같이 속담은 오래전에 인민대중의 공동의 창조적 지혜에 의하여 만들어져 전해 오는 인민구두창작의 산물이다. 그런데 성구는 새로 창조된 그 어떤 어휘적 구조라기보다 이미 있는 단어결합형태에 새로운 비유적 의미를 주어 사용한 것이다. 그런 것만큼 성구는 어떤 단어결합형태를 새로 창조한 것이 아니라 이미 있는 단어결합을 새로운 비유적 의미 곧 성구적 의미로 사용함으로써 이루어진 것이다."

"셋째, 속담과 성구는 언어생활에서의 리용방식도 완전히 다르다. 속담은 언어행위과정에 삽입한 인용문이라는 것을 밝히는 것이 일반적이며 밝히지 않는 경우에도 이러저러한 방식으로 그것을 암시해 준다. 그러나 성구는 인용의 흔적이 없이 자기 설화 속에서 의미의 측면에서만 그것을 보여줄 뿐이다."

## 요약

속담과 숙어(성구)와 관련하여서는 다음과 같은 문제들이 좀 더 연구되어야 할 것이다.

첫째, 속담과 숙어의 본질적 차이가 구경 무엇이냐? 속담과 성구가 구조적으로 구별되는 것이냐 아니면 내용적으로 구별되느냐 하는 문제가 좀 더 깊이 있게 논의되어야 할 것이다. 그것은 사전 편찬 등에서 그리고 실제 언어분석에서 그 계선을 가르기 어려운 것들이 많기 때문이다.

둘째, 한자어의 4자성구(어)를 숙어(성구)로 다룰 것인가 아니면 하나의 단어로 다룰 것인가 하는 문제가 좀 더 논의되어야 할 것이다. 지금까지 나온 사전들을 살펴보면 한자어 4자성구(어)를 하나의 품사로 처리한 사전들이 굉장히 많기 때문이다.

셋째, 속담의 의미적 부류를 어떻게 할 것인가 하는 문제가 잘 연구되어야 할 것이다.

# 어휘의
# 변화
# 발전

# 4장 어휘의 변화 발전

## 4.1. 어휘의 변화 발전에 대한 일반적 이해

사회 발전의 수요로부터 산생된 언어는 사회의 부단한 변화 발전에 순응하여 부단히 변화 발전한다. 그런데 언어의 제 구성요소들 중에서 사회의 변화 발전에 가장 민감한 구성요소는 어휘이다. 음운이나 문법도 사회의 변화 발전에 따라 일정한 변화를 보이기는 하지만 그 변화가 매우 완만하게 진행되기 때문에 특별한 관심을 갖고 관찰하지 않을 경우에는 그 변화를 감지할 수가 없다.

그러나 어휘는 사회에서 일어나는 변화와 직접적으로 연결되어 있으며 그 변화를 아주 민감하게 반영한다. 사회의 부단한 발전과 진보, 인간의 인식의 심화와 발전, 실천 영역의 부단한 확대와 문물의 발달 등에 따라 일부 낡은 어휘들은 사멸되기도 하고 새로운 어휘들이 부단히 산생되기도 하며, 또 개별적 단어들의 의미가 더 보충되기도 하고 일부의 의미가 축소되기도 한다.

이렇게 어휘는 여러 가지 원인으로 시간의 흐름에 따라 전체적인 체계의 측면에서 변화를 보이기도 하고 개별적인 단어들이 의미의 측면에서 변화를 보이기도 한다. 어휘의 변화 발전이란 이렇게 한 언어의 어휘가 사회의 발전에 따라 그 체계의 측면에서나 의미의 측면에서 일어나는 일련의 변화를 가리킨다.

남에서 어휘의 변화 발전과 관련하여 전문적인 논의를 진행한 저서들로는 김광해(1993), 심재기(1982), 심재기 외(2011) 등을 들 수 있다.

김광해(1993)에서는 "어휘론에서 어휘에 관한 통시적 연구는 어휘의 체계를 대상으로 하여서는 물론이거니와, 개별 어휘소를 대상으로 하더라도 그것이 시간의 흐름에 따라 변화하는 것이기 때문에 당연히 성립되며 이에 대한 연구는 중요한 가치가 있다."(p. 241)라고 하면서 그 연구를 다음과 같은 세 가지 방향에서 진행할 수 있다고 했다.

### 가) 어휘 체계의 변화에 대한 연구

"이 연구는 개별 어휘소의 범위를 초월하여 어휘 체계의 전체적인 변화에 관한 연구를 수행하는 일이다. 가령 국어라고 한다면 고대 국어 시대부터 지금 어휘에 이르기까지 시대별로 있었던 전반적인 어휘 체계상의 변화에 관심을 두는 연구가 가능하다. 시대별로 있었던 차용어의 등장에 관한 연구, 어휘 체계상에서 사라져간 死語에 관한 연구 등이 이와 관련된 연구이다. 이른바 언어연대학의 성과를 기반으로 하여 기초어휘의 잔존도, 변화율 등을 통계적으

로 비교하여 언어 간의 계통관계 및 친소관계를 추정하는 작업도 가능하다."(p. 242–243)

### 나) 어휘소의 변화에 대한 연구

"이는 개별 어휘소 하나하나의 통시적 변화를 다루는 작업, 정확히 말하면 語彙素史, 좀 더 상식적인 술어로 말한다면 單語史가 된다. 어원 연구, 의미 변화에 관한 연구, 어휘의 비교 연구들이 이에 속한다고 할 수 있다. 이러한 연구는 시간을 격하여 존재한다고 할 수 있는 두 개 이상의 어휘소들을 다루게 되는 것이므로 어휘소를 집합으로서 연구하여야 한다는 생각과 상치되지 않는다."(p. 243)

### 다) 어휘자료의 연구

"위의 두 분야에 걸친 연구를 행하기 위한 토대를 마련하기 위한 연구로서 각종 어휘자료집을 발굴하고 정리하기 위한 자료 연구가 있다. 沈在箕(1982)에서 語彙資料論이라는 이름 아래 정리된 것이 바로 이 분야와 직접적으로 관련이 있다. 이러한 연구는 다분히 서지학적인 경향이 있을 수 있으나 역사적 연구라면 그 어느 분야를 막론하고 기초적 연구로서 과거의 자료를 발견하고, 수집, 정리, 해석하는 연구의 중요성을 배제할 수는 없다."(p. 243–244)

"어휘사의 연구가 이처럼 세 가지 분야로 구분될 수 있다고 하더라도 연구의 실제에 임하게 되면 그 경계가 뚜렷하지 않을 수 있다. 위에 제시된 3개의 분야는 서로 연관이 있어서 가령 어휘 자료를 발굴 조사하여, 그것을 토대로 개별 어휘소들의 성격이 연구된

뒤, 전체 어휘 체계의 성격을 파악해 내는 순서로 연구가 전개될 수 있기 때문이다."(p. 244) 심재기(1982)에서는 「語義變化의 構造的 分析」을 논하는 자리에서 "언어가 하나의 지적인 生命體로서 轉變하여 간다는 생각을 語彙論의 견지에서 볼 때, 語彙變遷의 역사를 더듬는다는 것은 무엇보다도 먼저 해야 할 일이다." "어휘가 복잡한 집합으로 되어 있다고는 하지만 그것은 서로가 어떤 것들은 밀접하게, 또 다른 것과는 상반되는 성격을 띠면서 상호 투쟁을 거쳐 가는 동안에 死滅, 保存, 改新의 과정을 통하여 우리가 앞으로 관찰코자 하는 語義變化를 일으키면서 살아가고 있다."(p. 103)라고 지적하고 있다.

심재기 외(2011)에서는 "우리가 사용하고 있는 말은 끊임없이 변화한다. 그 변화는 형식과 내용 모두에서 일어난다. 한 단어가 오랫동안 사용되면서 형식인 형태가 변하기도 하고, 내용인 의미가 변하기도 한다. 형태의 변화는 그것이 표기에 반영되어 그 변화를 쉽게 확인할 수 있지만, 의미의 변화는 눈으로 확인하기 어려워 그 변화를 명확하게 파악하기가 쉽지 않다. 더군다나 의미 변화는 오랜 시간을 두고 완만하게 진행되는 속성이 있어 특별한 관심을 두지 않으면 그 사실을 인지하기가 쉽지 않다. 이렇듯 의미 변화는 쉽게 포착되지는 않지만, 수많은 단어들이 그 변화를 겪어왔고 지금도 겪고 있다. 다만 우리가 그 변화를 감지하지 못하고 있을 뿐이다."(p. 211)라고 하면서 주로 의미의 변화의 측면에서 어휘의 변화 발전에 대해 논의하고 있다. 북에서 어휘의 변화 발전을 다룬 전문 저서들로는 김수경 외(1961), 김일성종합대학조선어학강좌(1981) 『문화어 어휘론』, 최완호(2005) 등을 들 수 있다.

　　김수경 외(1961)에서는 "오늘 조선 인민의 모든 문화 생활이 이와 같이 발전됨에 따라 그의 민족적 형식의 하나인 조선 인민의 언어 생활에서도 급속한 발달을 보게 되었다. 이것은 특히 조선어에서 가장 변화하기 쉬운 어휘 구성에서 나타났다. 조선어의 어휘 구성은 지난 17년간 공화국 북반부에서의 새로운 사회주의적 생산 관계의 발생 발전, 새로운 사회주의적 문화, 인민들의 새로운 사회 생활 및 도덕 관계를 반영하면서 새로운 단어, 단어 결합들로써 광범히 보충되었으며 일부 어휘들은 인민들의 언어생활에서 보다 더 적극적으로 사용되게 되었다. 이와 함께 조선어 어휘 구성에서는 지난날의 낡은 사회를 반영하던 어휘들이 본래의 뜻을 바꾸었거나 인민들의 언어생활에서 점차 소극적으로 사용되면서 뒤로 물러가기 시작하였다."(p. 168)라고 하면서 어휘 체계의 변화 발전과 어휘 의미의 변화 발전 두 측면에서 8.15 해방 후 조선어 어휘 구성의 변화와 발달에 대해 다루고 있다. 김일성종합대학조선어학강좌(1981) 『문화어 어휘론』에서는 "단어체계는 언어의 다른 구성요소들인 말소리나 문법체계들과 마찬가지로 자기의 고유한 법칙에 의하여 끊임없이 변화 발전한다."(p. 76)라고 하면서 '단어체계의 발전법칙'과 '단어체계발전의 동력' 등 어휘 체계의 변화 발전과 관련된 문제들에 대해 주로 다루고 있다. 최완호(2005)에서는 "로동의 산물인 언어는 인간로동과정에 창조된 사회적현상으로서 사회제도의 변화와 생산 및 과학문화의 발전 등 사회생활의 이모저모를 다면적으로 반영한다. 이때 그것들을 가장 민감하게 보여주는 것은 언어의 어휘 구성이다. 언어의 어휘 구성은 부단한 변화상태에 있는 가장 가변적인 부분으로 된다."(p. 32-33)라고 하면서 어휘 체계의 변화 발전을 주로 다루고 있다. 이외에 리갑재(1989)『어휘 구성과 문법구조에 대한 일반언어학적 연구』에서도 "어휘 구성은 언어의 다른 구성부분들에 비하여 빠른 속도로 변화 발전한다. 음운체계와 어음적 물질의 변화나 문법구조의 변화와는 달리 어휘 구성의 변화는 일상적으로 눈에 뜨인다. 어휘 구성은 사회에서 일어나는 변화와 직접적으로 련결되어 있으며 그 변화를 민감하게 반영한다.", "사회발전은 언어표현력의 증대를 요구하며 그 요구를 충족시키기 위한 인민대중의 창조적 활동에 의하여 어휘 구성은 확대된다.", "새 단어에 의한 어휘 구성의 보충은 어휘 구성변화를 규정하는 유일한 과정이 아니다. 그밖에 또 낡은 대상, 현상, 개념들을 나타내는 단어들이 소극화되고 점차로 언어에서 사라지는 과정이 있다. 그러나 여기서 우세를 차지하는 것은 보충과정이다", "따라서 어휘 구성의 변화는 본질에 있어서 풍부화이며 새 단어에 의한 어휘 구성의 보충은 어휘 구성발전의 결정적 과정이다."(p. 85)라고 하면서 주로 어휘 체계의 변화 발전을 다루고 있다.

## 요약

위의 고찰에서 볼 수 있는 바와 같이 남과 북에서 출간된 대부분의 어휘론 저서들에서는 그 서술에서는 일정한 차이를 보이지만 어휘의 변화 발전을 어휘론 연구의 주요한 과업의 하나로 다루어야 한다고 지적하고 있다.

그런데 어휘의 변화 발전에서 무엇을 다루어야 하는가 하는 문제를 둘러싸고는 적지 않은 차이를 보이고 있는바 김일성종합대학조선어학강좌(1981) 『문화어 어휘론』과 최완호(2005)에서는 '단어체계'와 '어휘 구성'이란 서로 다른 용어로 어휘의 체계의 변화 발전만 다루고 있고, 심재기(1982), 심재기 외(2011)에서는 '어휘의 의미의 변화'만 다루고 있는데 반하여 김광해(1993)과 김수경 외(1961)에서는 '어휘체계의 변화 발전'과 '의미체계의 변화 발전'을 모두 다루고 있다.

그렇다면 어휘의 변화 발전에서 무엇을 다루어야 하는가? 앞에서 우리는 어휘의 변화 발전이란 한 언어의 어휘가 사회의 발전에 따라 그 전체적인 체계의 측면에서나 개별 단어들의 의미의 측면에서 일어나는 일련의 변화를 가리킨다고 그 개념을 정립한 바 있다. 그러므로 어휘의 변화 발전을 논함에 있어서는 '어휘 체계의 변화 발전'과 '의미의 변화 발전'을 함께 다루어야 할 것이다. 어휘의 변화 발전에서 무엇보다 먼저 논의되어야 할 부분이 그 체계의 변화 발전이다. 우리말 어휘는 시간의 흐름에 따라 그 모습이 많이 바뀌었는데 무엇보다 쉽게 눈에 띄는 것이 그 체계의 변화이다. 예를 들면 인간들의 일상생활에서 늘 쓰이는 수사 체계의 변화 발달만 보아도 중세어에서 활발히 쓰이던 '온'과 '즈믄'이 현대어의 고유어 수사 체계에서는 사라져 버렸고, 중세어에서 양수사에 '-자히, -차히, -재, -채, -짯, -찻' 등 접미사를 붙인 고유어 서수사의 체계가 현대어에서는 양수사에 접미사 '-째'를 붙인 서수사로 통일되면서 모두 사라져 버렸다. 그런가 하면 '정승, 암행어사, 사또' 등의 단어들처럼 지금은 어떤 역사적인 사실을 기록할 경우에만 사용되는 것들도 있다. 이와는 반대로 중세어에서는 찾아볼 수 없던 '대통령, 국회, 컴퓨터'; '투표하다, 파업하다, 영예롭다' 등의 많은 단어들이 새롭게 생겨나 현대어에서 사용되고 있는데 이런 새로운 단어들의 산생은 사멸에 비해 그 속도가 매우 빠르며 수량 또한 매우 방대한바 시간의 흐름에 따라 우리말 어휘는 부단히 누적되어 가면서 팽창한다. 지금 사전에 등록되어 있는 단어들의 수가 40만 내지 50만에 달한다는 점이 이를 잘 설명해준다. 물론 이 많은 단어가 지금 실제적으로 쓰이는 총어휘의 목록으로 보기에는 무리가 있지만 어휘가 시간의 흐름에 따라 부단히 팽창되어가고 있다는 것을 설명하기에는 충분하다. 이렇게 어휘는 사회의 부단한 발전에 따라 새로운 어휘들이 부단히 산생되는 동시에 일부 어휘들이 사멸되거나 폐어화의 길을 걷기도 하면서 부단히 변화 발전하고 있다.

이러한 현상은 다른 언어에서 찾아볼 수 있는 보편적인 현상이다. 그 일례로 중국어의 인칭대명사의 경우만 보아도 고대한어에서 일인칭으로 쓰이던 '余, 予, 孤, 寡人' 이인칭으로 쓰이던 '爾, 汝, 若, 乃, 而', 삼인칭으로 쓰이던 '其, 之, 彼'[1] 등이 현대어에 와서는 인칭대명사의 체계에서는 사라져 버렸고, '諸侯, 宰相, 太監' 등의 단어들은 어떤 역사 사실을 기록할 경우에만 사용된다. 이와는 반대로 사회의 발전에 따라 많은 새로운 단어들이 산생되었는데 '電

---

1   중국의 고대한어에는 엄격한 의미에서의 삼인칭대명사는 없었기에 지시대명사 '其, 之, 彼'로 삼인칭을 나타냈었다. 이들 지시대명사들은 先秦 이후에 '他'가 출현되면서부터 인칭대명사의 체계에서 사라져 버렸다. 여성을 가리키는 삼인칭대명사 '她'는 중국의 신문화운동 이후에야 비로소 등장하는데 중국의 언어학자 劉半農이 1920년 6월 6일 발표한 「'她'字問題」란 학술논문에서 여성 삼인칭으로 '她'를 쓸 것을 주장하고 또 1920년 9월 4일에 발표한 "教我如何不想她"란 시에 '她'를 여성 삼인칭대명사로 사용하면서부터이다.

腦(컴퓨터), 网吧(인터넷카페); 中子, 原子, 基因; 模特兒(model), 伊妹
兒(E-mail)' 등 수많은 단어들이 산생되었다. 중국어의 경우에도 신
어의 산생은 그 속도가 매우 빠르다. '康熙字典'(1716)에 수록되어
있는 한자만 해도 벌써 47,035자나 되는데 1994년에 출간된 '中華
字海'에는 86,699자의 한자가 수록되어 있다.

이상의 사실에서 볼 수 있는 바와 같이 어휘의 변화 발전은 무엇
보다도 먼저 어휘의 체계의 변화 발전을 통하여 진행된다.

어휘의 변화 발전은 이렇게 체계의 변화 발전을 통해 표현될 뿐
만 아니라 어휘의 의미의 변화를 통해 표현되기도 한다.

어휘의 의미 변화란 좀 더 구체적으로 말하면 언어적 의미 표현
에서 가장 작은 단위로 되는 개별 단어들의 뜻의 변화를 가리키는
데 어휘의 변화 발전은 단순히 일정한 부류의 어휘를 증가하거나
사멸시키는 방법에 의해서만 변화 발전하는 것이 아니라 개별 단
어들이 갖고 있던 의미를 확대하거나 축소시키는 방법에 의해서도
부단히 변화 발전하고 있다.

예를 들면 동사 '달리다'는 중세어에서는 "돌이는 몰 투니"(두해 25:
45), "두 性이 골와 돌여"(두해 10: 30)에서 볼 수 있는 바와 같이 언
제나 "빨리 가다"의 한 뜻으로만 쓰이었으나 현대어에서는 "말이
빨리 달린다.", "말을 달렸다."에서와 같이 "빨리 가다"와 "빨리 가
게 하다"의 두 가지 뜻으로 쓰이고 있다. 이렇게 한 어휘가 역사 발
전 행정 중에서 그 의미가 확대되어 쓰이는 경우는 매우 보편적 현
상으로 되고 있다. 지금까지의 연구에 따르면 우리말에서 지금 실
제적으로 사용되는 어휘는 4만 내지 5만에 달한다고 한다. 그런데
이들 어휘들 중에서 일부의 고유명사나 학술용어 등을 제외한 일

반적인 단어들은 거의가 다의어로 되어 있는데 이는 우리말의 어휘가 시간의 흐름에 따라 그 의미가 확대되어 간다는 것을 설명해 준다.

이와는 반대로 일부 어휘들은 역사 발전 행정에서 그 의미가 축소되어 사용되기도 한다. 예를 들면 동사 '솔다〉살다'는 15세기의 문헌에서만 해도 "請 드른 다대와 노니샤 바놀 아니 마치시면 어비 아ᄃ리 사ᄅ시리잇가", "請으로 온 예와 싸호샤 투구 아니 밧기시면 나랏 小民을 사ᄅ시리잇가"(용가: 52)에서 볼 수 있는 바와 같이 현대어의 '살다'와 '살리다'의 두 뜻으로 쓰이었으나 지금은 '살리다'의 뜻으로는 쓰이지 않는다. 즉 '살다'의 의미는 역사 발전 행정에서 원래보다 축소되었다. 이렇게 어휘의 변화 발전은 의미의 확대나 축소 등을 통한 의미의 변화를 통해서도 표현된다.

이러한 현상은 다른 모든 언어에서도 보편적인 현상으로 된다. 예를 들면 중국어에서 '毒草'란 단어는 지난날에는 "독이 있는 풀"이란 의미로만 쓰이었지만 지금은 "독이 있는 풀"이란 의미와 "해로운 말이나 글"의 두 가지 뜻으로 쓰이고 있다.(의미항의 증가) 그리고 '河'란 단어는 고대에는 '黃河'만을 지칭했고, '江'이란 단어는 '長江(양자강)'만을 지칭했었는데 지금은 모든 '하류'나 '강'을 지칭한다.(지시범위의 확대) 이와는 반대로 '讓(양)'이란 단어는 고대에는 '謙讓'이란 뜻으로 쓰인 외에 '責備, 責問'의 의미로도 쓰이었지만 지금은 '責備, 責問'의 의미로는 사용되지 않고(의미항의 축소), '金'이란 단어는 지난날에는 "모든 금속"을 가리켰지만 지금은 "금속의 일종인 金"만을 의미한다.(지시 범위의 축소)

여기서 우리는 의미의 변화가 어휘의 변화 발전에서 얼마나 큰 비중을 차지하고 있는가를 알 수 있다. 만약 어휘가 사회 발전의 수요에 순응하기 위해 그 체계를 변화시키는 방법만 고집한다고 할 때 우리들이 실제로 습득해야 할 어휘는 적어도 10만에서 많기는 몇십만에 달해야 할 것인데 인간의 언어 습득 능력으로는 이를 전혀 감당할 수 없음은 너무나도 자명한 일이다. 바로 이러한 원인으로 심재기 외(2011), 김수경 외(1961) 등 남과 북에서 출간된 대부분의 어휘론 저서들에서는 많은 편폭을 할애하면서 의미의 변화 발전을 다루고 있는 것이다.

의미의 변화 발전은 체계의 변화 발전과 함께 어휘의 변화 발전의 두 축을 이루고 있는바 어휘의 변화 발전에서는 이 양자를 모두 다루어야 할 것이다.

## 4.2. 어휘의 체계의 변화 발전

남에서의 어휘의 체계의 변화 발전과 관련된 전문적인 논의는 김광해(1993)에서만 찾아볼 수 있다. 물론 심재기(1982)에서도 어휘의 변화는 "死滅, 保存, 改新"의 과정을 통하여 진행된다는 지적도 있고, '어휘의 차용'에 관한 논의(p. 35-63 참조)도 있기는 하지만 어휘의 체계의 변화에 대해서는 전문적인 논의는 전개하지 않았다.

김광해(1993)에서는 "어휘론의 관점에서 어휘의 역사적 변화에 관심을 둔다고 할 때, 가장 먼저 관심을 보여야 하는 부분은 한 언어의 어휘가 체계상에서 입은 변화이다. 이때 말하는 어휘의 체계라는 것은 이 책 3장 '어휘의 체계'에서 대략 기술된 바 있거니와, 한 언어의 어휘 집합 전반에 걸친 구성의 측면을 이야기하는 것이다."(p. 245)라고 하면서 어휘의 체계의 변화로 '어휘의 증가'와 '어휘의 소멸'을 들고 있다.

첫째, '어휘의 증가'

김광해(1993)에서는 "한 언어의 어휘 체계가 변하는 원인으로 가장 먼저 제시할 수 있는 것은 어휘의 증가이다. 어떤 언어를 막론하고 어휘는 그 총 수효가 누적되어 가면서 팽창되어 가게 마련이어서, 문물의 발달과 더불어 새로운 어휘가 대량으로 필요하게 되는 때에 외국 언어로부터의 차용이 이루어지면 그 언어는 어휘 체계에 커다란 변화를 입게 된다. 어휘 체계 전체의 어종별 분포가 유의미한 정도의 변화를 입은 것으로 관찰되면 이것으로 그 어휘 체계는 변하였다고 말할 수 있다."(p. 245)라고 하면서 어휘의 증가의 주요한 원인으로 '차용'을 들고 있다.

"완전히 고립되어 다른 언어들과 한 번도 접촉을 가져본 일이 없는 언어란 생각하기 어려우며 어떤 식으로든 언어간의 접촉이 이루어지면 차용 현상이 나타나게 마련이다." "국어에서도 역시 어휘 체계의 변화는 주로 차용에 의하여 이루어졌다."(p. 245-246)라고 하면서 한국에서 이루어진 몇 가지 유형의 차용에 대해 종류별로 그간의 연구 성과를 다음과 같이 소개하고 있다.

## 가) 중국어로부터의 차용

"국어의 어휘는 일찍이 어휘의 부족을 중국어로부터의 차용을 통하여 보충하였다. 중국은 역사 시대 이래 근세에 이르기까지도 동아시아에 있어서 우리나라에 가장 인접한 문화 선진국의 자리를 유지하고 있었고 불행히도 우리는 문자를 가지고 있지 않은 상황이 15세기까지 계속되었기 때문에 한자를 통한 중국어의 차용은 광범위하게 이루어질 수밖에 없었다. 중국으로부터 수입된 국어의 차용어는 중국 국어와 국어의 직접적인 접촉에 의하여 수입된 직접차용 어사와 한문을 배경으로 하여 간접적으로 수입된 간접 차용 어사가 있다.(南豊鉉, 1968a) 처음에는 모두 직접 차용이었을 터이나 중국어로부터 차용된 한자어가 우리나라에서 유일한 기록 수단으로 견고하게 자리 잡게 되면서 이 같은 구분이 필요하게 된 것이다. 이 같은 중국어로부터의 차용에 대해서는 李基文(1965), 南豊鉉(1968a), 南豊鉉(1968b), 金完鎮(1970), 沈在箕(1982) 등의 연구를 통하여 상당량의 중국계 어휘가 국어에 유입되었음이 확인되었다."라고 하면서 상기 학자들의 연구에서 보인 많은 차용어의 예를 들고 있다.(p. 247-250 참고)

### 나) 몽고어로부터의 차용

"한편 국어 어휘 체계의 변화에 중대한 영향을 끼친 차용의 원천으로서 그간 이 분야의 연구에서 높은 비중으로 취급되면서 조사가 이루어진 것은 몽고어로부터의 차용에 관한 것이다. 현재 상황에서 국어의 어휘체계를 살펴볼 때, 이 몽고어로부터의 차용어가 차지하고 있는 비중은 그다지 크다고 할 수는 없는 것이나, 차용이 이루어진 시기의 상황에서 본다면 매우 광범위하게 이루어졌던 것으로 보이고, 나아가 이는 중국어 이외의 언어와 접촉하여 이루어진 어휘 체계의 변화라는 점에서 특기할 만하다."라고 하면서 주로 李基文(1964, 1966, 1978, 1982)에 의해서 수집 정리된 일부 어휘를 예시하고 있다.(p. 250 참고)

## 다) 기타 외래어로부터의 차용

"한편 문화적인 대외 교섭이 증가하면서 이 밖에도 다른 여러 나라 언어와의 접촉을 통하여 국어의 어휘는 끊임없이 팽창하여 나갔으며 현재도 이러한 일은 진행 중에 있다. 현재 시점에서 국어의 어휘를 조사하여 보면 그 유입원을 달리하는 다음과 같은 수많은 어휘를 가지고 있음을 볼 수 있다."라고 하면서 梵語, 滿洲, 女眞語, 英語, 獨語, 佛語, 和蘭語, 라틴어, 그리스어, 포루투갈어, 오스트레일리아어, 미국 영어, 이탈리아어, 러시아어, 노르웨이어 등으로부터 차용된 어휘의 예시를 보이고 있다.(p. 250-252 참고)

김광해(1993)에서는 한국어에서의 어휘의 차용을 이상 세 가지 측면으로 나누어 비교적 상세히 소개하면서 한국어 어휘는 주로 차용에 의해 부단히 증가되는데 이러한 현상은 한국어에만 존재하는 것이 아니라 모든 언어에서의 보편적인 현상이라고 지적하고 있다. "이 같은 국어 여러 시기에 다양한 경로를 통해서 일어난 외국어의 차용은 결국 활발했던 대외 교섭의 흔적이라고 볼 수 있다. 이렇게 생각한다고 하여 우리의 전통적인 고유어가 고스란히 계승되었더라면 다행스러운 일일 것이라는 점을 부정하는 것으로 받아들여서는 안 된다. 영어의 경우, 오늘날 영어 사전에 실린 단어들 중에서 가장 흔히 쓰이는 2만 단어를 추려놓고 보면 고유어는 5분의 1에 지나지 않고 희랍어, 불어를 포함한 라틴어 차용어가 5분의 3을 넘는다.(李基文 1991: 376에서 재인용) 한편 기록에 전하는 고대 영어 단어들 전체를 놓고 보면 6분의 5 정도가 현대 영어에서 흔적을 찾아볼 수 없게 되었다. 특히 한자어의 유입과 더불어 고유어 어휘가 사라져 간 사실에 대하여 그것을 조상들의 사대주의 탓으로 돌리는 일도 있지만 이는 부질없는 일이다(李基文 1991: 376). 지극히 예외적으로 고립되어 있는 언어를 제외하고 어떤 언어든지 많은 원인들에 의하여 어휘의 체계는 끊임없이 변화하게 마련이며, 그 당사자간에 문화 수준의 차이가 있을 경우에 높은 문화를 가진 쪽의 언어가 낮은 문화를 가진 쪽으로 유입되는 일은 인류 사회의 한 보편적인 현상이다."(p. 252)

둘째, '어휘의 소멸'(어휘의 감소)

김광해(1993)에서는 "어휘는 차용에 의해서 팽창하기도 하지만 그와 동시에 체계 내에 존재하던 어휘소들이 소멸되기도 한다. 국어 대사전에 수록되어 있는 어휘가 40만 혹은 50만이라고 하지만, 이것이 곧 현재 우리가 가지고 있는 총어휘 목록이라고 보는 것은 무리이다. 실제로 사용되는 총어휘 목록의 양은 외국에서 이루어진 여러 가지 조사 결과를 참고할 때 대략 4만 내지 5만 정도일 것으로 추정된다. 따라서 사전에 등재되어 있는 어휘의 90%에 해당하는 어휘는 현실적으로 사용되지 않는 死語, 또는 廢語라고 볼 수도 있다."(p. 252)라고 하면서 그 주요 원인으로 다음과 같은 두 가지를 들고 있다.

첫째, '한자어의 유입'

김광해(1993)에서는 '사어'의 가장 주요한 원인으로 한자어의 유입을 들고 있다. "국어의 경우 한자어의 유입으로 인하여 이루어진 어휘 체계상의 변화로 말미암아 많은 고유어들이 사어가 되면서 사라져 갔다. 즉 전체 어휘 체계상에서 차지하고 있는 고유어의 비율이 축소되면서 한자어의 비율이 높아져 갔던 것이다."(p. 253)라고 하면서 사어가 되어버린 어휘의 예시를 보이고 "이처럼 사어화한 단어들은 거의가 고유어라는 점과 이 사라진 단어들의 의미를 대체하기 위하여 등장한 단어들은 일부를 제외하고는 한자어라는 점이 중요하다.", "다음과 같은 단어들을 비롯한 많은 고유어들은 한자어에 의하여 대체되어 국어 어휘 구조에서 차지하는 한자어의 비중이 시간이 흐를수록 커진 것은 잘 알려진 사실이다."(p. 254)라고 하면서 다음과 같은 예시를 보이고 있다.

> 맛비>장마비, 가싀엄>장모, 기슭집>행랑, 몰보기>용변, 걸경쇠>수갑, 곳겨집>첩, 넛할미>대고모, 녀름지이>농사, 노릇바치>광대, 다솜어미>계모, ㅎ올겨집>과부 〈출처: 金鎭奎(1982), 死語의 類型的 硏究〉

둘째, '역사, 문화 또는 사회제도의 변화'

김광해(1993)에서는 "이처럼 고유어들이 한자어에 의하여 밀려 나가면서 사어 또는 폐어로 되었지만, 그러한 현상이 어휘가 반드시 고유어 부문에서만 발견되는 것은 아니다. 근대로 접어들어 이루어진 역사, 문화, 또는 사회 제도 등의 변화로 말미암아 과거에는 활발히 사용되었을 것임에 틀림없는 한자어들도 대량으로 사어화의 길을 밟았다."(p. 254)라고 하면서 현대의 국어사전에 실려 있는 한자어들 가운데서 이렇게 사어화된 어휘의 일부를 예시하고 "지금 국어 사전에 존재하는 전체 어휘의 60% 정도가 한자어라고 생각되고 있거니와 이 가운데 90% 정도는 이처럼 활용되지 않는 폐어 또는 사어에 가까운 단어라고 생각되는 것들이다."(p. 255)라고 지적하고 있다.

북에서 출간된 어휘론 저서들에서 어휘의 체계의 변화 발전을 전문적으로 다룬 저서들로는 김수경 외(1961), 김일성종합대학조선어학강좌(1981)『문화어 어휘론』, 최완호(2005)를 들 수 있다.

김수경 외(1961)에서는 어휘의 증가와 관련하여 "8.15 해방 후 현대 조선어의 어휘 구성에 나타난 가장 뚜렷하고 동시에 가장 중요한 변화는 새로운 단어와 표현들로써 조선어의 어휘 구성이 풍부화되고 이 단어와 표현들이 전 인민적으로 넓게 사용되게 된 사실이다. 조선어의 어휘 구성에 새로 들어온 단어와 표현들은 그의 기원과 성격의 점에서 볼 때《옳바르다》,《안받침》,《로력일》,《혁신자》등과 같이 새로 조성된 단어와《뜨락또르》,《쎄미날》등과 같이 다른 언어로부터 새로 들어온 외래 어휘의 두 가지로 구분할 수가 있다."(p. 169)라고 하면서 다음과 같이 몇 가지 유형으로 나누어 좀 더 구체적으로 설명하면서 그 예시를 보이고 있다.

"ㄱ) 해방 후 새로 조성된 단어와 표현들

조선어에서 새로 조성된 어휘들 가운데에는 고유 조선어휘와 한자 어휘가 있다. 그러나 이 모든 어휘들은 본래부터 조선어 안에 있던 단어와 표현들을 자료로 하여 전 인민적인 조선어의 문법적 규칙들에 따라서 조성되었다."(p. 169)

"ㄴ) 해방 후 새로 들어온 외래 어휘

외래 어휘도 조선어 어휘 구성을 풍부히 하는 수단의 하나로 된다. 8.15 해방 후 새로 나타난 어휘들 가운데에는 정치 및 과학 기술 용어와 관련된 어휘들도 포함되고 있다. 그러나 오늘 우리들의 언어생활에서 적극적으로 사용되고 있는 외래 어휘들은 8.15 이전 시기의 외래어 어휘들에 비하여 차용한 언어의 범위와 어휘들의 분야가 뚜렷하게 달라졌다. 여기에는 당연한 역사적 원인이 존재하고 있다. 8.15 이전 시기에 직접적으로, 또는 우리나라를 강점한 일본을 통하여 우리나라에 들어온 자본주의 문물들과 함께 조선어의 어휘 구성 가운데에는 일본어, 영어, 불란서어 등 기원의 외래 어휘들이 나타나게 되었다. 다른 한편으로, 조선어의 어휘 구성에는 위대한 사회주의 10월 혁명 이후 쏘련으로부터 정치, 학술, 문예에 관한 맑스-레닌주의적 사상이 우리나라에 보급됨에 따라 로씨야어로부터 차용된 외래 어휘들이 들어왔다. 이리하여 일정한 역사적 시기에 조선어 어휘 구성에는 조선어의 규범상 불필요한 외래 어휘들이 많았을 뿐만 아니라 차용한 어휘들의 분야도 매우 복잡하였다. 해방 후 조선 로동당과 공화국 정부는 조선어에서 불필요한 외래 어휘의 람용을 반대하면서 인민 대중의 언어적 교제를 불편케 하는 외래 어휘들을 인민 대중이 모두 리해할 수 있는 어휘로 바꿀 데 대한 정확한 지도를 주고 있다. 그리하여 오늘 조선어의 어휘 구성에는 우리들의 언어생활에 절실히 필요하며, 따라서 조선어의 어휘 구성을 풍부히 하는 외래 어휘들만이 튼튼히 고착되어 가고 있다."

어휘의 사멸과 관련하여서는 "조선어 어휘 구성에서는 새로운 단어와 표현들이 발생되는 과정과 함께 약간의 단어와 표현들이 적극적인 사용으로부터 소극적인 어휘 축적으로 넘어가 낡은 어휘로 되어 버리는 과정도 진행되고 있다."

"우리들의 언어생활에서 일부의 어휘들이 적극적 어휘 축적으로 부터 빠져 나가는 과정은 주로 다음과 같은 두 가지 실정에 의하여 진행되고 있다.

첫째, 낡은 사회 제도, 그 시대의 사물, 계급적 차별, 직업의 천시, 민족적 압박, 낡은 사상 관점 등등이 우리 시대에 와서 없어지게 되자 이런 것들을 나타내던 어휘들도 적극적으로 사용되지 않게 되었다.(례: 총독부, 군수, 기생, 무당…)

이와 함께 사물 자체는 아직 남아 있으나 오늘날은 이 사물에 새로운 개념을 주면서 새로운 이름을 붙이게 된 어휘들도 있다.(례: 배달부 → 통신원, 산파 → 조산원, 급사 → 련락원, 곡마단 → 곡예 극장 등등)

둘째, 우리 언어를 규범화할 필요성으로부터 지난 시기 조선어의 순결성을 보장하지 못하던 일부 단어들이 다른 단어에 명명의 자리를 양보하게 되었다.(례: 서취 → 받아 쓰기, 간즈메 → 통조림, 에쎄이 → 수필, 뉴스 → 보도, 바레이볼 → 배구)"(p. 173)라고 지적하고 있다. 김일성종합대학조선어학강좌(1981)『문화어 어휘론』에서는 어휘의 증가와 관련하여 해방 후 새로 생겨난 '기념어'(김일성 주석이 압록강에서 손수 잡아 김일성종합대학에 선물로 보낸 물고기 이름), '록화근위대'(소년단원들의 좋은일하기 운동의 하나)를 실례로" 단어체계를 구성하는 단어들은 사회에서 일어나는 변화를 민감하게 반영하므로 사회가 발전할 수록 단어체계는 더욱 풍부화된다. 사회에 생겨난 새로운 사물, 사람들이 발견한 새로운 현상, 새로운 개념은 그에 대한 이름이 지어질것을 요구하게 되며 그리하여 새로운 대상

이 생겨남과 함께 새로운 단어가 생겨난다."(p. 77)

"사회가 전진하고 과학과 기술, 문화가 발전하며 사람들의 주위 세계에 대한 인식이 깊어지면서 새로운 사물현상들이 끊임없이 발전되고 창조되고 새로운 개념들이 생겨난다. 그리하여 언어에서는 새로운 단어가 끊임없이 생겨서 단어체계를 보충하고 풍부화시킨다."(p. 77)

"언어가 처음 생겼을 당시에 단어의 수는 매우 적었다. 그후 사회가 발전하는 데 따라 점점 단어의 수가 늘어나 오늘 발전된 언어는 보통 수십만의 단어를 가지고 있다." "단어체계의 구성요소가 사회에서 일어나는 모든 변화에 매우 민감하며 사회가 발전할 수록 그 수효가 늘어나는 여기에 단어체계 발전의 특성의 하나가 있다."(p. 78)라고 지적하고 있다.

어휘의 사멸과 관련하여서는 "이와는 반대로 사물현상이 없어지거나 사람들의 인식이 깊어져서 그 현상이 없다는 것이 확인되거나 또는 해당 개념이 사회에 전혀 필요없게 되면 이것을 이름지었던 단어도 점차 없어지게 된다. 례컨대 《성냥》이 생기기 전에는 《부시》라는 것이 있어서 그것으로 불을 켰지만 그 대상이 없어지면서 이 단어도 점차 잘 쓰이지 않게 되었으며 아직 과학이 발전하지 못하고 사람들의 세계에 대한 인식이 낮은 단계에 있었을 때에는 《귀신》, 《도깨비》, 《어둑선이》 등이 있다고 생각하면서 그것을 이름지어 단어도 만들었지만 오늘에 와서는 그런 것이 없다는 것이 누구에게나 명백한 것으로 된 조건에서 이 단어들도 필요없게 되어 점차 없어지고 있다."(p. 77) "이리하여 사회가 발전하고 과학과 기술이 발전하면서 끊임없이 새로운 단어가 생겨나는 반면에 낡은 말이 계속 끊임없이 없어져간다."(p. 78)라고 지적하고 있다.

최완호(2005)에서는 어휘의 증가와 관련하여 "로동의 산물인 언어는 다름아닌 인간로동과정에 창조된 사회적 현상으로서 사회제도의 변화와 생산 및 과학문화의 발전 등 사회생활의 이모저모를 다면적으로 반영하다. 이때 그것들을 가장 민감하게 보여주는것은 언어의 어휘 구성이다. 언어의 어휘 구성은 부단한 변화상태에 있는 가장 가변적인 부분으로 된다."라고 하면서 어휘 구성의 변화 발전의 요인으로 다음의 세 가지를 지적하고 있다.

"어휘 구성은 인간의 생산활동과 직접적으로 련결되어 있다. 그러므로 생산의 발전은 그에 따라 새로운 제품을 명명한 단어로써 현존하는 어휘를 보충한다. 이와 같이 하여 어휘 구성은 끊임없이 변화하는 상태에 있게 된다."('감자밥, 감자떡, 감자지짐, 감자국수, 감자빵, 감자죽'; '감자완자, 감자튀기, 감자채, 감자김치'; '감자엿, 감자과자, 감자감주, 감자차' 등)

"과학기술의 발전도 어휘를 많이 보충하면서 어휘 구성을 변화 발전시킨다. '인공지구위성, 콤퓨터, 미싸일, 레이자포' 등 가까운 년간에 새로 생겨난 과학기술용어들은 다 과학과 기술이 발전하는 것과 함께 어휘 구성에 새로 보충된 새 용어들이다."

"사회제도의 변화는 특히 사회정치생활분야에서 많은 사회정치술어를 일시에 무더기로 산생시킴으로써 이 분야의 어휘 구성에 큰 변화를 가져오게 한다."(p. 33)라고 어휘는 주로 '생산의 발전', '과학기술의 발전', '사회제도의 변화'에 의해 증가된다고 하면서 그 예시들을 보이고 있다.

어휘의 사멸과 관련하여서는 "어휘 구성의 변화는 이와 같이 현존하는 어휘 구성에 새로운 어휘가 보충되는 방식으로 진행될 뿐 아니라 반대로 얼마간의 어휘가 이러저러한 리유로 하여 소극화, 폐어화되어 어휘 구성으로부터 빠져나가는 방식으로도 진행된다. 우리나라에서 리조봉건사회 말기에 쓰이던 구식총을 이르는 《화승대》라는 단어나 식민지통치시기에 일제가 조선인민에게 강요하던 《공출》이라는 단어들은 그런 총이 없어지고 일제패망과 함께 《공출제도》가 없어짐으로써 이 단어들은 다같이 우리말 어휘 구성에서 소극화되고 반일교양에 리용되는 정도로 되고 있다."(p. 33-34)

그리고 그 원인에 대해서는 "20세기 초까지도 쓰이던 《속사포》라는 단어가 《기관총》으로 바뀌면서 쓰이지 않게 된 것은 그 이름(빠른 속도로 쏘는 《포》)이 과학적으로 적절하지 못하기 때문이라면 일제때 쓰던 《배달부》라는 직종이름이 광복 후에 《통신원》으로 바뀌면서 쓰이지 않게 된 것은 그 이름이 우리 인민에게 주는 어감이 좋지 않기 때문이다. 이름이 문화성 없는 말들로 된 것들이어서 다른 단어로 바꿈으로써 지금까지 써오던 말이 폐어로 된 것도 있다. 이밖에도 주체성, 민족성의 측면에서 문제가 있거나 우리나라의 실정에 잘 맞지 않는 표현이므로 새로 고친 것이 있다."라고 지적하고 있다.(p. 34 참고)

## 요약

어휘의 체계의 변화와 관련하여서는 남과 북에서 출간된 어휘론 저서들에서는 모두 어휘의 증가와 사멸(소멸)을 들고 그 원인을 밝히고 있는데 다음과 같은 두 가지 문제가 좀 더 논의되어야 할 것 같다.

첫째, 어휘의 사멸(소멸)과 관련된 논의에서 제기되는 '사어(死語)' 또는 '폐어(廢語)'와 관련된 문제가 좀 더 깊이 있게 논의되어야 할 것이다.

사전들에서의 해석을 살펴보면 일반적으로 "과거에는 쓰였으나 현재는 쓰이지 않는 언어나 단어", "지난날에는 활발히 쓰이었으나 지금은 쓰이지 않는 말", "어휘 구성 속에서 빠져나가 없어진 말" 등과 같이 '사어' 또는 '폐어'의 개념이 정립되어 있기는 하지만 실제로 어떤 특정된 단어가 지금은 쓰이는지 안 쓰이는지를 판정하기가 쉽지 않으며 또 학자에 따라 그 처리가 부동하다. 그러므로 김광해(1993)에서도 "어떤 특정한 어휘소가 완전히 사어인지 아닌지를 판단내리는 일은 어려우며, 대체로 현대인의 평균적인 이해어휘 속에 포함되어 있지 않은 어휘소들을 일단 고어 내지 사어로 판정한다."(p. 252–253)고 지적하고 있다. 바로 이러한 이유로 학자에 따라 그 처리가 부동할 수밖에 없다.

그럼 먼저 남과 북에서 출간된 어휘론 저서들에서 사어 또는 폐어로 처리한 단어들은 유형별로 나누어 살펴보면 다음과 같은 세 부류로 나누어 볼 수 있는데 첫 번째 부류는 '정승, 포도청, 공출, 부시' 등과 같이 지난날에는 활발히 쓰이었으나 지금은 현대어의 어휘 구성에서 빠져나간 단어들이고, 두 번째 부류는 '기슭집(→ 行廊), 넛할미(→ 大姑母), 녀름지이(→ 農事), 고은강(→ 湖水)' 등과 같이 지난날에는 활발히 쓰이던 고유어들이 한자어로 대치되면서 현대어의 어휘 구성에서 빠져나간 단어들이며, 세 번째 부류는 '굿것(→ 도깨비), 갓어리(→ 계집질), 겨르롭다(→ 한가롭다), 나토다(→

나타내다)' 등과 같이 지난날에는 활발히 쓰이던 단어들이 그 명칭이 바뀌면서 현대어의 어휘 구성에서 빠져나간 단어들이다.

그럼 이제부터는 '사어'에 대한 사전의 주석을 중심으로 이 세 부류의 단어들을 꼭 같은 성질의 사어로 처리할 수 있는가를 살펴보기로 하자.

첫 번째 부류의 단어들은 역사적인 발전, 특히는 사회 제도의 변혁에 따라 그러한 현상이나 사물이 없어지면서 지금은 그 당시의 역사 사실을 기록할 경우에만 간혹 사용되는 단어들이기에 사어의 기준에 부합된다고 할 수 있을 것이지만 두 번째 부류의 단어들과 세 번째 부류의 단어들을 사어로 처리하는 것은 무리인 것 같다.

먼저 두 번째 부류의 단어들을 사어로 처리할 수 있는가에 대해 살펴보기로 하자. 지난날 '행랑, 대고모' 등을 지칭하던 '기슭집, 넛할미' 등과 같은 명칭이 지금은 쓰이지 않는 것만은 사실이다. 그러나 그렇다 하여 이 부류의 단어들의 변화를 첫 번째 부류의 단어들의 변화와 꼭 같은 어휘의 변화로 보는 데는 문제가 있다. 그것은 첫 번째 부류의 단어들의 변화는 사회의 변화 발전에 따라 어떤 특정된 개념이나 대상을 표현하던 명칭 또는 부호가 그런 개념이나 대상의 소실과 함께 소실된 경우이지만 이 두 번째 부류의 단어들의 변화는 특정된 개념이나 대상을 나타내던 고유어의 명칭 또는 부호가 동일한 개념이나 대상을 나타내던 한자어로 대체된 경우이다. 사실 이 부류의 단어들의 변화는 고유어 체계에서의 변화와 한자어의 체계에서의 변화 두 측면을 통해 진행된 것이다. 그러므로 이 부류의 단어들의 변화 결과를 논할 경우에는 이두 측면을 동시에 고려해야 할 것이다. 그럼에도 불구하고 지금 적지 않은 학자들은 고유어의 체계에서 일어난 변화만 고려하여 그 것을 사어로 처리하고 있는데, 만약 이러한 논리에 따라 한자어의 체계에서의 변화만 고려하여 이런 단어들의 변화를 어휘의 증가라 해도 그 누구도 그릇된 견해라 비난할 수는 없지 않은가? 결과적으로 보아도 이 부류의 단어들의 변화로 전체적인 어휘의 체계에서 차지하고 있는 고유어의 비율은 축소된 반면 한자어의 비율은 증가되었다. 그러므로 개인의 주관 의도에 따라 어느 한 측면만 강조하여 이 부류의 단어들의 변화를 사어로 처리할 수는 없을 것이다. 여기서 우리가 잊지 말아야 할 것은 무릇 단어라는 것은 모두 형식('부호' 또는 '명칭')과 내용('개념' 또는 '대상')의 두 측면으로 이루어진다는 사실이다. 그러므로 한 단어가 사어로 되려면 어떤 개념 (대상)의 소실과 함께 그 명칭(부호)가 소실되어야 할 것인데 이 두 부류의 단어들의 경우를 보면 특정된 단어가 나타내던 개념 또는 대상에는 아무런 변화도 없고 단 그 명칭 또는 부호만 다른 것으로 바뀌었을 뿐이다.

여기서 우리는 이 부류의 단어들의 변화를 어느 한 측면만 고려하여 어휘의 사멸(사어화)이나 어휘의 증가라는 표현으로 개괄할 수 없음을 알 수 있다. 그렇다면 이 부류의 단어들의 변화를 무엇이라고 해야 하는가? 우리는 이 부류의 단어들의 변화와 같이 특정된 개념이나 대상을 나타내던 어떤 명칭(부호)이 동일한 개념이나 대상을 나타내는 명칭으로 바뀐 경우를 "대체(代替)"라 부르기로 한다. 그런데 우리말 어휘의 체계의 변화에서 '대체'의 경우를 살펴보면 '서취(書取)( → 받아쓰기)' 등과 같이 극히 개별적인 단어들의 명칭이 한자어로부터 고유어로 대체된 단어들이 있기는 하지만 대부분이 앞에서 예로 든 고유어의 명칭이 한자어로 대체된 경우이다.

　그렇다면 세 번째 부류의 단어들의 변화는 어떠한가? 이 세 번째 부류의 단어들의 변화도 두 번째 부류의 단어들의 변화와 거의 비슷하다고 할 수 있다. 이 세 번째 부류의 단어들의 변화도 원래 어떤 명칭이나 부호로 나타내던 특정된 개념이나 대상은 의연히 존재하고 그 명칭(부호)이 완전히 새로운 것으로 바뀐 경우이다. 두 번째 경우에 대체된 명칭은 원래의 명칭이 가리키던 개념이나 대상을 나타내던 명칭(부호)임에 반해 이 세 번째 부류의 경우는 바뀐 명칭(부호)이 원래의 명칭과 꼭 같은 개념이나 대상을 나타내던 것이 아니라 원래의 명칭을 대신하면서 그러한 특정된 개념이나 대상을 나타내게 되었다는 점이다. 이와 같이 어떤 특정 개념이나 대상을 나타내던 명칭이 완전히 새로운 명칭(부호)으로 바뀐 경우를 우리는 "개칭(改稱)"이라 부르기로 한다. 그런데 이 개칭의 경우를 자세히 살펴보면 거의가 고유어의 체계에서 일어나는 변화라는 것이 특징이다.

　이러한 현상은 기타의 언어에서도 찾아볼 수 있다. 예를 들면 중국어에서 봉건사회에서까지만 해도 아주 활발히 쓰이었던 '朕(짐)', '寡人(과인)' 등의 단어들은 봉건제도의 종식으로 현대어의 어휘 구성에서 사라졌지만 지난날 "말하다"의 뜻으로 쓰이던 '曰(왈)'이란 단어는 현대어의 어휘 구성에서는 사라졌지만 그러한 현상은 의연히 존재하기에 그것을 표현하기 위해 '說'이란 새로운 명칭이 생기게 되었다.

　이상의 고찰에서 우리는 어휘의 체계의 변화는 어휘의 증가나 사멸, 대체나 개칭의 과정을 통하여 변화 발전한다는 것을 알 수 있다.

다음으로 논의되어야 할 문제가 어휘의 변화 발전의 원인이 무엇인가 하는 것이다.

앞의 고찰에서 볼 수 있는 바와 같이 김광해(1993)에서는 '어휘의 증가'의 원인과 관련하여서는 '문물의 발달에 따른 외래어로부터의 차용'을 주요한 원인으로 들고 있고 '어휘의 소멸'과 관련하여서는 '한자어의 유입으로 인한 고유어들의 사어화'와 '역사, 문화, 또는 사회 제도 등의 변화로 인한 한자어들의 사어화'를 주요한 원인으로 들고 있다.

김수경 외(1961), 최완호(2005) 등 북에서 출간된 저서들에서는 '어휘의 증가'의 원인과 관련하여서는 '생산의 발전, 과학기술의 발전, 사회제도의 변화' 등을 주요한 원인으로 들고 '어휘의 소멸'과 관련하여서는 '사회제도의 변화와 발전, 사람들의 인식의 변화 그리고 언어의 규범화' 등을 그 주요 원인으로 들고 있다.

이상의 고찰에서 볼 수 있는바와 같이 남과 북에서 출간된 어휘론 저서들에서는 어휘체계의 변화 발전의 주요한 원인으로 사회의 변화와 발전을 주요한 원인으로 들고 있다는 점에서는 아무런 본질적 차이도 보이지 않는다.

우리말 어휘체계의 변화 발전의 가장 주요한 원인으로 사회의 발전을 들고 있는데 상당히 지당한 지적이라 하겠다. 주지하다시피 언어에서 어휘는 그 어떤 언어적 단위들보다도 사회의 변화 발전에 가장 민감한바 사회의 변화 발전에 따라 수많은 어휘들이 보충되어가거나 일부 어휘들이 소실되어 가면서 변화 발전하고 있음은 주지의 사실이다.

그 어떤 언어를 물론하고 사회의 발전과 진보에 따라 수많은 어휘들이 새롭게 산생되게 된다. 사회의 발전, 특히는 과학기술의 발전에 따라 새로운 사물이 육속 출현되게 되는데 이러한 사물을 명명하기 위해서는 새로운 단어가 불가피하게 출현되기 마련이며, 사회제도의 변혁에 따라 그 시대의 양상을 반영하는 많은 새로운 어휘들이 산생되기 마련이다. 그리고 사회의 발전에 따라 국가 간의 교류가 밀접하게 됨에 따라 그 어떤 언어에서나 자기의 사회에서는 존재하지 않는 외래어들을 받아들이게 되는데 이리하여 어휘 구성도 발전하게 된다. 예를 들면 '인민대표대회, 정협' 등의 단어들은 중국의 사회제도를 반영하는 어휘들인데 중국과의 대외 교섭을 위해 한국어에서도 이러한 어휘를 받아들이게 된다.

이와는 반대로 사회의 변화 발전에 따른 사회 제도의 변혁, 일부 사물이나 현상 등이 소실 등에 따라 그런 것들을 명명하던 단어들이 우리말 어휘 구성에서 빠져 나가게 된다. 이와 관련하여 김광해(1993: 252)에서는 "사전에 등재되어 있는 어휘의 90%에 해당하는 어휘는 현실적으로 사용되지 않는 死語, 또는 廢語라고 볼 수 있다."고 지적하고 있다.

이렇게 어휘는 사회의 변화 발전을 가장 민감하게 반영하는바 사회의 변화 발전에 따라 새로운 어휘가 부단히 증가되는 반면 낡은 어휘들은 소실되어 가고 있다. 따라서 사회의 변화와 발전이 어휘 체계의 변화 발전의 주요한 요인으로 되지 않을 수 없다.

그러므로 여기서는 주로 '사람들의 인식의 변화'와 '어휘 규범화' 두 가지 문제에 대해 좀 더 논의해 보기로 하자.

어휘 체계의 변화 발전은 인간들의 사회실천 영역의 부단한 확대와 인식의 부단한 심화 등에 의해서도 부단히 변화 발전한다. 그 가장 좋은 실례의 하나가 우리 인간들이 살고 있는 이 땅덩어리를 명명하는 '지구(地球)'란 단어의 산생이다. '지구'란 단어는 한자어로서 한어로부터 유입되었음은 누구나 잘 알고 있는 사실이다. 그렇다면 중국어에서는 이 '地球'란 단어가 언제부터 쓰이기 시작했을까? 연구에 따르면 이 단어가 중국어에서 처음으로 쓰이기 시작한 것은 明末淸初에 서구 선교사들이 서방의 지구학설을 소개하면서부터라 한다. 그 이전 시기까지만 해도 중국 사람들은 '하늘은 둥글고 땅은 네모졌다'고만 생각했었는바 '역경(易經)'에도 '天圓地方'이라는 말이 나온다. 지난날에는 우리가 살고 있는 이 땅을 '地'로 명명했었는데 서방의 지구 학설이 소개로 그 모양이 둥글다는 것을 알게 된 후부터 '球'자를 더 붙여 '地球'로 명명하기 이른 것이다. 이렇게 이 단어의 산생은 인간의 '우주'에 대한 인식의 심화와 관련된다. 한국어의 '원자, 입자, 중입자' 등의 단어들도 모두 '물질'에 대한 인간의 인식의 부단한 변화에 의해 새롭게 생겨난 단어들이다.

이상의 고찰에서 볼 수 있는 바와 같이 어휘는 생산의 발전, 과학기술의 발전, 사회제도의 변화 등 사회의 변화 발전과 사회에 대한 인간의 인식의 심화에 의해 부단히 증가한다. 그러므로 어휘의 변화 발전 원인을 논함에 있어서 이 양자는 불가결의 요소로 된다.

그렇다면 북에서 출간된 어휘론 저서들에서 지적한 '어휘 규범화'에 대해서는 어떻게 보아야 하는가? 북에서 출간된 어휘론 저서들에서는 일부 어휘가 규범화에 의해 어휘가 소멸되어 간다고 하면서 규범화에 의한 한자어의 소실을 들고 있는데 예를 들면 '제초(김매기), 기비(밑거름), 이앙(모내기)' 등의 단어들이 고유어로 된 실례를 들고 있는데 조선의 표준어의 각도에서 볼 때에는 이런 어휘들이 소멸된 것 같지만 우리말 어휘 구성에서 소멸되었다고는 볼 수 없다. 그것은 기타 지역의 표준어(한국이나 중국의 표준어)에서는 그대로 사용되기 때문이다. 그러므로 우리말 발전의 현 단계에서 볼 경우에는 한 지역사회의 규범화를 어휘 소멸의 주요한 원인으로 들수 없을 것이다. 그리고 규범화에 의해 본래 표준어였던 '옥수수' 가 '강냉이'의 등장으로 표준어에서 물러났다고 하여 그것을 어휘의 소멸로 볼 수도 없을 것이다. 이 단어가 비록 표준어에서는 밀려났지만 방언에서는 의연히 존재하기 때문이다. 어휘 체계라는 것은 언어에서 표준어만을 념두에 두는 것이 아니기에 규범화에 의한 어휘의 소멸은 어휘 체계의 변화 발전의 원인으로 될 수 없다.

이상을 종합하여 보면 지금까지 출간된 어휘론 저서들에서 제기된 어휘의 변화 발전의 요인들 가운데서 사회의 변화 발전과 인간의 인식의 심화가 중요한 원인으로 됨을 알 수 있다.

그렇다면 어휘의 변화 발전하게 되는 다른 원인은 없을까? 우리가 이런 질문을 던지게 되는 것은 이런 요인들은 어디까지나 어휘의 변화 발전의 외적인 요인으로 볼 수밖에 없기 때문이다. 그렇다면 그 내적 요인은 무엇일까? 그것은 사물의 발전법칙의 측면에서 볼 때, 사회의 변화 발전은 어디까지나 외적인 요인에 불과하기 때문이다.

주지하다시피 모든 사물의 변화 발전은 외부적 요인과 내부적 요인에 의해 부단히 변화 발전하게 되는데 언어의 구성요소로서의 어휘도 하나의 사회적 현상인 것만큼 사물 발전의 일반적인 법칙에 따라 변화 발전하기 때문이다. 즉 어휘 체계의 변화 발전도 다른 사물의 변화 발전과 마찬가지로 언어 구조의 내부적인 요인에 의해서도 변화 발전하게 된다는 것이다.

언어 내부 요소 또는 요소 내부 간의 조성은 어휘로 하여금 일종의 변화를 가져올 것을 요구하며 이에 따라 어휘 체계는 변화 발전하게 된다. 예를 들면 '−스럽−', '−답−', '−롭−' 등과 같은 접미사의 산생은 15세기 한국어에서는 볼 수도 없었던 '사랑스럽다, 자랑스럽다', '아름답다, 참답다', '향기롭다, 슬기롭다' 등과 같은 수많은 형용사들을 새롭게 파생시켰는데 이것은 언어 구성요소 내부의 변화에 의한 어휘의 증가에 속한다.

대화 행위의 경제성을 높이려는 목적에서 이루어지는 약어의 산생도 형태론적 관점에서 해석할 수 있을 것이다. 예를 들면 '대한민국'을 '한국'으로 약칭하는 것과 같은 방식에 의해 수많은 단어들이 새롭게 산생되었음은 주지의 사실이다.

새로운 어휘의 증가는 이렇게 어휘 요소 간의 변화에 의해서만 진행되는 것이 아니라 언어 내부 요소 간의 변화 발전에 의해서도 변화 발전한다. 예를 들면 '공부하다, 사랑하다, 일하다, 생산하다' 등 수많은 동사들이 근대 이후에 무더기로 등장하게 되는데 이는 '공부를 하다, 사랑을 하다, 일을 하다, 생산을 하다' 등의 통사 구조가 장기적으로 사용되던 과정에서 하나의 단어로 된 것들이다. 한국어에서 이렇게 통사론적 구조로부터 생성된 새로운 단어는 수없이 많다.

어휘의 증가는 단어들의 의미 분화에 의해서도 이루어진다. 예를 들면 앞에서 살펴본 중세어의 '솔다'의 의미를 현대어에서 '살다'

와 '살리다'의 두 단어로 표현하게 된 것은 의미 분화의 결과이다.

여기서 볼 수 있는 바와 같이 어휘의 증가는 내적인 요인에 의해서도 끊임없이 변화 발전한다.

어휘의 소멸도 그 내적 원인에 의해서도 진행된다. 예를 들면 절대적 동의어를 기피하기 위한 수단으로 '산'이란 한자어가 등장하자 꼭 같은 의미로 쓰이던 '뫼'란 단어가 사라졌으며, '천(千)'이란 한자어가 등장하자 '즈믄'이란 고유어 수사가 사라지게 되는데 이는 한자어의 유입과 관련된 절대적 동의어의 기피에 의한 일부 어휘들의 소멸이다.

언어 내부 구조의 변화에 의한 어휘의 소멸은 이외에도 더 들 수 있는데 '말하다'의 뜻으로 쓰이던 '숣다'란 단어가 본래의 어휘적인 뜻은 완전히 잃고 '-습니다'의 '-습(ㅂ)'으로 되어 문법적인 의미만 나타내게 된 것, 그리고 '두뷔다/두외다'가 '되다'란 본래의 뜻은 완전히 잃고 접미사 '-답-'으로 변화되면서 사라진 것 등은 어휘의 문법화 과정과 관련된 변화이다. 그리고 고유어 수사 '온'이 '온갖, 온통' 등에서와 같이 '백'의 뜻으로는 쓰이지 않고 접두사적으로 쓰이는 것도 한자어의 유입과 관련된 문법화의 과정을 거친 결과라 볼 수 있다.

이상의 사실에서 볼 수 있는 바와 같이 어휘의 소멸도 언어 내부 구조의 상호 작용에 의해서도 변화 발전하게 된다.

이상의 논의를 간단히 요약하면 어휘 체계의 변화 발전은 내적인 요인과 외적인 요인에 의해 변화 발전하게 되는데 사회의 발전, 인식의 심화 등은 어휘 체계 변화 발전의 외적인 요인으로 되며 한국어 통사구조의 변화 발전, 형태구조의 변화 발전 등은 어휘 체계 변화 발전의 내적인 요인으로 된다.

## 4.3. 어휘의 의미의 변화 발전

남의 경우 어휘의 의미의 변화 발전을 다룬 저서들로는 김광해(1993), 심재기(1982), 심재기 외(2011) 등이 있다.

김광해(1993)에서는 "어휘를 공시적 시각에서 연구하는 입장으로서 거론되지 않을 수 없는 분야는 그 의미 변화에 관한 것이다. 세계적으로 언어 연구에 있어서 의미론이라는 언어학의 연구는 주로 이같은 어휘소의 의미 변화의 유형을 분류하는 일로부터 시작되었다고 볼 수 있다. 의미론은 이에 이어 의미에 관련된 법칙의 발견하기 위한 문제와 의미를 記述하거나 의미의 구조를 파악하기 위한 연구 쪽으로 전개되어 왔다."(p. 265)

"자연 언어에 있어서의 의미 변화라는 것은 시간의 흐름과 함께 필연적으로 일어나는 현상이다. 새로운 사물이나 개념은 끊임없이 등장하고 있으며, 그것을 언어로 표현하기 위한 방법으로서 전혀 새로운 어휘소를 개발하는 경우도 있으나, 이러한 번거로운 절차를 밟기보다는 차라리 기존의 어휘소들을 조합하거나 의미를 바꾸어 사용하는 편을 택하는 경우가 훨씬 더 많다. 이는 곧 어휘소가 의미상으로 변화를 겪게 되는 가장 근본적인 과정이 된다. 어휘론의 측면에서 본다면 이러한 의미 변화에 관한 연구도 본질적인 연구의 테두리에 들어오는 것은 아니다. 그러나 앞에서 어원의 연구에서 취했던 관점과 마찬가지 이유에서[2] 이를 어휘론의 영역 속에

---

2    김광해(1993: 260) 참조.

서 다루는 일이 가능하다."(p. 266)라고 하면서 어휘소의 의미의 변화와 관련된 그간의 연구 저서를 간략히 소개하고 있다.

심재기(1982)에서는 "단어의 의미는 변화를 겪는다. 거기에는 그 원인을 지배하는 요소가 있다."(p. 117)라고 하면서 그 요소로 '언어 傳受 방법의 非持續性', '의미의 不明瞭性', '有緣性의 상실', '多義性', '모호한 문맥', 그리고 그 기저에 깔려있는 '어휘의 구조' 등을 들고 있다.(p. 117-120 참고)

그리고 국어의 어의변화를 '언어의 보수성에 의한 변화'(p. 139-141), '의미간의 相似에 의한 변화'(p. 141-165), '의미간의 근접에 의한 변화'(p. 165-180), '名稱간의 相似에 의한 변화'(p. 180-184), '명칭간의 근접에 의한 변화'(184-186), '명칭과 의미의 복합관계에 의한 변화'(p. 186-202) 등 여섯 가지로 나누어 비교적 상세히 설명하고 있다.

한국에서 출간된 어휘론 저서들에서 어휘의 의미의 변화 발전을 비교적 전면적으로 다룬 저서들로는 심재기 외(2011)을 들 수 있다.

심재기 외(2011)에서는 "우리가 사용하고 있는 말은 끊임없이 변화한다. 그 변화는 형식과 내용 모두에서 일어난다.", "의미 변화는 쉽게 포착되지는 않지만, 수많은 단어들이 그 변화를 겪어왔고 지금도 겪고 있다. 다만 우리가 그 변화를 감지하지 못하고 있을 뿐이다. 최근 들어서는 언어 환경의 급격한 변화로 의미 변화가 빠르게 진행되는 경향을 보인다."(p. 211)라고 하면서 의미 변화의 요인, 원인, 결과 등에 대해 보다 구체적으로 논의하고 있다.

'의미 변화의 요인'과 관련하여서는 "의미 변화는 그 변화를 촉발하고 유도하는 요인에 의해 시작된다. 이들 요인에 이끌려 의미가 본 모습에서 벗어나 새로운 모습을 띤다. 그런데 의미 변화가 빈번하게 일어나고 그 양상 또한 복잡하기 때문에 거기에 작용하는 요인을 쉽게 규정하여 말하기는 어렵다. 다만 의미 변화를 촉진하는 중요한 요인 몇 가지를 제시할 수 있을 뿐이다."(p. 212)라고 하면서 그 중요한 요인으로 '언어 전수 방법의 비지속성'(p. 212-213), '의미의 애매성'(p. 213-214), '유연성의 상실'(p. 214), '다의 현상'(p. 214-215), '중의적 문맥'(p. 215), '어휘 구조의 복잡성'(p. 215-216) 등 여섯 가지로 나누어 구체적으로 설명하고 있다. 용어 사용에서는 약간의 차이를 보이나 심재기(1982)의 견해를 그대로 옮겼다고 할 수 있다.

'의미 변화의 원인'과 관련하여서는 "의미 변화를 겪는 단어들은 수없이 많다. 그 수만큼이나 의미 변화는 아주 다양하고 복잡한 양상을 띤다. 그렇기 때문에 그 의미 변화를 일으키는 원인 또한 다양하고 복잡할 것으로 예상된다. 그러나 의미 변화는 생각보다는 단순한 원인에 의해 발생하고 있다. 그리하여 그 원인을 체계적으로 기술하는 것이 아주 어려운 것이 아니다. 지금까지의 성과를 종합해 보면 의미 변화는 대체로 역사적 원인, 언어적 원인, 사회적 원인, 심리적 원인 등에 의해 발생하는 것으로 정리된다."(p. 216)라고 지적하면서 이상 네 가지 원인에 대해 다음과 같이 구체적으로 서술하고 있다.

'역사적 원인'과 관련하여서는 "세상에 존재하는 대다수 문물이나 과학, 제도, 풍속 등은 시대에 따라 변한다. 아울러 특정 대상에 대한 개인의 인식 또한 끊임없이 변한다. 그럼에도 불구하고 이들 외부 세계를 표현하는 명칭은 그 변화에 적절히 대응하지 못하고 그 모습 그대로 남아 있게 된다. 그 결과 변화된 시각으로 그 명칭을 바라보게 되어 결국 의미가 새롭게 해석된다. 물론 이는 명칭 자체의 주체적 변화에 따른 것이 아니고, 명칭과 관련된 지시물의 변화에 따른 부수적 변화라는 점에서 본질적인 의미 변화와는 좀 거리가 있다. 그러나 명칭과 그 지시 의미의 연합 관계에 변화가 생긴 것이기 때문에 넓은 의미의 의미 변화로 볼 수 있다."(p. 216-217)라고 하면서 '지시물의 변화'로 '지시물 자체의 변화'('돈, 차, 기생' 등), '지시물에 대한 감정적(주관적) 태도의 변화'('일본(인), 미국(인)'), '지시물에 대한 지식의 변화'('달') 등 세 가지를 들고 있다.(p. 217-219 참고)

'언어적 원인'과 관련하여서는 "의미는 순전히 언어 내적 원인에 의해 변하기도 한다. 단어의 형태 구조, 문장의 구조, 의미의 대립과 유연성의 상실 등과 같은 언어의 내적 원인이 작용하여 의미 변화가 일어나는 것이다. 언어적 원인에 의한 의미 변화는 형태론적 관점, 통사론적 관점, 의미론적 관점에서 살펴볼 수 있다. 대화 행위의 경제성을 높이려는 목적에서 이루어지는 생략은 형태론적 관점, 인접한 문장 구성 요소 사이의 영향 관계로 파악되는 전염은 통사론적 관점, 그리고 인접한 의미들 사이의 대립 관계로 이해되는 유의성(유의 경쟁) 및 유연성 상실에 의한 의미의 재해석 절차인 의미적 유연화(민간어원)는 의미론적 관점에서 이해할 수 있다."(p. 219)라고 지적하면서 '생략'의 실례로 '담배꽁초-꽁초'(단어 차원의 생략), '나 나름대로, 제 나름대로 - 나름대로(구 차원의 생략), '전염(傳染)'의 실례로 '엉터리(없다), 주책(없다), 체신(없다)' 등, '유연화(有緣化)'의 실례로 '곱창, 한량(閑良) → 활량' 등을 들고 있다.(p. 219-

223 참고)

　'사회적 원인'과 관련하여서는 "언어는 그 언어를 사용하는 사회의 약속물이기 때문에 그 사회의 변화로부터 무관할 수 없다. 사회를 구성하는 성층(成層)이 변하거나 사회와 관련된 제도나 구조 등이 변하면 이에 따라 특정 단어의 의미도 변할 수 있다. 이를 사회적 원인에 의한 의미 변화라고 하는데, 사회적 성층에 의한 변화와 사회적 구조에 의한 변화로 나뉜다."(p. 223)라고 하면서 '사회적 성층에 의한 변화'로 '단말마(斷末摩), 군주, 고참, 출혈' 등, '사회적 구조에 의한 변화'로 '량반, 장가들다(丈家-)' 등의 예시를 보이고 있다.(p. 223-225 참고)

　'심리적 원인'과 관련하여서는 "언어가 본질상 심리적 실체이면서 또 그 운용이 심리적 작용의 영향을 받는다면, 그리고 심리 활동의 주체인 인간의 심리 상태가 유동적이라면 언어는 인간의 심리 상태나 심리적 작용의 변화로부터 무관하지 못하다. 언어는 화자의 심리 상태나 작용 또는 정신 구조의 변화에 따라 변할 수 있다. 심리적 원인에 근거해서 의미 변화를 논의할 수 있는 근거가 바로 여기에 있다. 심리적 원인에 의한 의미 변화는 감정적인 측면과 금기의 두 가지 측면에서 살펴볼 수 있다."(p. 225-226)라고 하면서 '감정적 원인에 의한 의미 변화'로 '나일론'이 고급의 옷감에서 저급의 옷감으로 전락하면서 '나일론(롱) 참외', '나일론(롱) 박수', '나일론(롱) 환자' 등에서와 같이 "덜된", "엉터리"라는 비유적 의미를 갖게 된 실례, 그리고 '돼지다리'가 '권총', '바가지'가 '철모', '갈매기'가 '계급장'을 표현하는 데 이용되는 등의 실례를 들고 있고, '금기에 의한 의미 변화'로 '호랑이'를 '꽃, 산신령, 사또, 영감'으로, '죽음'

을 '승천(昇天), 승하(昇遐), 타계(他界), 운명(殞命), 돌아감'으로 표현하는 등의 예시를 보이고 있다.(p. 225-229 참고)

'의미 변화의 결과'와 관련하여서는 "특정 단어가 의미 변화를 겪고 나면 반드시 결과적 양상을 보인다. 결과적 양상은 대체로 두 가지로 나타나는데, 의미 적용 범위가 변하는 것과 의미 가치가 변하는 것이 바로 그것이다. 의미 적용 범위의 변화에는 축소와 확대, 그리고 의미 가치의 변화에는 경멸적 변화와 개량적 변화가 있다."(p. 229)라고 지적하면서 이 두 가지 결과에 대해 보다 구체적으로 설명하고 있다.

'의미 적용 범위의 변화'와 관련하여서는 "의미 적용 범위의 변화에는 축소와 확대가 있다. 의미 축소는 단순히 지시 의미의 범위가 좁아지거나 사회적 유효 범위가 좁아지는 두 가지를 생각해 볼 수 있다. 특히 후자와 같이 일반 사회의 언어가 특정 사회로 편입되어 일어나는 의미의 특수화는 의미 축소의 가장 흔한 유형이다."(p. 229)라고 하면서 '지시 의미의 범위가 좁아진 것'으로 '얼굴'이 '형체'에서 '안면'으로, '어싀(〉어이)', '인간, 동물의 어미'로부터 '동물의 어미'로 변한 경우, '사회적 유효 범위가 좁아진 것'으로 '아버지'가 '父'에서 '天主'로, '표리'가 '물체의 속과 겉'에서 '옷의 겉감과 안찝'으로 변한 등의 예시를 보이고, '의미의 확대'와 관련하여서는 "의미의 확대는 기존의 의미가 변화한 후 지시 범위가 확장되는 경우를 말한다." "새로운 개념을 표현해야 하는 경우 그 때마다 새로운 단어를 마련하여 대응할 수도 있지만, 이미 존재하는 단어를 이용하는 방법을 쓰되 기존 의미의 지시 범위를 확대해서 사용할 수 있으며, 또한 특정 사회에서 특수한 의미로 사용되는 단어를 일반 사회로 끌어들여 쓸 수도 있다."(p. 230)라고 하면서 '겨레'가 '친척'에서 '민족'으로, '아주머니'가 '고모'에서 '중년 여인'(지시 의미의 범주가 확대됨으로써 일어난 변화), '단도직입(單刀直入)'이 "생각과 분별과 말에 거리끼지 않고 진경계로 바로 들어감"이란 불교적 의미에서 "문장이나 언론의 너절한 허두를 빼고 바로 그 요점으로 풀이하여 들어감"의 일반적 의미로 변한 것(사회적 적용 범위의 확대에 의한 변화) 등의 예시를 보이고 있다.(p. 230 참고)

'가치의 변화'와 관련하여서는 "언어는 인간 심리 작용에 지배되고 또 그 언어로 표현되는 지시물까지 인간의 심리적, 사회적 작용에 지배되는 까닭에 부정적이든 긍정적이든 독특한 의미 가치를 띠게 된다. 그리고 그 의미 가치는 끊임없이 변화한다."(p. 231)라고 하면서 의미 가치 변화를 경멸적(輕蔑的) 의미 변화와 개량적(改良的) 의미 변화 둘로 나누어 설명하고 있다.

'경멸적 의미 변화'와 관련하여서는 "경멸적 의미 변화는 중립적 의미 가치가 부정적 의미 가치로 변하거나, 긍정적 의미 가치가 부정적 의미 가치로 변하는 과정을 말한다."(p. 231)라고 설명하면서 '특정 인물에 대한 호칭어의 일반화(선생님, 사모님, 사장님)', '역사적 존칭어의 일반화(량반, 영감, 첨지, 주사)', '유의 경쟁의 결과 친족 어휘의 평칭으로부터 비칭으로 하락(아비, 어미, 할미)' 그리고 '단어가 지시하는 의미 자체에 부정적이거나 경멸적인 내용이 들어 있을 경우(야하다, 저주하다, 개죽음, 돌팔이, 계집질, 서울치)' 등의 예시를 보이고 있다.(p. 231-232 참고)

'개량적 의미 변화'와 관련하여서는 "개량적 의미 변화는 부정적 의미 가치가 긍정적인 의미 가치로 바뀌거나 중립적인 의미 가치가 긍정적인 의미 가치로 바뀌는 과정을 말한다."라고 하면서 '과격, 불쾌, 불결한 원래 의미의 미적 가치가 둔화되거나 제거됨으로써 개량적 방향으로 의미 가치를 발전시킨 것(공갈, 영악하다)', '겸양을 나타내는 한자어들이 본래의 축자적 의미로 해석되지 않고 [겸손] 의 자질을 포함한 새로운 의미로 해석됨으로써 개량적 의미 발전 을 성험한 것(소생, 소자, 소첩; 졸고, 폐사, 누옥)' 등의 예시를 보이고 있다.(p. 232–233 참고)

북에서 출간된 어휘론 저서들 중에서 의미의 변화 발전을 다룬 저서들로는 김수경 외(1962), 김일성종합대학조선어학강좌(1981) 『문화어 어휘론』, 김길성(2001) 등이 있다.

김수경 외(1961)에서는 "단어의 의미는 언어에서 가장 《민감한》 측면의 하나다. 사회 생활이나 언어 그 자체에서의 사소한 변화도 즉시로 또한 직접적으로 단어의 의미 우에 반영된다. 단어의 의미 의 변화와 발달은 어휘가 풍부화되며 질적으로 완성화되는 데 가 장 중요한 측면으로 된다."(p. 54)라고 하면서 단어의 의미의 변화 발전을 '변화'와 '발달' 두 가지로 구별하여 설명하고 있다.

'단어의 의미의 변화'와 관련하여서는 "단어가 역사적 과정에서 시초의 의미를 잃고 새로운 의미를 얻게 될 때 이 현상을 단어의 의미의 변화라 말한다."라고 그 개념을 정립하면서 '얼굴'이 '형체 (形體), 형상(形狀)'을 의미하던 데로부터 '사람의 머리의 앞부분'을 의미하게 된 사실, '어리다'가 '어리석다(愚)'의 의미로부터 '나이가 적다(幼)'의 의미로 변화된 실례를 들고 있다.(p. 54–55 참고)

'단어의 의미 발달'과 관련하여서는 "단어가 시초의 의미를 잃지 않고서 다시 새로운 의미를 얻게 될 때 이 현상을 단어의 의미의

313

발달이라 한다.”라고 그 개념을 정립하면서 ‘험하다’가 ‘지세가 평탄하지 아니하다’의 하나의 의미로 쓰이던 것이 지금은 ‘사태나 형세가 몹시 사납다’, ‘생김새나 태도가 보기에 흉하다’, ‘욕설이나 험담을 잘 하여 언어가 고상하지 못하다’ 등의 의미를 더 가지게 된 실례를 들고 있다.(p. 55 참고)

그리고 단어의 의미 변화의 방법에 대해 다음과 같은 다섯 가지로 나누어 비교적 상세히 설명하고 있다.

(1) “단어는 류사성에 근거하여, 즉 형태, 빛갈, 운동의 성격 등이 비슷한 점에 근거하여 새로운 대상 또는 현상을 가리키게 된다. 이러한 현상을 은유(隱喩)라고 한다.”(예: ‘결과(結果)’, (시계가) 잔다, 불이 죽었다, 세월이 흐른다; 빛나는 전망, 깊은 배려, 뜨거운 인사, 불타는 정열, 무거운 침묵 등)(p. 55-56 참고)

(2) “두 가지 대상의 기능의 류사성에 근거하여서도 단어는 새로운 대상을 가리키게 된다.”(예: 날개: ‘새의 날개 → 비행기의 날개’ 등) (p. 56-57 참고)

(3) “단어는 린접성에 근거하여, 즉 공간적, 시간적, 물리적 등등의 린접성에 근거하여 새로운 대상 또는 현상을 가리키게 된다. 이러한 현상을 환유(換喩)라고 한다.”(예: ‘접시, 코, 머리’; ‘아침, 점심’; ‘포도, 살구’; ‘교수’ 등)(p. 57-59 참고)

(4) “단어의 의미의 확대와 축소는 단어의 의미가 변화 발달하는 과정에서 매우 보편적으로 되어 있는 현상이다.”(확대의 예: ‘여름(열매): +계절’, ‘애(창자) +마음’ 등; 축소의 예: ‘사랑하다(생각하다) → 愛’, ‘뫼(산) → 무덤’ 등)(p. 59-60 참고)

(5) "단어의 의미가 《나빠지는》 경우와 《좋아지는》 경우가 있다."(나빠지는 경우의 예: '년, 놈, 인간' 등; 좋아지는 경우의 예: '일군' 등)(p. 60 참고)

김일성종합대학조선어학강좌(1981)『문화어 어휘론』에서는 "단어의 뜻은 주로 비유에 의하여 변화 발전하며 풍부화된다. 단어의 뜻이란 단어와 대상과의 련계이기 때문에 뜻의 변화 발전이란 곧 단어와 대상과의 련계의 변화 발전이라고 할 수 있다. 단어와 대상과의 련계에서의 변화에는 단어가 본래의 대상과의 련계를 끊고 다른 대상과의 련계에로 넘어가는 것, 한 대상과의 련계로부터 여러 개 대상과 련계를 맺는 데로 넘어가는 것, 대상과의 련계를 완전히 잃어버리는 것의 세 가지 경우가 있다. 그러므로 단어의 뜻의 변화는 결국 이 세 가지에 귀착된다. 즉 뜻의 변화의 하나는 단어 《어리다》가 《어리석다》라는 뜻을 잃고 《나이가 어리다》와 같이 새로운 뜻을 가지는 경우이며, 다른 하나는 단어 《세포》가 생물학적뜻을 그대로 가진 채로 당의 기층조직이라는 사회정치적 뜻을 더 가지게 된 것처럼 새로운 뜻을 새끼쳐 나가는 경우이며, 셋째로 《숣다》가 《말하다》라는 뜻을 완전히 잃고, 다시 말해서 어휘적 뜻을 완전히 잃고 《습니다》의 《습》이 되어 《니다》와 결합되면서 오직 문법적 뜻만을 가지는 경우이다. 이 세가지 변화에서 뜻의 발전 특히 뜻의 풍부화와 직접 관련되는 것은 두 번째 경우이다. 첫 번째 경우와 마지막 경우는 언어발전 전반과 관련되는 문제로서 첫 경우의 변화는 그 수가 매우 적으며 셋째 경우의 변화는 주로 문법적 뜻의 형성과 관련되는 문제라고 할 수 있다. 그렇기 때문에 둘째 경우의 변화가 고유한 의미에서의 뜻의 변화이다." "단어의 뜻은 잃어지는 경우를 내놓고는 기본적으로 비유에 의하여 변화 발전한다. 즉, 단어의 뜻은 기본적으로 대상들 사이에 존재하는 표식의 같은 점, 비슷한 점, 가까운 점 등을 매개로 하여 변화한다." 라고 하면서 '다리, 아침, 머리' 등의 실례를 보이고 있다.(p. 82-83 참고)

김길성(2001)에서도 단어의 의미의 변화와 발달과 관련하여 김수경 외(1962)의 것을 그대로 따왔다고 할 정도로 거의 일치한 견해를 보이고 있는데 단 단어의 의미의 변화와 발달의 수법을 논하는 자리에서 김수경 외(1961: 56-57)에서 '두 가지 대상의 기능의 류사성에 의한 의미의 변화와 발달'(예: 날개)도 '은유'의 일종으로 함께 다루고 있다는 점에서 약간의 차이를 보이고 있을 뿐이다.(p. 26-28 참고)

## 요약

지금까지의 고찰에서 볼 수 있는 바와 같이 남과 북에서 출간된 어휘론 저서들에서는 의미의 변화의 요인, 원인, 방식, 유형(결과) 등 다각적인 측면에서 어휘의 의미의 변화 발전을 다루고 있는데 의미의 변화의 요인과 관련하여서는 심재기(1982), 심재기 외(2011)에서 비교적 전면적으로 상세히 다루었고, 의미의 변화의 원인과 관련하여서는 심재기 외(2011)에서 울만(S. Ullmann)을 비롯한 많은 학자들이 정리한 역사적 원인, 언어적 원인, 사회적 원인, 심리적 원인 등을 중심으로 보다 구체적으로 상세히 다루었으며 의미의 변화의 방식과 관련하여서는 김수경 외(1961)에서 비교적 전면적으로 다루고 있다.

그런데 의미의 변화의 유형(결과)과 관련하여서는 비교적 큰 차이를 보이고 있는데 심재기 외(2011)에서는 '의미 변화의 결과'로 '적용 범위의 변화(적용 범위의 확대와 축소)'와 '가치의 변화(경멸적 변화와 개량적 변화)' 나누었고 김수경 외(1961)에서는 의미의 변화 발전을 크게 '의미의 변화'와 '의미의 발달' 둘로 나누고 '의미의 변화'는 "시초의 의미를 잃고 새로운 의미를 획득하는 것(얼굴: 형체〉안면, 어리다: 어리석다〉나이가 적다)"으로 정의하고 '의미의 발달'은 다시 '의미의 확대와 축소', '의미가 좋아지거나 나빠지는 경우' 등 두 가지로 나누어 설명하고 있다. 그리고 김일성종합대학조선어학강좌(1981) 『문화어 어휘론』에서는 의미의 변화를 '원래의 뜻을 잃고 새로운 뜻을 가지는 경우', '새로운 뜻을 새끼쳐 나가는 경우', '어휘적 뜻을 완전히 잃고 문법적 뜻만 가지는 경우' 세 가지로 나누어 설명하고 있다.

그러므로 여기서는 지금까지의 연구 성과를 바탕으로 의미의 변화의 유형(결과)에 대해 좀 더 깊이 있게 논의해 보기로 한다.

단어들의 의미의 변화의 유형으로 가장 먼저 지적할 수 있는 것이 단어들의 의미의 확대이다. 단어들의 의미의 확대는 결과적으로 볼 때 단어들의 의미의 변화에서 가장 큰 비중을 차지하고 있다. 바로 이러한 이유로 앞에서 고찰한 거의 모든 어휘론 연구 저서들에서 의미의 확대를 다루고 있다. 그런데 어떤 것들을 의미의 확대로 보느냐 하는 문제에서는 일정한 차이를 보이는바 심재기 외(2011)에서는 '지시 범위의 확대'만을 의미의 확대에서 다루고 있고 김일성종합대학조선어학강좌(1981) 『문화어 어휘론』에서는 '의미항의 증가'만을 의미의 확대로 다루고 있다. 그런데 김수경 외(1961)에서는 '의미항의 증가'와 '지시 범위의 확대'를 모두 의미의 확대로 다루고 있다.

그렇다면 개별 단어들의 의미는 어떤 방식으로 확대되는가를 살펴보기로 하자.

개별 단어들의 의미의 확대는 지시의 범위를 넓혀가는 방식으로 진행된다. 예를 들면 한자어 '강(江)'은 지난날 중국의 "양자강"을 지칭하는 고유명사로 사용되었지만 지금은 "모든 강"을 지칭하는 일반명사로 바뀌었다. 즉 지시의 범위가 확대된 것이다. 지시 범위의 확대와 관련하여 심재기 외(2011)에서는 "지시 의미의 범주의 확대"의 실례로 '겨레'("친척"에서 "민족"으로 의미가 변한 경우)와 '아주머니'("고모"에서 "중년 여인"으로 의미가 변한 겨우)를 들고 있는데 이 두 단어의 의미의 변화를 동일한 성질의 의미의 변화로 보기는 어려울 것 같다. 그것은 '겨레'는 그 의미가 "친척"으로부터 "민족"으로 완전히 바뀌어 쓰이기에 지시 의미의 범주가 확대된 것으로 처리하는 것이 마땅하겠지만 '아주머니'의 경우는 이와는 사정이 좀 다르다. 지금 '아주머니'가 "중년 여인"의 뜻으로도 쓰이기에 "고모"와의 관계에서 보면 지시 의미의 범주가 확대되었다고 할 수도 있겠지만 '겨레'의 경우 "친척"이 "민족"의 의미로 바뀌어 쓰이는 것과는 달리 '아주머니'의 경우에는 "고모"의 의미는 지금도 그대로 사용되면서 "중년 여인"의 의미를 더 획득하여 사용되고 있다. 다시 말하면 이 단어는 시초의 의미를 잃지 않고서 새로운 의미를 더 얻게 되었기에 그 의미의 변화를 단순히 지시 의미의 범주의 확대로 다루기보다는 다음에서 논의하게 될 의미항의 증가로 처리하는 것이 더 타당할 것 같다. 같은 맥락에서 사회적 적용 범위의 확대로 예로 든 '단도직입'도 불교적 의미로부터 일반적 의미로 바뀌어 사용된다면 사회적 적용범위의 확대로 처리할 수 있겠지만 이 단어 역시 지금 불교적 의미와 일반적 의미로 모두 쓰이고 있기에 의미항의 증가로 다루는 것이 더 타당할 것 같다. 따라서 '의미의 지시 범위의 확대'는 '겨레'가 "친척"에서 "민족"으로 바뀌거나 '강'이 "양자강"에서 "모든 강"으로 바뀜으로써 그 외연이 증가된 경우로 한정하는 것이 더 바람직할 것이다.

　개별 단어들의 의미는 이렇게 지시의 범위를 확대시키는 방법으로만 확대되는 것이 아니라 본래의 의미에 새로운 의미를 더 추가하는 방식으로도 확대되면서 발전한다. 예를 들면 앞에서 고찰한 중세어에서 "빨리 가다"의 한 뜻으로만 쓰이던 '돌이다〉달리다'가 현대어에서는 "빨리 가다"와 "빨리 가게 하다"의 두 뜻으로 쓰이는데 이렇게 개별 단어들은 본래의 의미에 새로운 의미를 더 증가하면서 그 의미를 확대시켜 나간다. 또 예를 들면 우리말의 '먹다'란 단어는 시초에는 "음식물을 입에 넣고 씹어서 삼키다"의 뜻으로 산생된 단어였는데 시간의 흐름에 따라 지금은 "겁을 먹다", "나이를 먹다", "욕을 먹다" 등 추상적인 의미를 포함하여 십여 가지의 의미를 나타내는 다의어로 발달되었다. 김수경 외(1962)에서 '단어의 의미의 발달'로 처리한 '험하다'의 의미의 변화("지세가 평탄하지 아니하다"의 하나의 의미로 쓰이던 것이 지금은 "사태나 형세가 몹시 사납다", "생김새나 태도가 보기에 흉하다", "욕설이나 험담을 잘 하여 언어가 고상하지 못하다" 등의 의미를 더 획득하게 된 것); 김일성종합대학조선어학강좌(1981) 『문화어 어휘론』에서 예로 든 '세포'의 의미 변화("생물학적 뜻을 그대로 가진 채로 당의 기층조직이라는 사회 정치적 뜻을 더 가지게 된 것처럼 새로운 뜻을 새끼쳐나가는 경우") 등이 모두 이러한 변화에 속한다.

그리고 앞에서 지적한 '아주머니', '단도직입' 등의 단어들의 의미의 변화도 모두 여기에 속하는데 이렇게 어느 한 단어가 시초의 의미를 잃지 않고서 다시 새로운 의미를 얻게 될 때 이러한 의미의 변화를 의미의 항(項)의 증가라 할 수 있는데 현대어의 사전에 등록되어 있는 다의어는 모두 이렇게 시간의 흐름에 따라 의미의 항이 점차 증가되면서 발달된 단어들이다. 의미의 항의 증가는 의미의 확대에서는 가장 큰 비중을 차지한다. 사전의 올림말들을 살펴보면 고유명사나 학술용어를 제외한 일반적인 단어들은 거의 다의어로 되었는데 이런 다의어의 산생은 언어의 역사발전 행정에서 의미항의 점차적인 누적에 의해 이루어진 것들이다. 그러므로 의미의 확대를 다룸에 있어서는 이 양자를 모두 다루어야 한다.

의미의 변화의 다른 한 유형으로 의미의 축소를 들 수 있다. 의미의 축소는 의미의 확대에 상대되는 개념으로서 의미의 변화에서 반드시 다루어야 할 부분이다. 의미의 축소도 의미의 확대와 마찬가지로 의미항의 축소와 지시범위의 축소로 표현된다. 예를 들면 앞에서 고찰한 '술다〉살다'가 중세어에서 "살다"와 "살리다"의 두 뜻으로 쓰이던 것이 현대어서는 "살다"의 뜻으로만 쓰이는 것은 의미항의 축소에 속하고 '금(金)'이 지난날에는 "모든 금속"을 지칭하던 것이 현대어에서는 "금속 원소의 한 가지인 '金'만을 지칭하는데 이들은 모두 지시범위의 축소에 속한다. 그런데 여기서 심재기 외(2011)에서는 지시 의미의 범주가 좁아진 실례로 '얼굴'의 의미가 "형체"에서 "안면"으로 변한 것, '어이(>어싀)'의 의미가 "인간, 동물의 어미"에서 "동물의 어미"로 변한 것을 들고 '아버지'가 "父"에서 "天主"로 변한 것은 일반 사회에서 기독교라는 특수 사회로 넘어와 쓰이면서 의미가 특수화한 경우라 했다. 경우에 대해서는 좀 더 연구해야 할 부분이다. 김수경 외(1961)에서 예로 든 '사랑하다(생각하다) → 愛', '뫼(산) → 무덤' 등)(p. 59-60 참고)도 이와 비슷한 경우로 볼 수 있을 것이다. 그것은 '어싀'가 중세어에서는 '부모'를 가리키는 단어로 쓰이었는데 문헌상에서 동물의 어미를 가리키는 경우가 발견되지 않기 때문이다. '어싀'가 변한 말인 '어이'가 오늘날에는 동물의 어미를 가리킨다는 것은 역사상의 어느 한 시기 이 단어가 사람을 포함한 모든 동물의 어미를 가리켰을 수는 있겠지만 문헌상에서 그 쓰임이 보이지 않는 것이 문제이다.

단어들의 의미변화는 심재기 외(2011)에서 지적한바와 같이 가치의 변화로도 표현된다. 즉 '아비, 어미'가 지시대상은 변하지 않았지만 중성적인 단어로부터 비칭으로 바뀌어 쓰이거나 '소자, 졸고' 등의 중성적 단어들이 겸칭으로 사용되는 것 등은 모두 감정적 색채의 의미변화에 속한다.

그런데 단어들의 의미의 변화는 이렇게 의미의 확대나 축소 그리고 감정적 색채의 변화로만 표현되는 것이 아니라 원래의 뜻은 잃고 완전히 다른 뜻으로 전의되어 쓰이기도 한다. 앞에서 고찰한 '어리다'가 현대어에서는 "어리석다"란 본래의 의미는 상실하고 "나이가 적다"의 의미로 쓰이는 것 같은 경우이다. 앞에서 일부 학자들이 예로 든 '여름'이 "열매"의 뜻으로부터 "계절"의 뜻으로 쓰이는

것도 의미의 전의로 보아야 마땅할 것 같다.[3]

이러한 경우는 다른 언어에서도 찾아볼 수 있다. 예를 들면 중국어의 '兵'은 지난날에는 "병기"를 의미했지만 지금은 "군사"를 의미한다. '事迹'이란 단어는 지난날에는 "지난날에 있었던 일이나 사건의 자취"란 뜻으로 쓰이었지만 지금은 "업적"이란 의미로 전의되어 쓰인다.[4]

어휘의 의미의 축소를 언급한 저서는 앞의 고찰에서 볼 수 있는 바와 같이 심재기 외(2011)뿐이다. 심재기 외(2011)에서는 '의미 적용 범위의 변화'를 논하는 자리에서 '의미의 축소'로 '지시 의미의 범위가 좁아진 것'('얼굴', '어식〉어이'), '사회적 유효 범위가 좁아진 것'('아버지', '표리')를 들고 있는데 일부 문제에 대해서는 좀 더 깊이 있게 논의되어야 하겠지만[5] 단어의 의미가 축소의 방식으로 변화

---

3  '여름'을 의미의 확대로 보는 데는 문제가 있다. 그것은 의미의 변화를 고찰할 경우에는 통시적인 관점에서 그 역사 발전의 행정을 고찰하게 되지만 그 변화의 결과를 논할 경우에는 어느 한 시점을 기준으로 하게 되는데 현대어에서 '여름'이 "열매"의 뜻으로는 쓰이지 않기 때문이다.

4  한국의 사전들에서는 "지난날에 있었던 일이나 사건의 자취"의 뜻으로는 '사적(事迹)'이란 단어를 쓰고 '업적'의 뜻으로는 '사적(事績)'이란 단어를 쓰고 있다.

5  * 여기서 '어식〉어이'란 단어의 의미가 중세어에서 "인간, 동물의 어미"라는 의미로 쓰이었다면 '어이'라는 단어가 현대어에서는 "동물의 어미"만을 뜻하니 '지시의 범위가 좁아진 것'으로 볼 수 있겠는데 중세어의 문헌자료에서는 '어식〉어이'가 "인간의 어미"를 지칭한 실례는 많이 보이지만 "동물의 어미"를 지칭한 실례는 발견되지 않는다. 좀 더 많은 문헌 자료의 검토를 요한다.
   * 그리고 "'아버지'라는 단어가 '父'에서 '天主'라는 의미로 변한 것은 일반 사회에서 기독교라는 특수 사회로 넘어와 쓰이면서 의미가 특수화한 경우"라고 하면서 이것들을 모두 의미의 축소로 보고 있는데 이러한 문제도 좀 더 논의되어야 할 것이다. 그것은 어휘의 의미 변화란 민

322

한다는 지적은 마땅히 긍정해야 할 바라 생각된다.

단어의 의미의 축소는 심재기 외(2011)에서 지적한바와 같이 지시의 범위가 좁아지는 방식으로만 진행되는 것이 아니라 본래의 의미를 완전히 잃거나 다른 단어에 양도하는 방식으로도 진행된다. 예를 들면 중세어에서 동사 '솔다'는 "請드른 다대와 노니샤 바놀 아니 마치시면 어비 아두리 <u>사르시리잇가</u>", "請으로 온 예와 싸호샤 투구 아니 밧기시면 나랏 小民을 <u>사르시리잇가</u>"(용가: 52)에서 볼 수 있는바와 같이 "목숨을 이어가다"와 "목숨을 이어가게 하다"의 두 뜻으로 쓰이었지만 현대어에서는 '살다'와 그 사동형 '살리다'가 이 두 가지 뜻을 각각 분담하고 있다. 결과적으로 '솔다'의 의미가 축소되었다고 할 수 있다. 또 예를 들면 중세어에서 '솔지다'는 "술진 아두른"(두해 4: 5), "노픈 고올히 무리 술지고"(중두해 4: 12)에서 볼 수 있는바와 같이 "몸에 살이 많다"와 "몸에 살이 오르다"의 두 뜻으로 쓰이었었는데 현대어에서 '살지다'와 '살찌다'가 그 뜻을 분담하고 있다. 결과적으로 '솔지다'의 의미는 축소되었다고 할 수 있다.

이렇게 단어의 의미는 여러 가지 원인에 의해 그 의미가 축소되면서 변화 발전하기도 하는데 이러한 현상은 다른 언어에서 찾아볼 수 있는 보편적인 현상이다.

---

족어 전체를 염두에 두고 하는 이야기이지 어느 한 집단을 염두에 두고 정립되는 개념이 아니기 때문이다. 한국어라는 정체성의 입장에서 볼 때, '아버지'란 단어가 갖고 있는 가장 기본적인 의미는 여전히 '父'이다. '天主'라는 의미는 기독교가 한국에 들어오면서 '아버지'란 단어의 의미에 새롭게 더 부가된 의미에 불과하다. 이런 의미에서 보면 '아버지'의 이런 의미 변화는 '축소'가 아니라 '확대'로 보아야 할 것이다. '표리'의 경우도 이와 비슷한 것이라 생각된다.

예를 들면 중국어에서 '兵'은 지난날에는 '兵器'와 '軍士'를 아울러 가리켰지만 현대어에서는 '兵器'의 뜻으로는 쓰이지 않는다. 또 예를 들면 중국어에서 '吃'은 지난날 '食'의 뜻으로만 쓰인 것이 아니라 "吃水不忘挖井人"에서와 같이 '飮'의 뜻으로도 쓰이었는데 현대어에서는 '飮'의 뜻으로는 쓰이지 않고 '食'의 뜻으로만 쓰인다.

이상의 고찰에서 볼 수 있는바와 같이 어휘의 의미는 그 의미가 축소되는 과정을 통해서도 변화 발전한다. 그러므로 의미의 변화 발전을 논할 경우에는 의미의 축소도 반드시 논의되어야 할 것이다.

그런데 여기서 우리의 흥미를 끄는 것은 우리말에서 의미의 축소는 단순히 그 의미가 영원히 사라지는 것으로 끝나는 것이 아니라 축소된 의미를 표현하는 다른 단어를 산생시키는 방식으로 자기의 사명을 완성한다는 것이다. 앞의 고찰에서 볼 수 있는 바와 같이 '술다'가 현대어에서는 "목숨을 이어가다"의 뜻으로만 쓰이게 되자 "목숨을 이어가게 하다"의 뜻으로 '살리다'란 새로운 단어가 산생되었으며 '술지다'가 현대어에서는 형용사로만 쓰이게 되자 "몸에 살이 오르다"의 뜻은 '살찌다'란 새로운 단어로 표현하기에 이른다. 이러한 사정은 다른 언어에서도 마찬가지이다. 앞에서 고찰한 중국어의 '吃'이란 단어가 '먹다'와 '마시다'의 두 뜻으로 쓰이던 것이 '飮'과 '喝'이란 새로운 단어의 출현으로 '먹다'의 뜻으로만 쓰이고 '마시다'의 뜻은 '飮'과 '喝'에 양도하게 된다. 그리고 '兵'의 경우도 마찬가지인데 현대한어에서 '군사'만을 뜻하게 되자 '병기'의 의미를 나타내는 새로운 단어 '兵器'가 산생되었다. 여기서 볼 수 있는바와 같이 일반적으로 의미의 축소는 그러한 사물이나 현상이 영원히 사라지지 않는 한 그것을 표현하는 새로운 단어를 산생시키게 된다.

그리고 일부 단어들은 역사적인 발전 행정에서 지시의 대상이나 지시의 범위에서는 아무런 변화도 보이지 않지만 '존비(尊卑)'의 색채에서만 변화만을 보이는 것들도 있다. 예를 들면 지난날 '평칭'으로 사용되던 '아비, 어미'가 현대어에서는 '비칭'으로 사용되기도 하고 과거에 평칭으로 사용되던 '소생(小生)', '졸고(拙稿)' 등이 현대어에서는 '겸칭'으로 변화되어 사용되기도 한다.

이상에서 논의된 내용을 종합해 보면 의미의 변화의 유형은 대체로 의미의 확대와 축소, 의미의 존비의 색채의 변화(가치의 변화), 의미의 전의 셋으로 나눌 수 있을 것이다. 의미의 확대와 축소는 다시 의미항의 확대와 축소, 지시범위의 확대와 축소로 나뉠 수 있을 것이다.

# 참고 문헌

강신항(1991), 『현대 국어 어휘 사용의 양상』, 태학사.

강은국(2013), 「다문화의 시각으로부터 본 중국 조선어의 발전」, 『중국조선어문』 제2호.

강은국(2015), 「한국어 어휘체계에 관한 연구」, 강은국 외 『한국 언어학 연구와 한국어 교육』, 도서출판 하우.

고영근 책임편집(1989), 『북한의 말과 글』, 을유문화사.

권재일(2014), 『남북 언어의 어휘 단일화』, 서울대학교출판문화원.

金光海(1990), 「어휘소간의 의미관계에 대한 재검토」, 『국어학』 20.

김광해(1993), 『국어 어휘론 개설』, 집문당.

김광해(1993), 『어휘연구의 실제와 응용』, 집문당.

김금석 ·김수경·김영황(1964), 『조선어 어휘론 및 어음론』, 조선: 고등교육도서출판사.

김길성(1992), 『조선어어휘론(류학생용)』, 조선: 김일성종합대학출판사.

김민수(1981), 『국어의미론』, 일조각.

김수경 외(1961), 『현대조선어 1』, 조선: 교육도서출판사.

김영황·권승모(1996), 『주체의 조선어연구 50년사』, 조선: 김일성종합대학 조선어문학부.

김영황·권승모(2001), 『주체의 조선어연구 50년사』, 도서출판 박이정.

金完鎭(1970), 「이른 時期에 있어서의 韓中 言語接觸의 一斑에 對하여」, 『어학연구』 6-1.

김일성종합대학조선어학강좌(1981), 『문화어 어휘론』, 조선: 김일성종합대학출판사.

김종택(1992), 『국어 어휘론』, 탑출판사.

김종택·남성우(1983), 『國語意味論』, 한국방송통신대 출판부.

김종학(2001), 『韓國語基礎語彙論』, 도서출판 박이정.

南豊鉉(1968a), 「15世紀 諺解文獻에 나타난 正音表記의 中國系 借用語辭考察」, 『국어국문학』 39, 40 합병호.

南豊鉉(1968b), 「中國語 借用에 있어서 直接借用과 間接借用의 問題에 對하여-初刊 朴通事를 중심으로-」, 『李崇寧 博士 頌壽記念 論叢』.

류은종(1999), 『현대조선어어휘론』, 연변대학출판사.

리갑재(1989), 『어휘 구성과 문법구조에 대한 일반언어학적연구』, 박사학위론문.

심재기(1982), 『국어어휘론』, 집문당.

심재기(2000), 『국어어휘론신강』, 태학사.

심재기 외(2011), 『국어 어휘론 개설』, 지식과 교양.

양태식(1984), 『국어 구조의미론』, 태화출판사.

윤평현(2008), 『국어의미론』, 역락.

李基文(1964), 「動詞 語幹 '앗-, 엿-'의 史的 考察」, 『趙潤濟博士 回甲記念論文集』, 新雅社.

李基文(1965), 「近世中國語 借用語에 대하여」, 『아세아연구』 8-2, 고려대 아세아문제연구소.

李基文(1966), 「鷹鶻名의 기원적 고찰」, 『李秉岐先生 頌壽記念論文集』, 三和出版社.

李基文(1978), 「語彙 借用에 대한 一考察」, 『언어』 3-1.

李基文(1982), 「東아세아 文字史의 흐름」, 『東亞研究 1』, 西江大學校

이을환·이용주(1964), 『國語意味論』, 현문사.

이희승(1955), 『國語學概說』, 민중서관.

임지룡(1989), 『국어 대립어의 의미 상관체계』, 형설출판사.

임지룡(1992), 『國語意味論』, 탑출판사.

전경옥(1975), 『문화어 어휘론』, 조선: 김일성종합대학출판사.

조오현·김용경·박동근(2002), 『남북한 언어의 이해』, 도서출판 역락.

최완호(2005), 『조선어어휘론』, 조선: 사회과학출판사.

최완호 외(1980), 『조선어어휘론연구』, 조선: 과학·백과사전출판사.

홍사만(1985), 『國語語彙意味研究』, 학문사.

황적륜(1975), Roles of Sociolinguistics in Foreign Language Education with Reference to Korean and English Terms of Adress and Levels of Deference. Ph. D. dissertation, University of Texas at Austin.

陳生保(1996), 「中文中的日語外來詞」.

費爾迪南. 德. 索緒爾(1980), 『普通語言學教程』, 商務印書館.

金永壽(2012), 『中國朝鮮語規範原則與規範細則研究』, 人民出版社.

李南方(2010), 『多元文化與語言的關係』第4號.

錢乃榮(2005), 「論語言的多樣性和規範化」, 『語言教學與研究』第2期.

施春宏(2009), 「語言規範化的基本原則及策略」, 『漢語學報』.

王勝香·王豔玲(2006), 「從兩個原則看語言規範化工作」, 『新世紀論叢』.

徐莉(2008), 「論中國的語言政策對語言多樣性及規範化的影響」, 『科技文匯』第3期.

楊光(2004), 「語言文化的平等與多樣化」, 『2004年第89屆國際世界語大會』.

張小克(2005), 「語言和言語的區分與言語文字規範化」, 『廣西民族學院學報(哲學社會科學版)』第5期.